Verrines
et buffets chic

Recettes et photos : Œuvre collective

EDITIONS ESI

60, rue Vitruve, 75020 Paris

Imprimé en Italie par Gruppo Editoriale Zanardi - Maniago
 - Dépôt légal : septembre 2011 - Achevé d'imprimer : août 2011- ISBN : 978-2-35355-853-7 - N° Sofedis : S479951

Sommaire

Sommaire

Sommaire

Acras de morue

Préparation : 40 minutes • Repos : 12 heures • Cuisson : 22 minutes • Difficulté : ★★ Budget : ★

Pour 6 personnes

300 g de morue salée ✥ Lait ✥ 200 g de farine ✥ 1 sachet de levure chimique ✥ 2 cuil. à soupe de ciboulette ✥ 1 piment ✥ 2 gousses d'ail ✥ 1 œuf ✥ Huile à frire

Faites tremper la morue dans un petit saladier rempli avec 2 l de lait froid pendant 12 heures. Renouvelez deux fois le lait pendant cette période.

Égouttez et rincez la morue et faites-la cuire à feu doux 20 minutes dans une casserole de lait remplie à niveau.

Retirez la peau, les arêtes et émiettez la chair.

Mélangez la farine, la levure, la ciboulette, le piment et l'ail haché, ajoutez l'œuf et 10 cl de lait petit à petit. Ajoutez la morue émiettée pour obtenir une pâte épaisse et un peu collante.

À l'aide de 2 cuil. à café, formez des petites boules de pâte à faire frire 2 minutes dans l'huile chaude.

Égouttez sur un papier absorbant et dégustez.

Aïoli

Préparation : 10 minutes • Cuisson : 15 minutes • Difficulté : ★ Budget : ★

Pour 8 personnes

3 œufs ✤ 3 de gousses d'ail ✤ 30 cl d'huile d'olive ✤ 2 cuil. à soupe de jus de citron ✤ Sel et poivre

Faites cuire 2 œufs pendant 15 minutes dans une casserole d'eau bouillante. Récupérez les jaunes puis écrasez-les.

Mélangez les 3 jaunes ensemble avec l'ail et 2 cuil. à soupe d'eau jusqu'à l'obtention d'une crème.

Versez l'huile sans cesser de remuer, salez, poivrez et ajoutez le jus de citron.

Amaretti aux noix et parmesan

Préparation : 15 minutes • Cuisson : 20 minutes • Difficulté : ★ Budget : ★★

Pour 15 pièces

80 g de noix ✤ 80 g de poudre d'amandes ✤ 20 g de farine ✤ 60 g de parmesan râpé ✤ 2 blancs d'œufs ✤ 2 cuil. à soupe de graines de pavot ✤ Sel et poivre

Préchauffez le four à 180 °C (th. 6).

Mixez les noix afin d'obtenir une poudre fine.

Mélangez avec la poudre d'amandes, la farine et le parmesan râpé. Salez, poivrez et ajoutez les blancs d'œufs sans les battre.

Mélangez jusqu'à l'obtention d'une pâte homogène encore un peu collante puis formez des boules de la taille d'une petite noix et roulez-les dans les graines de pavot.

Placez-les sur une plaque recouverte de papier sulfurisé et mettez au four pour 20 minutes. Laissez refroidir sur la plaque et conservez dans une boîte hermétique.

Apéritif de chou-fleur

Préparation : 20 minutes • Cuisson : 5 minutes • Difficulté : ★ Budget : ★

Pour 4 personnes

1 chou-fleur (moyen)

Pour le coulis de tomate : 3 tomates ✤ 1 cuil. à soupe d'huile d'olive ✤ 1 oignon (petit) ✤ 1 bouquet de basilic ✤ Sel et poivre

Pour la sauce au fromage blanc : 100 g de fromage blanc à 20 % de matière grasse ✤ 1 cuil. à café de moutarde ✤ 1 citron ✤ Ciboulette ✤ Aneth ✤ Persil

Pour la sauce mayonnaise : 1 jaune d'œuf ✤ 1 cuil. à soupe de vinaigre blanc ✤ 1 cuil. à café de moutarde ✤ 1 bouquet de persil ✤ 10 câpres ✤ 10 cornichons ✤ Sel et poivre

Détaillez le chou-fleur en petites fleurettes à faire blanchir 20 secondes dans l'eau bouillante (elles doivent rester croquantes). Préparez les sauces. Pour le coulis de tomate : faites fondre les tomates épluchées dans l'huile avec l'oignon haché, ajoutez du sel, poivre et le basilic puis mixez.

Pour la sauce au fromage blanc : mélangez le fromage blanc avec de la moutarde et un jus de citron, ajoutez le mélange d'herbes (ciboulette, aneth, persil) hachées en en conservant un peu pour la décoration.

Pour la sauce mayonnaise : confectionnez une mayonnaise classique (un jaune d'œuf, vinaigre, sel, poivre, moutarde et huile) puis ajoutez le mélange de persil, câpres et cornichons hachés.

Amuse-bouche au jambon de Parme

Préparation : 10 minutes • Difficulté : ★ Budget : ★

Pour 4 personnes

1 melon ❖ 24 tranches de jambon de Parme ❖ 8 pointes d'asperge ❖ 2 poivrons ❖ 1 boule de mozzarella ❖ 8 tomates cerise

Coupez le melon en quartiers et enroulez chaque morceau dans une tranche de jambon de Parme.

Lavez, épluchez et cuisez les asperges al dente. Lavez, coupez en julienne et grillez les poivrons. Enveloppez les pointes d'asperge et les morceaux de poivrons dans une tranche de jambon de Parme.

Coupez la mozzarella en petits dés. Enfilez sur une petite pique en bois une tomate cerise, une lamelle de jambon de Parme et un cube de mozzarella.

Artichauts à la provençale

Préparation : 20 minutes • Cuisson : 30 minutes
Difficulté : ★ Budget : ★

Pour 4 personnes

10 d'artichauts violets ❖ 200 g de lardons ❖ 4 oignons nouveaux ❖ 2 gousses d'ail ❖ 3 feuilles de laurier ❖ 3 brins de thym ❖ 10 tomates cerise ❖ 20 cl de vin blanc sec

Enlevez les feuilles dures et coupez la tête des artichauts. Faites-les cuire à la cocotte pendant 20 minutes. Égouttez-les et récupérez seulement les cœurs.

Faites revenir les lardons et les oignons émincés. Ajoutez les cœurs d'artichaut, les gousses d'ail sans les germes, les feuilles de laurier, le thym et les tomates coupées en deux. Après 5 minutes, déglacez au vin blanc, maintenez 3 minutes à feu vif et retirez. Dégustez aussitôt.

Antipasto à l'aubergine

Préparation : 15 minutes • Repos : 1 heure • Cuisson : 20 minutes • Difficulté : ★ Budget : ★

Pour 4 à 6 personnes

3 aubergines ✤ 2 gousses d'ail ✤ ½ botte de basilic ✤ 1 cuil. à soupe de vinaigre de Xérès ✤ Huile d'olive ✤ Sel ✤ Fleur de sel ✤ Poivre du moulin

Lavez les aubergines, découpez-les en quatre dans le sens de la longueur et taillez-les en petits cubes.

Épluchez et dégermez l'ail. Hachez-le finement. Lavez et ciselez le basilic.

Dans une casserole remplie d'eau bouillante salée, versez les dés d'aubergine et faites-les cuire 20 minutes à petite ébullition. Égouttez et placez-les sur du papier absorbant.

Dans un saladier, mélangez les dés d'aubergine avec l'ail et le basilic. Assaisonnez de sel et de poivre puis arrosez de vinaigre de Xérès et d'huile d'olive. Mélangez bien.

Placez la préparation filmée au réfrigérateur 1 heure minimum avant de déguster.

Dressez l'antipasto dans des verrines ou dans un plat creux. Parsemez-les de quelques grains de fleur de sel et de basilic fraîchement ciselé. Servez.

Asperges à la flamande

Préparation : 30 minutes • Cuisson : 17 minutes • Difficulté : ★ Budget : ★★

Pour 4 verrines

3 œufs ✣ 12 asperges vertes ✣ 8 brins de ciboulette ✣ 80 g de beurre ✣ Sel et poivre

Mettez les œufs à cuire 10 minutes dans une casserole d'eau bouillante, puis laissez-les refroidir.

Coupez la base dure des asperges, épluchez les tiges à l'aide d'un économe puis coupez les pointes à 5 cm. Mettez les tiges à cuire 5 minutes dans une casserole d'eau salée bouillante. Ajoutez les pointes et poursuivez la cuisson 2 minutes. Égouttez les asperges et laissez-les refroidir sur un torchon propre.

Écalez les œufs durs, puis hachez-les finement ainsi que la ciboulette. Mettez le beurre à fondre et ajoutez les œufs et la ciboulette. Salez et poivrez.

Coupez les tiges des asperges en tronçons et placez-les dans les verrines en alternance avec les œufs au beurre. Décorez les verrines avec les pointes d'asperge et servez.

Artichauts à la vénitienne

Préparation : 20 minutes • Cuisson : 25 minutes • Difficulté : ★ Budget : ★

Pour 4 personnes

4 artichauts ✤ Le jus de 1 citron ✤ 2 gousses d'ail ✤ 1 oignon ✤ 2 cuil. à soupe d'huile d'olive ✤ 400 g de tomates concassées en boîte ✤ 50 g d'olives vertes ✤ Sel

Parez les artichauts. Coupez-les en quatre puis ôtez le foin au centre.

Faites-les cuire à l'eau salée additionnée de jus de citron pendant 20 minutes.

Pendant ce temps, hachez finement l'ail et l'oignon et faites revenir ce hachis dans l'huile d'olive. Ajoutez les tomates concassées et mélangez bien.

Versez cette sauce tomate sur les artichauts puis ajoutez les olives.

Passez les artichauts sous le gril du four quelques minutes juste avant de servir.

Barquettes croquantes

Préparation : 20 minutes • Difficulté : ★ Budget : ★

Pour 20 pièces

140 g de roquefort ✤ 60 g de fromage frais ✤ 30 g de cerneaux de noix ✤ 30 g de raisins secs ✤ 3 endives

Travaillez les fromages à la fourchette pour assouplir le tout. Ajoutez les noix grossièrement concassées et les raisins secs.

Effeuillez les endives, conservez les plus belles feuilles et garnissez-les de la préparation au fromage.

Décorez d'un cerneau de noix. Servez aussitôt.

Beignets de fleurs de bourrache

Préparation : 20 minutes • Cuisson : 10 minutes
Difficulté : ★ Budget : ★

Pour 4 personnes

100 g de farine ✤ ½ sachet de levure boulangère déshydratée ✤ 1 œuf ✤ 20 fleurs de bourrache ✤ Huile ✤ Sel

Réalisez la pâte à beignet en mélangeant la farine avec la levure et l'œuf battu. Délayez avec 15 cl d'eau pour obtenir une pâte bien lisse.

Préparez un bain de friture. Quand l'huile est chaude, trempez les fleurs de bourrache dans la pâte à beignet puis immédiatement dans l'huile de friture. Laissez cuire 5 à 10 minutes et déposez sur un papier absorbant.

Billes croustillantes de poulet

Préparation : 30 minutes • Cuisson : 3 minutes
Difficulté : ★ Budget : ★

Pour 6 personnes

300 g d'escalopes de poulet ✤ 2 jaunes d'œufs ✤ 2 cuil. à soupe de farine ✤ ½ cuil. à café de sel ✤ 1 cuil. à soupe de ciboulette
Pour la panure : 3 cuil. à soupe de farine ✤ 2 jaunes d'œufs ✤ 80 g de chapelure ✤ Huile à frire

Coupez la viande en morceaux, placez-la dans le bol d'un mixeur. Mixez la viande puis ajoutez les jaunes d'œufs, la farine, salez et mixez de nouveau. Ajoutez la ciboulette, puis formez 20 boulettes de la taille d'une noix.

Roulez-les dans la farine, puis dans les jaunes d'œufs et ensuite dans la chapelure.

Mettez un bain d'huile à frire à chauffer puis plongez-y les billes de poulet pour les faire dorer, cela prend environ 3 minutes.

Retirez les billes à l'aide d'une écumoire et placez-les sur du papier absorbant. Servez chaud accompagné de sauce barbecue ou de ketchup.

Bouchées au crabe

Préparation : 15 minutes • Cuisson : 25 minutes
Difficulté : ★ Budget : ★★

Pour 24 pièces

30 g de vermicelles de riz ✤ 1 cuil. à soupe de coriandre ✤ 180 g de miettes de crabe ✤ 2 œufs ✤ 2 cuil. à café d'huile de tournesol ✤ Sel et poivre

Préchauffez votre four à 180 °C (th. 6).

Portez une casserole d'eau à ébullition, arrêtez le feu et plongez-y les vermicelles de riz 1 minute.

Égouttez les vermicelles et coupez-les en petits morceaux à l'aide de ciseaux. Hachez la coriandre.

Mélangez tous les ingrédients et remplissez des empreintes à mini bouchée en silicone. Mettez au four pour 20 minutes.

À la sortie du four, attendez 5 minutes puis démoulez et laissez refroidir sur une grille.

Bouchées aux graines germées

Préparation : 5 minutes • Difficulté : ★ Budget : ★

Pour 4 personnes

2 cuil. à café de sauce soja ✤ 45 g de graines germées ✤ 100 g de cheddar (en tranches)

Mélangez la sauce soja aux graines germées.

Disposez des graines sur les morceaux de fromage, roulez-les délicatement dans la sauce et présentez-les des petites piques en bois.

Coupez le cheddar en cubes.

Brochettes chorizo, tomates et pruneaux

Préparation : 10 minutes • Cuisson : 10 minutes
Difficulté : ★ Budget : ★

Pour 4 brochettes

150 g de chorizo ✤ 12 tomates cerise ✤ 12 pruneaux ✤ 2 cuil. à soupe de miel ✤ ½ cuil. à café de piment en poudre

Alternez les tranches de chorizo, les tomates et les pruneaux sur 4 piques à brochettes.

Mélangez le miel avec le piment.

Roulez rapidement les brochettes dans le miel pimenté et faites-les cuire au barbecue jusqu'à ce que le chorizo soit grillé.

Brochettes de tomates cerise et mozzarella

Préparation : 10 minutes • Cuisson : 5 minutes
Difficulté : ★ Budget : ★

Pour 4 personnes

24 tomates cerise ✤ 24 billes de mozzarella ✤ Huile d'olive

Alternez les tomates et la mozzarella sur des piques à brochettes. Versez un filet d'huile d'olive sur chaque brochette.

Faites-les cuire sur la grille du barbecue pendant environ 5 minutes en les retournant.

Canapés au chèvre et cœur d'artichaut

Préparation : 15 minutes • Difficulté : ★ Budget : ★

Pour 4 personnes

100 g de melons ✤ 20 cl de porto ✤ 6 tranches de jambon cru ✤ 250 g de Sainte-Maure de Touraine ✤ 4 cœurs d'artichaut ✤ 4 tranches de pain de seigle complet (vollkornbrot) ✤ 4 olives noires

Découpez le melon en billes. Faites infuser les billes de melon dans le porto. Coupez le jambon en fines lamelles, le sainte-maure de Touraine en rondelles et les cœurs d'artichaut en dés. Réservez.

Sur une tranche de pain, disposez une rondelle de fromage, le jambon cru en chiffonnade et les dés de cœurs d'artichaut. Montez les billes de melon sur un cure-dent en terminant par une olive. Piquez les brochettes dans les toasts et dégustez.

Billes croustillantes au comté et paprika

Préparation : 20 minutes • Cuisson : 20 minutes
Difficulté : ★ Budget : ★

Pour 4 personnes

2 blancs d'œufs ✤ 125 g de comté (râpé) ✤ 1 cuil. à café de paprika ✤ Huile pour friture ✤ Sel et poivre

Battez les 2 blancs d'œufs à la fourchette jusqu'à ce qu'ils moussent. Ajoutez le fromage râpé et le paprika. Salez et poivrez. Mélangez à l'aide d'une fourchette puis à la main jusqu'à l'obtention d'une pâte souple et homogène. Prenez une petite cuillère de pâte et formez une petite bille entre vos mains. Continuez avec le reste de la pâte.

Versez l'huile dans une friteuse ou une casserole, sur 10 cm de hauteur, et faites-la chauffer à feu modéré. Lorsqu'elle est chaude, plongez-y les billes par 5 ou 6. Laissez-les cuire 3 minutes en les retournant avec une écumoire, jusqu'à ce qu'elles soient juste dorées.

Égouttez les billes craquantes sur du papier absorbant. Dégustez tiède ou froid. Attention de ne pas trop faire cuire les billes dans le bain de friture, elles deviendraient amères.

Bouchées de gnocchi et sauce au fromage

Préparation : 15 minutes • Cuisson : 2 minutes
Difficulté : ★ Budget : ★

Pour 4 personnes

300 g de gnocchi ✤ Huile d'olive ✤ 125 g de tomates cerise ✤ 100 g de fromage frais ✤ 3 cuil. à soupe de crème fraîche épaisse ✤ Le jus de 1 citron ✤ Ciboulette ✤ ½ cuil. à café d'ail en poudre ✤ Sel et poivre

Faites bouillir 1 l d'eau salée dans une casserole et faites cuire les gnocchi selon le temps indiqué sur le paquet. Stoppez la cuisson en passant les gnocchi sous l'eau froide dans une passoire, puis arrosez-les d'un filet d'huile d'olive pour qu'ils ne collent pas.

Lavez les tomates cerise, essuyez-les et coupez-les en deux. Réalisez des mini brochettes en piquant un gnocchi et une demi-tomate sur des piques.

Dans un grand bol, mélangez le fromage frais, la crème épaisse, le jus de citron, de la ciboulette (rincée puis finement ciselée avec des ciseaux si elle est fraîche), l'ail, du sel et du poivre. Servez le bol de fromage au milieu d'une grande assiette avec les bouchées de gnocchi tout autour.

Bouchées de pommes de terre au chèvre

Préparation : 20 minutes • Cuisson : 20 minutes
Difficulté : ★ Budget : ★

Pour 4 personnes

5 pommes de terre ✤ 12 tranches de bûchettes de fromage de chèvre ✤ 5 champignons de Paris ✤ 12 tranches de poitrine de porc fumée

Épluchez les pommes de terre et coupez une trentaine de tranches d'environ 8 mm d'épaisseur et de taille similaire. Faites bouillir de l'eau salée, plongez les tranches de pomme de terre, baissez légèrement le feu et laissez cuire 10 à 12 minutes.

Préchauffez votre four à 180 °C (th. 6).

Égouttez les pommes de terre et formez des sandwichs en mettant le chèvre et une lamelle de champignon émincé entre deux morceaux de pomme de terre. Entourez d'une tranche de poitrine fumée et enfournez pour une dizaine de minutes, jusqu'à ce que les bouchées soient dorées.

Savourez ces bouchées chaudes, en entrée ou à l'apéritif.

Bouchées de viande épicée

Préparation : 20 minutes • Cuisson : 30 minutes
Difficulté : ★ Budget : ★★

Pour 6 personnes

200 g de foies de volaille ✤ 200 g de viande de bœuf hachée ✤ 150 g de viande de porc hachée ✤ 2 œufs ✤ 2 tranches de pain de mie ✤ 10 cl de lait ✤ 3 de gousses d'ail ✤ 1 échalote ✤ 2 cuil. à café de Tabasco ✤ 1 cuil. à café d'herbes de Provence ✤ ½ cuil. à café de cumin en poudre ✤ Sel et poivre

Préchauffez le four à 180 °C (th. 6).

Hachez les foies de volaille, ajoutez les viandes hachées et mélangez bien. Ajoutez les œufs, le pain de mie préalablement trempé dans un peu de lait, l'ail et l'échalote hachés. Salez, poivrez et ajoutez le Tabasco, les herbes et le cumin.

Mélangez soigneusement le tout et répartissez la pâte dans des empreintes à mini bouchée ou à mini muffin, en silicone de préférence. Mettez au four 30 minutes. À la sortie du four, laissez refroidir puis démoulez. Servez accompagné de ketchup.

Biscuits aux pommes, chèvre et pignons

Préparation : 10 minutes • Cuisson : 22 minutes • Difficulté : ★ Budget : ★

Pour 32 triangles

2 œufs ✣ 100 g de farine ✣ 1 cuil. à café de levure chimique ✣ 4 cl d'huile d'olive ✣ 4 cl de lait ✣ 50 g de chèvre frais ✣ 40 g de pignons de pin ✣ Ciboulette ✣ 1 pomme ✣ Sel et poivre

Préchauffez le four à 180 °C (th. 6).

Dans un saladier, mélangez les œufs avec la farine, la levure, du sel et du poivre. Ajoutez l'huile et le lait puis le chèvre émietté. Mélangez bien.

Faites dorer les pignons de pin quelques minutes dans une poêle, à sec, et ajoutez-les à la préparation, avec la ciboulette. Détaillez ensuite la pomme en petits morceaux et ajoutez-les au mélange.

Tapissez une plaque à pâtisserie de papier sulfurisé et versez le mélange dessus. Étalez bien. Poivrez à nouveau sur toute la surface et enfournez pour 20 minutes.

Démoulez le biscuit sur une planche en bois et coupez 4 bandes dans la largeur et 4 bandes dans la longueur. Coupez les 16 carrés obtenus en diagonale, vous obtenez ainsi 32 triangles. Ces biscuits sont délicieux tièdes.

Beignets aux aubergines

Préparation : 40 minutes • Cuisson : 20 minutes • Difficulté : ★ Budget : ★

Pour 4 personnes
2 aubergines ❖ Huile d'olive ❖ Paprika ❖ 150 g de farine ❖ 3 œufs ❖ 15 cl de lait ❖ Sel et poivre

Découpez les aubergines en rondelles d'un centimètre d'épaisseur. Imprégnez-les de sel et laissez-les dégorger 30 minutes. Préchauffez votre four en position gril à 180 °C (th. 6) et préparez un bain de friture.

Rincez abondamment les aubergines sous l'eau claire et égouttez-les sur du papier absorbant. Placez-les sur une plaque et versez un filet d'huile d'olive. Saupoudrez-les de paprika. Enfournez-les sous le gril 5 minutes environ par face. Réservez.

Préparez la pâte à beignet : dans un saladier, mélangez la farine avec les 3 jaunes d'œufs et délayez avec le lait. Montez les blancs en neige et incorporez-les délicatement à la préparation.

Plongez les rondelles d'aubergine dans la pâte et faites frire les beignets dans le bain d'huile chaud, jusqu'à ce qu'ils soient bien dorés. Égouttez-les sur du papier absorbant et disposez-les dans un plat.

Saupoudrez les beignets d'un peu de sel et de poivre et réservez au chaud. Vous pouvez accompagner les beignets aux aubergines de coulis de tomates, de sauce au pesto, ou encore de sauce barbecue.

Bouchées de polenta à l'italienne

Préparation : 15 minutes • Cuisson : 5 minutes • Difficulté : ★ Budget : ★

Pour 6 personnes

100 g de polenta (précuite) ✤ 50 g de parmesan râpé ✤ 2 boules de mozzarella ✤ 4 tranches de jambon cru (italien) ✤ Tomate confite ✤ Basilic

Faites chauffer 35 cl d'eau salée dans une casserole. Versez la polenta en pluie et mélangez bien. Faites épaissir sur feu doux pendant environ 5 minutes jusqu'à ce que la polenta se détache des parois de la casserole. Ajoutez le parmesan et mélangez.

Versez la polenta dans un plat rectangulaire sur une épaisseur de 1 cm environ. Laissez refroidir à température ambiante. Une fois la polenta refroidie, découpez des cercles à l'aide d'un petit emporte-pièce.

Coupez la mozzarella en tranches d'à peu près 5 mm d'épaisseur et découpez-y de petits cercles à l'aide du même emporte-pièce.

Déposez la mozzarella sur la polenta. Recouvrez d'un morceau de jambon cru, d'un morceau de tomate confite puis d'une feuille de basilic. Piquez le tout avec un cure-dents.

Bouchées fondantes au saumon

Préparation : 10 minutes • Cuisson : 20 minutes
Difficulté : ★ Budget : ★

Pour 6 personnes

120 g de filets de saumon (en boîte, égoutté) ✤ 2 cuil. à soupe de concentré de tomates (en soupe) ✤ 50 g de crème liquide ✤ 70 g d'emmental râpé ✤ 4 œufs ✤ 1 échalote ✤ Sel et poivre

Mixez tous les ingrédients afin d'obtenir une préparation homogène.

Répartissez le mélange dans les alvéoles d'un moule à mini muffins en silicone.

Faites cuire 20 minutes dans un four préchauffé à 180 °C (th. 6).

Démoulez et servez frais.

Bricks au brocciu

Préparation : 10 minutes • Cuisson : 20 minutes
Difficulté : ★★ Budget : ★

Pour 4 personnes

200 g de brocciu ✤ 2 œufs ✤ 100 g de pancetta ✤ 10 brins de ciboulette ✤ 4 feuilles de brick ✤ 75 g de confiture de figues ✤ 20 g de beurre ✤ Sel et poivre

Dans un saladier écrasez à la fourchette le brocciu, ajoutez les œufs battus, la pancetta coupée en petits lardons fins et la ciboulette ciselée. Salez et poivrez. Mélangez bien.

Préchauffez le four à 180 °C (th. 6). Sur une feuille de brick, étalez au centre une couche de confiture de figues et déposez un peu de préparation au brocciu. Pliez en rabattant les bords vers l'intérieur, de sorte à former un rectangle. Renouvelez l'opération avec les 3 autres feuilles de brick.

Faites fondre le beurre et badigeonnez les rectangles. Déposez-les sur une plaque recouverte de papier sulfurisé, laissez cuire 20 minutes. Dégustez chaud.

Bricks au chèvre et aux figues

Préparation : 15 minutes • Cuisson : 8 minutes
Difficulté : ★ Budget : ★

Pour 4 personnes

4 figues ✣ 1 cuil. à soupe de miel ✣ 200 g de fromages de chèvre ✣ 2 brins de ciboulette ✣ 4 feuilles de brick ✣ Huile de tournesol

Préchauffez le four à 200 °C (th. 6-7).

Lavez et hachez les figues grossièrement. Mélangez-les avec le miel.

Mélangez le fromage avec la ciboulette ciselée. Ajoutez cette préparation aux figues.

Coupez les feuilles de brick en deux, puis repliez chaque moitié en deux. Déposez un peu de préparation dans un coin et pliez en triangle. Recommencez afin d'obtenir 8 bricks.

Huilez chaque brick avec un pinceau et déposez-les sur une plaque à four. Enfournez pour 8 minutes en retournant les bricks à mi-cuisson.

Brochettes apéritives à la noix de jambon

Préparation : 10 minutes • Difficulté : ★ Budget : ★

Pour 8 personnes

400 g de noix de jambon ✣ 400 g d'emmental ✣ 16 tomates cerise ✣ 16 billes de mozzarella

Découpez la noix de jambon et l'emmental en petits dés d'environ 1 cm de large.

Lavez les tomates cerise. Confectionnez les brochettes en alternant emmental, tomate, noix de jambon et boule de mozzarella.

Brochettes automnales

Préparation : 10 minutes • Difficulté : ★ Budget : ★

Pour 4 personnes

250 g de gouda au cumin ✤ 4 figues ✤ 8 tranches de jambon de Parme

Détaillez le gouda au cumin et les figues en petits dés. Réservez.

Découpez en petites tranches le jambon de Parme et roulez-les. Réservez.

Montez le tout sur des piques en bambou en alternant le gouda, le jambon et les figues. Disposez sur un plat et mettez au réfrigérateur avant de servir.

Brochettes de boudin aux pommes

Préparation : 10 minutes • Cuisson : 10 minutes
Difficulté : ★ Budget : ★★

Pour 4 brochettes

2 pommes ✤ 12 boudins noirs (minis)

Pelez les pommes et coupez-les en carrés.

Alternez les boudins et les morceaux de pommes sur 4 piques à brochettes.

Faites cuire les brochettes sur la grille du barbecue pendant environ 10 minutes en les retournant.

Brochettes de crevettes

Préparation : 10 minutes • Cuisson : 10 minutes
Difficulté : ★ Budget : ★★

Pour 4 brochettes

1 courgette ✤ 2 tomates cerise ✤ 12 crevettes cuites ✤ Citron

Coupez la courgette en tranches et les tomates en deux.

Sur des piques à brochettes, piquez une crevette, une tranche de courgette, une crevette, un morceau de tomate et une crevette.

Faites-les cuire sur la grille du barbecue pendant environ 10 minutes en les retournant. Servez avec un peu de sauce et un quartier de citron.

Brochettes de poulet au sésame

Préparation : 10 minutes • Cuisson : 10 minutes
Marinade : 1 heure • Difficulté : ★ Budget : ★

Pour 6 personnes

3 blancs de poulet ✤ 4 cuil. à soupe de miel ✤ 6 cuil. à soupe de graines de sésame

Coupez les blancs de poulet en deux dans le sens de la longueur.

Dans un saladier, mélangez-les avec le miel et le sésame. Laissez mariner 1 heure.

Piquez les blancs sur des piques à brochettes. Faites-les cuire sur la grille du barbecue pendant environ 10 minutes en les retournant.

Brochettes poulet et courgettes au citron

Préparation : 20 minutes • Repos : 2 heures
Cuisson : 10 minutes • Difficulté : ★ Budget : ★

Pour 4 personnes

400 g d'escalopes de poulet ✣ 2 courgettes ✣ 1 poivron rouge ✣ 1 cuil. à soupe d'herbes de Provence ✣ Le jus de 1 citron ✣ 3 cuil. à soupe d'huile d'olive ✣ 1 cuil. à soupe de miel ✣ Sel et poivre

Coupez le poulet en gros dés. Lavez les courgettes (laissez la peau) et le poivron (épépinez-le). Coupez-les en gros morceaux. Placez le tout dans un saladier, salez, poivrez et ajoutez les herbes de Provence. Remuez.

Mélangez le jus de citron, l'huile d'olive et le miel puis versez le tout sur le poulet, les courgettes et le poivron. Couvrez d'un film alimentaire et laissez reposer 2 heures minimum au frais.

Piquez les légumes en alternance avec la viande sur des piques en bois puis faites-les griller 10 minutes sur des braises ou sur une poêle à grillades sans ajouter de matière grasse. Servez aussitôt.

Brochettes de sardines au parmesan

Préparation : 15 minutes • Cuisson : 5 minutes
Difficulté : ★ Budget : ★

Pour 4 personnes

12 sardines ✣ 200 g de parmesan ✣ Fleur de sel et poivre

Préchauffez le four à 200 °C (th. 6-7).

Videz et rincez les sardines, levez les filets et essuyez-les avec du papier absorbant. Salez et poivrez chaque face. Râpez le parmesan dans une assiette.

Enroulez sur lui-même chaque filet en les maintenant avec une pique en bois et passez-les dans l'assiette de parmesan pour les enrober du fromage. Disposez-les sur la plaque du four recouverte d'une feuille de papier sulfurisé.

Faites cuire au four 5 minutes et servez les brochettes accompagnées, par exemple, d'une purée de pommes de terre maison.

Brochettes melon et jambon cru

Préparation : 20 minutes • Difficulté : ★ Budget : ★★

Pour 12 pièces

½ melon ✤ 4 tranches de pain de mie complet ✤ 4 tranches de jambon cru ✤ Basilic (fleurs)

Coupez le melon en tranches droites. À l'aide d'un emporte-pièce de 3 cm, coupez un disque de pain puis, sans le retirer, coupez le jambon et enfin le melon.

Recommencez les 3 coupes puis placez 1 petite pique en bois au centre et retirez l'emporte-pièce.

Recommencez les opérations jusqu'à épuisement des ingrédients.

Décorez de fleurs de basilic.

Brochettes gourmandes de ravioles

Préparation : 10 minutes • Cuisson : 2-3 minutes
Difficulté : ★ Budget : ★

Pour 6 personnes

2 plaquettes de ravioles de Romans ✤ Huile à frire ✤ 2 tranches de jambon Serrano ✤ 60 g de bleu d'Auvergne

Séparez les ravioles les unes des autres. Utilisez des ciseaux si elles se détachent mal.

Faites-les frire dans un fond d'huile, pendant 2 à 3 minutes. Elles doivent être dorées et gonflées. Égouttez-les sur du papier absorbant.

Piquez-les sur des petites brochettes en bois en intercalant des morceaux de jambon Serrano et des cubes de bleu d'Auvergne. Servez chaud ou froid.

Betterave dans tous ses états

Préparation : 40 minutes • Repos : 1 heure • Difficulté : ★ Budget : ★

Pour 6 personnes

3 betteraves cuites ✤ 150 g de chèvre frais ✤ 15 cl de crème liquide entière ✤ 1 cuil. à café de cumin en poudre ✤ 300 g de fromage blanc ✤ 3 cuil. à soupe de crème fraîche épaisse ✤ 1 gousse d'ail ✤ Ciboulette ✤ Persil ✤ 1 betterave crue ✤ Sel et poivre

Coupez 6 tranches fines de betterave cuite et découpez dedans des formes (feuilles, étoiles…) à l'aide d'un petit emporte-pièce. Collez-les sur les parois des verrines, d'un seul côté. Coupez 180 g de betterave cuite en dés et placez ceux-ci dans les verrines.

Mixez 300 g de betterave cuite avec le fromage de chèvre frais et la crème liquide. Utilisez un mixeur plongeant pour bien émulsionner le mélange. Salez, poivrez et ajoutez le cumin.

Versez cette crème mousseuse dans les verrines et placez au frais 1 heure.

Mélangez le fromage blanc, la crème épaisse, l'ail réduit en purée et les herbes ciselées. Salez et poivrez.

Versez cette crème dans les verrines et placez au frais. Au moment de servir, décorez les verrines de betterave crue râpée.

Beignets de crevettes et purée de mangue

Préparation : 30 minutes • Repos : 1 heure • Cuisson : 10 minutes • Difficulté : ★★ Budget : ★

Pour 4 verrines

1 mangue bien mûre ✤ 200 g de farine ✤ ½ sachet de levure chimique ✤ 1 cuil. à soupe d'huile de tournesol ✤ 1 œuf ✤ 12 crevettes roses ✤ Huile à frire ✤ Sel

Épluchez et coupez la mangue en morceaux que vous réduirez ensuite en purée. Versez cette purée dans les verrines.

Mélangez la farine, la levure, le sel et l'huile. Ajoutez 10 cl d'eau tiède puis l'œuf battu en omelette. La pâte doit être épaisse mais fluide. Si elle est trop liquide, ajoutez de la farine. Laissez-la reposer au moins 1 heure.

Décortiquez les crevettes en conservant bien l'extrémité de leur queue. Chauffez le bain d'huile. Plongez les crevettes dans la pâte en les maintenant par la queue restante. Jetez-les dans l'huile bouillante et laissez-les dorer. Sortez-les de l'huile et laissez-les égoutter sur du papier absorbant.

Placez les crevettes sur le bord des verrines et servez aussitôt.

Betteraves râpées à la pomme verte

Préparation : 15 minutes • Difficulté : ★ Budget : ★

Pour 4 personnes

4 betteraves crues ✤ 2 pommes granny-smith ✤ Le jus de 1 orange ✤ 2 cuil. à soupe de vinaigre de cidre ✤ 4 cuil. à soupe d'huile d'olive ✤ 1 gousse d'ail ✤ Ciboulette ✤ Sel et poivre

Épluchez et râpez les betteraves et les pommes.

Assaisonnez-les avec le jus d'orange, le vinaigre de cidre, du sel, du poivre et l'huile d'olive.

Ajoutez la gousse d'ail finement hachée et la ciboulette ciselée. Mélangez. Servez bien frais.

Brochettes de Saint-Jacques

Préparation : 20 minutes • Cuisson : 2 minutes
Difficulté : ★ Budget : ★★

Pour 6 personnes

1 mangue bien mûre ✤ 18 noix de Saint-Jacques ✤ Beurre ✤ 1 cuil. à soupe de persil ✤ 3 tranches de bacon ✤ Sel et poivre

Épluchez et mixez la chair de la mangue.

Placez 2 cuil. à soupe de mangue mixée par verrine.

Faites dorer les noix de Saint-Jacques dans le beurre 1 minute sur chaque face. Saupoudrez-les de persil, salez légèrement et poivrez.

Placez les noix de Saint-Jacques sur des petites brochettes en les entourant partiellement de lamelles de bacon.

Servez aussitôt ces petites brochettes accompagnées de purée de mangue.

Brouillade aux crevettes

Préparation : 15 minutes • Cuisson : 10 minutes
Difficulté : ★ Budget : ★

Pour 4 verrines

8 œufs ✤ 1 cuil. à soupe d'huile d'olive ✤ Tabasco ✤ 2 cuil. à soupe de crème fraîche épaisse ✤ 10 brins de ciboulette ✤ 100 g de crevettes roses (cuites et décortiquées) ✤ 4 tranches de pain de mie ✤ Sel

Cassez les œufs dans une casserole, battez-les en omelette, salez, ajoutez l'huile et éventuellement 1 goutte de Tabasco.

Placez la casserole au bain-marie et mélangez sans arrêt à l'aide d'une cuillère en bois.

Au bout de 5 à 6 minutes, la brouillade va commencer à prendre, ajoutez la crème, la ciboulette ciselée (gardez-en pour la décoration) et les crevettes cuites et décortiquées. Finissez la cuisson en continuant de mélanger jusqu'à l'obtention d'une consistance onctueuse.

Versez dans les verrines. Décorez de brins de ciboulette et servez avec du pain toasté.

Brochettes chinoises

Préparation : 10 minutes • Cuisson : 15 minutes
Marinade : 1 heure • Difficulté : ★ Budget : ★

Pour 6 personnes

1 poivron rouge ✤ 1 oignon ✤ 2 cuil. à soupe de miel ✤ 2 cuil. à soupe de jus de citron ✤ 2 cuil. à soupe de sauce soja ✤ 6 blancs de poulet

Coupez le poivron en deux, épépinez-le et faites-le griller 5 minutes sur le barbecue. Pelez-le.

Mixez le poivron avec l'oignon épluché et mélangez le tout avec le miel, le jus de citron et la sauce soja.

Coupez les blancs de poulet en cubes. Mélangez-les à la marinade et laissez mariner pendant 1 heure.

Piquez les blancs de poulet sur des piques à brochettes et faites-les cuire sur la grille du barbecue pendant environ 10 minutes en les retournant.

Brochettes fraîcheur

Préparation : 10 minutes • Difficulté : ★ Budget : ★

Pour 4 personnes

100 g de champignons de Paris ✤ 100 g de tomates cerise ✤ 4 pains pita ✤ 10 feuilles de basilic ✤ 2 cuil. à soupe d'huile d'olive ✤ 1 cuil. à soupe de vinaigre de framboise ✤ 100 g de salade frisée ✤ Sel et poivre

Lavez les champignons et coupez-les en lamelles épaisses dans le sens de la longueur. Coupez les tomates cerise en deux. Découpez les pitas en triangle. Réservez.

Montez les brochettes sur des mini piques en bambou en alternant un champignon, une tomate et une feuille de basilic.

Préparez la vinaigrette en mélangeant l'huile et le vinaigre de framboise. Assaisonnez.

Remplissez le fond de la verrine avec la salade nappée de vinaigrette et déposez un triangle de pita ainsi que deux brochettes. Servez bien frais.

Brochettes de mini saucisses

Préparation : 5 minutes • Cuisson : 10 minutes
Difficulté : ★ Budget : ★

Pour 6 personnes

6 boudins blancs ✤ 6 merguez ✤ 6 chipolatas ✤ 6 chipolatas aux herbes

Sur 12 piques à brochettes, alternez les saucisses coupées en morceaux.

Faites-les cuire sur la grille du barbecue pendant environ 10 minutes en les retournant.

Brochettes fruitées

Préparation : 30 minutes • Difficulté : ★ Budget : ★

Pour 12 pièces

1 pomme ✤ Le jus de 1 citron ✤ 1 kiwi ✤ 2 figues séchées ✤ 120 g de feta aux herbes

Coupez la pomme en deux, conservez une moitié comme support et taillez le reste en petits morceaux. Placez ces derniers dans un bol et arrosez-les de jus de citron pour éviter qu'ils ne noircissent.

Coupez également le kiwi et les figues en petits morceaux.

Égouttez le fromage et piquez-le avec les morceaux de fruits sur les petites brochettes que vous planterez ensuite sur la demi-pomme. Placez le tout sur une assiette.

Bruschetta aux pommes et au canard

Préparation : 20 minutes • Difficulté : ★ Budget : ★★

Pour 4 personnes

4 tranches de pain de campagne ✤ 120 g de chèvres frais ✤ 1 pomme granny-smith ✤ 24 tranches de magrets de canard fumé

Faites griller les tranches de pain et laissez-les refroidir.

Tartinez-les de fromage frais, puis alternez de fines tranches de pomme et des tranches de magret.

Brochettes de crevettes épicées

Préparation : 30 minutes • Repos : 2 heures
Cuisson : 5 minutes • Difficulté : ★ Budget : ★

Pour 6 personnes

24 crevettes crues décortiquées ✤ 2 gousses d'ail ✤ 1 cuil. à soupe de persil haché ✤ ½ cuil. à café de piment rouge ✤ 3 cuil. à soupe d'huile d'olive ✤ Le jus de 1 citron ✤ 12 tomates cerise ✤ Sel et poivre

Placez les crevettes dans un saladier, ajoutez l'ail haché, le persil, le piment, salez et poivrez. Arrosez-les avec l'huile et le jus de citron. Mélangez bien puis couvrez d'un film alimentaire et placez au frais 2 heures.

Chauffez une poêle et faites revenir les crevettes sur feu vif. Lorsque les crevettes sont cuites, placez-les sur des petites brochettes avec une demi-tomate cerise.

Cake à la bolognaise

Préparation : 40 minutes • Cuisson : 32 minutes
Difficulté : ★ Budget : ★

Pour 6 personnes

1 oignon ✤ 12 cl d'huile d'olive ✤ 1 gousse d'ail ✤ 200 g de viande de bœuf hachée ✤ 200 g de purée de tomates ✤ 1 cuil. à café de céleri en poudre ✤ 2 cuil. à café d'herbes de Provence ✤ 3 œufs ✤ 180 g de farine ✤ 1 cuil. à café de levure chimique ✤ 10 cl de lait ✤ 80 g d'emmental râpé ✤ Sel et poivre

Faites revenir l'oignon haché dans 1 cuil. à soupe d'huile d'olive. Ajoutez l'ail haché puis la viande. Saisissez-la sur un feu vif 2 minutes. Ajoutez la purée de tomates, le céleri, les herbes, salez et poivrez. Laissez cuire à couvert 5 minutes. Laissez refroidir.

Mélangez les œufs avec la farine, la levure, l'huile restante, le sel et le poivre. Ajoutez le lait tiédi et le fromage râpé. Mélangez bien.

Ajoutez la sauce bolognaise. Versez la préparation dans les moules à mini cake préalablement beurrés et farinés ou en silicone. Mettez au four 25 minutes à 180 °C (th. 6).

Cake à la courgette et à la Vache qui rit

Préparation : 20 minutes • Cuisson : 40 minutes
Difficulté : ★ Budget : ★

Pour 6 personnes

3 œufs ✤ 200 g de farine ✤ 1 cuil. à café de levure chimique ✤ 5 cl d'huile d'olive ✤ 15 cl de lait ✤ 50 g d'emmental râpé ✤ 1 courgette ✤ 6 portions de fromage fondu ✤ Ciboulette ✤ Sel et poivre

Préchauffez le four à 180 °C (th. 6). Mélangez les œufs avec la farine, la levure, l'huile, du sel et du poivre. Ajoutez le lait tiédi et l'emmental râpé. Mélangez bien. Ajoutez la courgette coupée en dés, les portions de fromage coupées en trois et 1 cuil. à soupe de ciboulette ciselée.

Versez la préparation dans un moule à cake préalablement beurré ou un moule en silicone. Mettez au four 40 minutes.

Attendez 10 minutes, démoulez et laissez refroidir sur une grille.

Cake à la polenta et tomates confites

Préparation : 20 minutes • Cuisson : 25 minutes
Difficulté : ★ Budget : ★

Pour 6 personnes

80 g de polenta ✤ 10 cl de lait ✤ 3 œufs ✤ 100 g de farine ✤ 1 cuil. à café de levure chimique ✤ 12 cl d'huile d'olive ✤ 80 g de gruyère râpé ✤ Basilic ✤ 6 de tomates confites ✤ Sel et poivre

Mélangez la polenta et le lait chaud, laissez reposer 15 minutes.

Ajoutez les œufs avec la farine, la levure, l'huile, le sel et le poivre. Ajoutez le fromage, 2 cuil. à café de basilic haché et les tomates confites coupées en petits morceaux. Mélangez bien.

Versez la préparation dans les moules à mini cake préalablement beurrés et farinés ou en silicone. Mettez au four 25 minutes à 180 °C (th. 6).

Attendez 5 minutes puis démoulez et laissez refroidir sur une grille.

Cake à la tomate et au surimi

Préparation : 15 minutes • Cuisson : 30 minutes
Difficulté : ★ Budget : ★★

Pour 6 personnes

3 œufs ✤ 200 g de farine ✤ 1 cuil. à café de levure chimique ✤ 5 cl d'huile d'olive ✤ 15 cl de lait ✤ 50 g d'emmental râpé ✤ 2 cuil. à soupe de confit de tomates ✤ 200 g de surimi ✤ Basilic ✤ Sel et poivre

Mélangez les œufs avec la farine, la levure, l'huile, le sel et le poivre. Ajoutez le lait tiédi et l'emmental râpé. Mélangez bien. Ajoutez le confit de tomates, le surimi coupé en tronçons et 1 cuil. à soupe de basilic haché.

Versez la préparation dans 6 moules à mini cakes préalablement beurrés ou en silicone. Mettez au four 30 minutes à 180 °C (th. 6).

Attendez 5 minutes, démoulez et laissez refroidir sur une grille.

Cake au basilic et au saumon frais

Préparation : 20 minutes • Cuisson : 30 minutes • Difficulté : ★ Budget : ★★★

Pour 6 personnes

3 œufs ❖ 200 g de farine ❖ 1 cuil. à café de levure chimique ❖ 5 cl d'huile d'olive ❖ 5 cl de lait ❖ 80 g d'emmental râpé ❖ 12 feuilles de basilic ❖ 150 g de pavés de saumon ❖ Sel et poivre

Mélangez les œufs avec la farine, la levure, l'huile, le sel et le poivre. Ajoutez le lait tiédi, l'emmental râpé et les feuilles de basilic coupées grossièrement. À l'aide d'un mixeur plongeant à soupe, mixez la préparation jusqu'à ce qu'il n'y ait plus de feuilles de basilic entières et que la pâte ait pris une belle couleur verte.

Versez la moitié de la pâte dans 6 moules à muffins beurrés. Placez un carré de saumon au centre, puis versez le reste de pâte afin de recouvrir le saumon.

Mettez au four 30 minutes à 180 °C (th. 6).

Attendez 10 minutes, démoulez et laissez refroidir sur une grille.

Cake au confit d'échalotes

Préparation : 20 minutes • Cuisson : 45 minutes • Difficulté : ★ Budget : ★

Pour 6 personnes

Pour le confit d'échalotes : 10 g de beurre ✤ 6 échalotes ✤ 1 cuil. à soupe de sirop de framboise ✤ 3 cuil. à soupe de vinaigre de vin

3 œufs ✤ 170 g de farine ✤ 1 cuil. à café de levure chimique ✤ 12 cl d'huile d'olive ✤ 10 cl de lait ✤ 80 g d'emmental râpé ✤ Sel et poivre

Dans une casserole, faites fondre le beurre. Ajoutez les échalotes émincées et faites-les revenir à feu doux pendant 10 minutes. Ajoutez le sirop de framboise et le vinaigre. Faites réduire et compoter 15 minutes en mélangeant régulièrement. Laissez tiédir.

Mélangez les œufs avec la farine, la levure, l'huile, salez légèrement et poivrez. Ajoutez le lait tiédi et le fromage râpé. Incorporez le confit d'échalotes.

Versez la préparation dans les moules à mini cake préalablement beurrés et farinés ou en silicone. Placez au four 20 minutes à 180 °C (th. 6).

Attendez 5 minutes puis démoulez et laissez refroidir sur une grille.

Cake au fenouil

Préparation : 20 minutes • Cuisson : 25 minutes • Difficulté : ★ Budget : ★

Pour 6 personnes

150 g de fenouil ✤ 12 cl d'huile d'olive ✤ 3 œufs ✤ 180 g de farine ✤ 1 cuil. à café de levure chimique ✤ 10 cl de lait ✤ 80 g d'emmental râpé ✤ 1 cuil. à café de graine de fenouil ✤ Sel et poivre

Émincez le fenouil finement, mettez-le à cuire dans une sauteuse avec 1 cuil. à soupe d'huile pendant 10 minutes. Salez.

Mélangez les œufs avec la farine, la levure, l'huile restante, le sel et le poivre. Ajoutez le lait tiédi et le fromage râpé. Mélangez bien.

Ajoutez le fenouil et les graines. Versez la préparation dans les moules à mini cake préalablement beurrés et farinés ou en silicone. Mettez au four 25 minutes à 180 °C (th. 6).

Attendez 5 minutes puis démoulez et laissez refroidir sur une grille.

Cake au foie gras et pomme

Préparation : 15 minutes • Cuisson : 40 minutes
Difficulté : ★ Budget : ★★★

Pour 6 personnes

3 œufs ✣ 200 g de farine ✣ 1 cuil. à café de levure chimique ✣ 5 cl d'huile d'olive ✣ 15 cl de lait ✣ 50 g d'emmental râpé ✣ 1 pomme (grosse) ✣ 100 g de foie gras cru ✣ Sel et poivre

Mélangez les œufs avec la farine, la levure, l'huile, le sel et le poivre. Ajoutez le lait tiédi et le fromage. Mélangez bien. Ajoutez la pomme coupée en dés.

Versez la pâte dans un moule à cake préalablement beurré ou un moule en silicone, en insérant le foie gras frais coupé en dés.

Mettez au four 40 minutes à 180 °C (th. 6). Démoulez une fois tiède ou froid.

Cake au jambon et à la saucisse

Préparation : 15 minutes • Cuisson : 45 minutes
Difficulté : ★ Budget : ★

Pour 6 personnes

125 g de farine ✣ 1 sachet de levure chimique ✣ 4 œufs ✣ 10 cl d'huile d'olive ✣ 10 cl de riesling ✣ 125 g de comté râpé ✣ 3 tranches de jambon blanc ✣ 4 saucisses de Strasbourg ✣ Sel et poivre

Préchauffez le four à 180 °C (th. 6).

Mélangez la farine et la levure. Ajoutez les œufs battus en omelette, l'huile d'olive et le vin puis le fromage râpé. Salez, poivrez et mélangez bien l'ensemble.

Coupez les tranches de jambon en petits dés et les saucisses en rondelles. Ajoutez-les à la préparation.

Versez la pâte dans un moule à cake en silicone.

Enfournez et faites cuire pendant 45 minutes. Dégustez tiède ou froid.

Cake au lapin, noisettes et pruneaux

Préparation : 20 minutes • Cuisson : 25 minutes
Difficulté : ★ Budget : ★★

Pour 6 personnes

50 g de noisettes ✤ 3 œufs ✤ 180 g de farine ✤ 1 cuil.
à café de levure chimique ✤ 12 cl d'huile d'olive ✤ 10 cl de lait ✤ 80 g d'emmental râpé ✤ 150 g de chair de lapin (cuite) ✤ 10 pruneaux ✤ Sel et poivre

Coupez grossièrement les noisettes et mettez-les à griller 5 minutes sur une plaque de cuisson dans un four à 200 °C (th. 6-7).

Mélangez les œufs avec la farine, la levure, l'huile, le sel et le poivre. Ajoutez le lait tiédi et l'emmental râpé. Mélangez bien. Ajoutez la viande de lapin coupée en dés, les noisettes et les pruneaux.

Versez la préparation dans des mini moules à cake préalablement beurrés et farinés ou un moule en silicone. Mettez au four 25 minutes à 180 °C (th. 6).

Attendez 5 minutes, démoulez et laissez refroidir sur une grille.

Cake au paprika et aux poivrons

Préparation : 15 minutes • Cuisson : 50 minutes
Difficulté : ★ Budget : ★★

Pour 6 personnes

1 poivron rouge ✤ 1 poivron vert ✤ 3 œufs ✤ 200 g de farine ✤ 1 cuil. à café de levure chimique ✤ 5 cl d'huile d'olive ✤ 2 cuil. à café de paprika ✤ 15 cl de lait ✤ 50 g d'emmental râpé ✤ 100 g d'édam ✤ Sel et poivre

Coupez les poivrons en petits morceaux et faites-les dorer 10 minutes dans un peu d'huile d'olive.

Mélangez les œufs avec la farine, la levure, l'huile, le paprika, le sel et le poivre. Ajoutez le lait tiédi et l'emmental râpé. Mélangez bien. Ajoutez les poivrons et l'édam en dés.

Versez la préparation dans un moule à cake préalablement beurré ou un moule en silicone. Mettez au four 40 minutes à 180 °C (th. 6).

Attendez 10 minutes, démoulez et laissez refroidir sur une grille.

Cake au poulet et à l'estragon

Préparation : 15 minutes • Cuisson : 30 minutes
Difficulté : ★ Budget : ★★

Pour 6 personnes

3 œufs ✤ 200 g de farine ✤ 1 cuil. à café de levure chimique ✤ 6 cl d'huile d'olive ✤ 12 cl de lait ✤ 50 g d'emmental râpé ✤ 150 g de blancs de poulet rôti ✤ 10 feuilles d'estragon ✤ Sel et poivre

Mélangez les œufs avec la farine, la levure, l'huile, du sel et du poivre. Ajoutez le lait tiédi et le fromage. Mélangez bien. Coupez le blanc de poulet en morceaux, ciselez les feuilles d'estragon et ajoutez le tout.

Versez la préparation dans un moule à cake préalablement beurré. Mettez au four 30 minutes à 180 °C (th. 6).

Attendez 5 minutes puis démoulez.

Cake au reblochon

Préparation : 25 minutes • Cuisson : 20 minutes
Difficulté : ★ Budget : ★

Pour 6 personnes

80 g de lardons ✤ 3 œufs ✤ 170 g de farine ✤ 1 cuil. à café de levure chimique ✤ 12 cl d'huile d'olive ✤ 10 cl de lait ✤ 50 g d'emmental râpé ✤ 100 g de reblochon ✤ Sel et poivre

Faites revenir les lardons dans une poêle puis placez-les sur du papier absorbant. Mélangez les œufs avec la farine, la levure, l'huile, le sel et le poivre. Ajoutez le lait tiédi et l'emmental râpé. Incorporez les lardons et le reblochon coupé en morceaux.

Versez la préparation dans les moules à mini cake préalablement beurrés et farinés ou en silicone. Mettez au four 20 minutes à 180 °C (th. 6). Attendez 5 minutes puis démoulez et laissez refroidir sur une grille.

Cake au saucisson sec et noisettes

Préparation : 20 minutes • Cuisson : 25 minutes
Difficulté : ★ Budget : ★

Pour 6 personnes

80 g de noisettes ✤ 3 œufs ✤ 180 g de farine ✤ 1 cuil. à café de levure chimique ✤ 6 cl d'huile d'olive ✤ 15 cl de lait ✤ 50 g d'emmental râpé ✤ 150 g de saucisson sec ✤ Sel et poivre

Mettez les noisettes à griller sur une plaque de cuisson dans un four à 200 °C (th. 6-7) pendant 5 à 10 minutes. Mélangez les œufs avec la farine, la levure, l'huile, le sel et le poivre. Ajoutez le lait tiédi et le fromage râpé. Mélangez bien. Ajoutez le saucisson coupé en dés et les noisettes.

Versez la préparation dans des mini moule à cake, préalablement beurrés ou farinés ou en silicone. Mettez au four 25 minutes à 180 °C (th. 6). Attendez 10 minutes, démoulez et laissez refroidir sur une grille.

Cake au saumon et ricotta

Préparation : 15 minutes • Cuisson : 30 minutes
Difficulté : ★ Budget : ★★

Pour 4 personnes

3 œufs ✤ 225 g de ricotta ✤ 1 cuil. à soupe de moutarde ✤ 6 cuil. à soupe d'huile d'olive ✤ 180 g de farine ✤ ½ sachet de levure chimique ✤ 50 g d'emmental râpé ✤ 2 cuil. à soupe d'aneth haché ✤ 200 g de lardons de saumon fumé ✤ Poivre

Préchauffez le four à 180 °C (th. 6). Mélangez les œufs, la ricotta, la moutarde, l'huile et du poivre. Ajoutez la farine avec la levure, le fromage, l'aneth et le saumon. Mélangez bien.

Versez la préparation dans 4 cocottes préalablement beurrées. Mettez au four 30 minutes. Laissez tiédir, démoulez, coupez en tranches puis replacez le tout dans la cocotte, cela facilite le service.

Cake au surimi et crevette

Préparation : 20 minutes • Cuisson : 25 minutes
Difficulté : ★ Budget : ★

Pour 6 personnes

3 œufs ✤ 180 g de farine ✤ 1 cuil. à café de levure chimique ✤ 12 cl d'huile d'olive ✤ 10 cl de lait ✤ 80 g de gruyère râpé ✤ 150 g de surimi râpé ✤ 1 cuil. à soupe de sauce soja ✤ 15 crevettes ✤
Sel et poivre

Mélangez les œufs avec la farine, la levure, l'huile, le sel et le poivre. Ajoutez le lait tiédi et le fromage râpé. Mélangez bien.

Ajoutez le surimi, la sauce soja, mélangez bien.

Versez la préparation dans les moules à mini cake préalablement beurrés et farinés ou en silicone. Placez une crevette décortiquée au milieu et mettez au four 25 minutes à 180 °C (th. 6).

Attendez 5 minutes puis démoulez et laissez refroidir sur une grille.

Cake au tofu et quinoa

Préparation : 20 minutes • Cuisson : 35 minutes
Difficulté : ★ Budget : ★

Pour 6 personnes

100 g de quinoa ✤ 3 œufs ✤ 180 g de farine ✤ 1 cuil. à café de levure chimique ✤ 12 cl d'huile d'olive ✤ 10 cl de lait ✤ 80 g de gruyère râpé ✤ 1 cuil. à soupe de sauce soja ✤ 2 cuil. à soupe de persil haché ✤ 2 gousses d'ail ✤ 150 g de tofu ✤ Beurre ✤
Sel et poivre

Préchauffez votre four à 180 °C (th. 6). Mettez le quinoa à cuire dans une casserole d'eau bouillante salée pendant 10 minutes puis égouttez-le.

Mélangez les œufs avec la farine, la levure, l'huile, le sel et le poivre. Ajoutez le lait tiédi et le fromage râpé. Mélangez bien. Ajoutez le quinoa, la sauce soja, le persil, l'ail haché et le tofu coupé en dés.

Versez la préparation dans les moules à mini cake préalablement beurrés et farinés ou en silicone. Enfournez 25 minutes. Attendez 5 minutes puis démoulez et laissez refroidir sur une grille.

Cake aux asperges

Préparation : 30 minutes • Cuisson : 30 minutes
Difficulté : ★ Budget : ★

Pour 6 personnes

150 g d'asperges (petites) ✤ 3 œufs ✤ 180 g de farine ✤ 1 cuil. à café de levure chimique ✤ 12 cl d'huile d'olive ✤ 10 cl de lait ✤ 80 g de parmesan râpé ✤ Sel et poivre

Pelez si besoin les asperges et mettez-les à cuire 5 à 10 minutes (selon leur taille) dans une casserole d'eau bouillante salée. Égouttez-les. Mélangez les œufs avec la farine, la levure, l'huile, le sel et le poivre. Ajoutez le lait tiédi et le parmesan. Mélangez bien.

Versez la préparation dans les moules à mini cake préalablement beurrés et farinés ou en silicone. Coupez les asperges à la taille des moules, placez les tiges au centre et les têtes sur le dessus. Mettez au four 25 minutes à 180 °C (th. 6).

Attendez 5 minutes puis démoulez et laissez refroidir sur une grille.

Cake aux carottes, jambon et parmesan

Préparation : 15 minutes • Cuisson : 40 minutes
Difficulté : ★ Budget : ★

Pour 6 personnes

4 œufs ✤ 200 g de farine ✤ 1 sachet de levure chimique ✤ 20 cl de crème liquide ✤ 2 cuil. à soupe d'huile de noix ✤ 2 cuil. à soupe d'huile ✤ 150 g de jambon blanc ✤ 3 carottes ✤ 100 g de parmesan râpé ✤ Beurre ✤ Sel et poivre

Préchauffez le four à 180 °C (th. 6).

Battez les œufs avec la farine et la levure. Ajoutez progressivement la crème liquide et les huiles.

Ajoutez le jambon coupé en lanières. Râpez les carottes puis ajoutez-les à la préparation. Mélangez. Assaisonnez de sel et de poivre et incorporez le parmesan râpé. Mélangez de nouveau.

Versez la pâte dans un moule beurré et fariné.

Enfournez pour 40 minutes. Laissez tiédir avant de servir.

Cake aubergine, poivron et olives noires

Préparation : 45 minutes • Cuisson : 50 minutes • Difficulté : ★ Budget : ★

Pour 6 personnes

Pour la purée d'aubergine et poivron : 1 aubergine ❖ 1 cuil. à soupe d'huile d'olive ❖ 1 poivron rouge
Pour les cakes : 3 œufs ❖ 180 g de farine ❖ 1 cuil. à café de levure chimique ❖ 12 cl d'huile d'olive ❖ 10 cl de lait ❖ 80 g d'emmental râpé ❖ 1 gousse d'ail ❖ 12 olives noires dénoyautées ❖ Beurre ❖ Sel et poivre

Préchauffez le four à 200 °C (th. 6-7). Coupez l'aubergine en deux dans le sens de la longueur. Placez chaque demi-aubergine sur la plaque de cuisson recouverte de papier sulfurisé, incisez la chaire, badigeonnez-la d'huile. Placez-la au four 20 minutes. Récupérez délicatement la chair de l'aubergine avec une cuillère.

Lavez le poivron, coupez-le en quatre et épépinez-le. Placez-le sur une plaque de cuisson peau vers le haut et passez-le sous le gril de votre four jusqu'à ce que la peau forme des soufflettes noires. Sortez-le du four et enfermez-le dans un sac de congélation 15 minutes puis épluchez-le. Réduisez-le en purée avec la chair de l'aubergine.

Mélangez les œufs avec la farine, la levure, l'huile, le sel et le poivre. Ajoutez le lait tiédi et le fromage râpé. Mélangez bien. Ajoutez la purée de légumes, l'ail écrasé et les olives coupées en rondelles.

Versez la préparation dans des moules à mini cake préalablement beurrés et farinés ou en silicone. Mettez au four 25 minutes à 180 °C (th. 6). Attendez 5 minutes puis démoulez et laissez refroidir sur une grille.

Cake aux cèpes

Préparation : 30 minutes • Cuisson : 30 minutes • Difficulté : ★ Budget : ★★

Pour 6 personnes

2 échalotes ✤ 12 cl d'huile d'olive ✤ 200 g de cèpes ✤ 3 œufs ✤ 180 g de farine ✤ 1 cuil. à café de levure chimique ✤ 50 cl de vin blanc ✤ 50 cl de lait ✤ 80 g d'emmental râpé ✤ 2 cuil. à soupe de persil haché ✤ Beurre ✤ Sel et poivre

Hachez les échalotes et mettez-les à suer dans une sauteuse avec 1 cuil. à soupe d'huile d'olive sans colorer. Nettoyez les cèpes, coupez-les en morceaux et ajoutez-les aux échalotes. Faites-les revenir 5 minutes en mélangeant régulièrement.

Mélangez les œufs avec la farine, la levure, l'huile d'olive, le vin blanc, du sel et du poivre. Ajoutez le lait tiédi et le fromage râpé. Mélangez bien. Ajoutez les cèpes et le persil.

Versez la préparation dans les moules à mini cake préalablement beurrés et farinés, en silicone ou des caissettes en papier. Mettez au four 25 minutes à 180 °C (th. 6).

Attendez 5 minutes puis démoulez et laissez refroidir sur une grille.

Cake aux courgettes et aux tomates

Préparation : 20 minutes • Cuisson : 55 minutes • Difficulté : ★★ Budget : ★

Pour 6 personnes

3 courgettes ❖ 3 tomates ❖ Coriandre ❖ 200 g de farine ❖ 1 sachet de levure chimique ❖ 3 œufs ❖ 10 cl d'huile d'olive ❖ 12 cl de vermouth ❖ 100 g d'emmental râpé ❖ 1 cuil. à soupe de concentré de tomates ❖ Sel et poivre

Lavez, épluchez et râpez les courgettes. Placez-les dans un plat allant au four à micro-ondes. Faites-les cuire 5 minutes à couvert à la puissance maximum. Puis passez-les grossièrement au mixeur afin d'obtenir une purée avec des morceaux. Pelez les tomates, épépinez-les et coupez-les en petits morceaux. Lavez, séchez et ciselez la coriandre.

Préchauffez votre four à 180 °C (th. 6).

Dans un bol, mélangez la farine et la levure. Dans un saladier, battez les œufs, puis ajoutez successivement l'huile d'olive, le vermouth, la coriandre, le mélange farine-levure puis l'emmental râpé. Salez, poivrez et mélangez bien. Ajoutez 1 cuil. à soupe de concentré de tomates et mélangez. Complétez ensuite avec les tomates en morceaux et la purée de courgettes. Mélangez à nouveau.

Versez la préparation dans une plaque de six moules à cake en silicone et laissez cuire au four 20 minutes environ. À la fin de la cuisson, laissez reposer le cake quelques minutes avant de le démouler. Servez ce cake froid ou tiède en entrée, accompagné d'une salade.

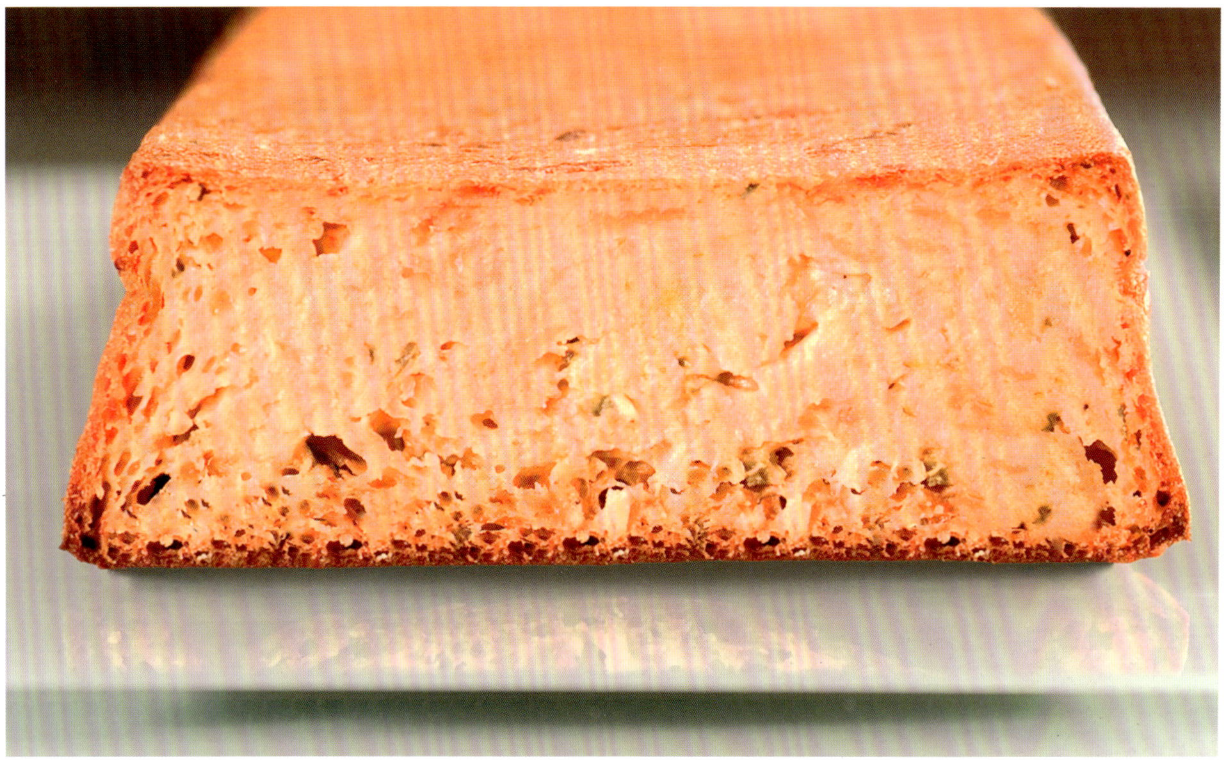

Cake aux endives et morbier

Préparation : 30 minutes • Cuisson : 40 minutes
Difficulté : ★ Budget : ★

Pour 6 personnes

4 endives ✤ 12 cl d'huile d'olive ✤ 3 œufs ✤ 180 g de farine ✤ 1 cuil. à café de levure chimique ✤ 10 cl de lait ✤ 80 g de gruyère râpé ✤ 100 g de morbier ✤ Sel et poivre

Nettoyez et coupez les endives en tronçons. Faites-les revenir dans 2 cuil. à soupe d'huile d'olive pendant 15 minutes.

Mélangez les œufs avec la farine, la levure, l'huile restante, le sel et le poivre. Ajoutez le lait tiédi et le fromage râpé. Ajoutez les endives et le morbier coupé en morceaux, mélangez bien.

Versez la préparation dans les moules à mini cake préalablement beurrés et farinés ou en silicone. Mettez au four 25 minutes à 180 °C (th. 6).

Attendez 5 minutes puis démoulez et laissez refroidir sur une grille.

Cake aux épinards et au Boursin

Préparation : 15 minutes • Cuisson : 40 minutes
Difficulté : ★ Budget : ★★

Pour 6 personnes

3 œufs ✤ 200 g de farine ✤ 1 cuil. à café de levure chimique ✤ 5 cl d'huile d'olive ✤ 15 cl de lait ✤ 60 g d'emmental râpé ✤ 200 g d'épinards hachés ✤ 30 g de pignons de pin ✤ 120 g de fromages frais à l'ail et aux fines herbes ✤ Sel et poivre

Mélangez les œufs avec la farine, la levure, l'huile, du sel et du poivre. Ajoutez le lait tiédi, l'emmental râpé, les pignons de pin et les épinards hachés. Mélangez bien. À l'aide d'une fourchette, émiettez grossièrement le fromage frais sur la préparation et mélangez très peu.

Versez la préparation dans un moule à cake préalablement beurré ou un moule en silicone.

Mettez au four pour 40 minutes à 180 °C (th. 6).

Attendez 10 minutes, démoulez et laissez refroidir sur une grille.

Cake aux figues et au chèvre frais

Préparation : 15 minutes • Cuisson : 40 minutes
Difficulté : ★ Budget : ★

Pour 6 personnes

3 œufs ✜ 200 g de farine ✜ 1 cuil. à café de levure chimique ✜ 5 cl d'huile d'olive ✜ 5 cl de lait ✜ 50 g d'emmental râpé ✜ 100 g de chèvre frais ✜ 6 figues séchées ✜ Sel et poivre

Mélangez les œufs avec la farine, la levure, l'huile, le sel et le poivre. Ajoutez le lait tiédi et le fromage râpé. Mélangez bien. Ajoutez le fromage de chèvre coupé en dés.

Versez la moitié de la préparation dans un moule à cake préalablement beurré ou un moule en silicone. Placez les figues bien à l'horizontale et versez le restant de pâte. Déposez quelques lamelles de figues sur le dessus et mettez au four 40 minutes à 180 °C (th. 6).

Démoulez une fois tiède.

Cake aux figues et jambon cru

Préparation : 20 minutes • Cuisson : 25 minutes
Difficulté : ★ Budget : ★★

Pour 6 personnes

3 œufs ✜ 180 g de farine ✜ 1 cuil. à café de levure chimique ✜ 12 cl d'huile d'olive ✜ 10 cl de lait ✜ 80 g d'emmental râpé ✜ 5 figues ✜ 80 g de jambon cru ✜ Sel et poivre

Mélangez les œufs avec la farine, la levure, l'huile, le sel et le poivre. Ajoutez le lait tiédi et le fromage râpé. Mélangez bien.

Ajoutez les figues coupées en morceaux et le jambon cru coupé en lanières.

Versez la préparation dans les moules à mini cake préalablement beurrés et farinés ou en silicone. Placez quelques morceaux de figue sur le dessus et mettez au four 25 minutes à 180 °C (th. 6).

Attendez 5 minutes puis démoulez et laissez refroidir sur une grille.

Cake aux lentilles

Préparation : 20 minutes • Cuisson : 40 minutes
Difficulté : ★ Budget : ★★

Pour 6 personnes

3 œufs ✤ 200 g de farine ✤ 1 cuil. à café de levure chimique ✤ 5 cl d'huile ✤ 15 cl de lait ✤ 50 g d'emmental râpé ✤ 200 g de lentilles cuites ✤ 60 g de lardons ✤ 3 échalotes ✤ Sel et poivre

Mélangez les œufs avec la farine, la levure, l'huile, le sel et le poivre. Ajoutez le lait tiédi et l'emmental râpé. Mélangez bien. Ajoutez les lentilles rincées et égouttées, les lardons et les échalotes émincées.

Versez la préparation dans un moule à cake préalablement beurré et fariné ou un moule en silicone. Mettez au four 40 minutes à 180 °C (th. 6). Attendez 10 minutes, démoulez et laissez refroidir sur une grille.

Cake aux marrons et lardons

Préparation : 20 minutes • Cuisson : 20 minutes
Difficulté : ★ Budget : ★★

Pour 6 personnes

3 œufs ✤ 1 cuil. à café de levure chimique ✤ 120 g de farine ✤ 50 g de farine de châtaigne ✤ 12 cl d'huile d'olive ✤ 10 cl de lait ✤ 80 g d'emmental râpé ✤ 60 g de lardons ✤ 100 g de marrons cuits ✤ Sel et poivre

Mélangez les œufs avec la levure, les farines, l'huile, salez légèrement et poivrez. Ajoutez le lait tiédi et le fromage râpé. Incorporez les lardons et les marrons coupés en morceaux, mélangez bien.

Versez la préparation dans les moules à mini cake préalablement beurrés et farinés ou en silicone. Mettez au four 20 minutes à 180 °C (th. 6). Attendez 5 minutes puis démoulez et laissez refroidir sur une grille.

Cake aux oignons frits

Préparation : 15 minutes • Cuisson : 40 minutes
Difficulté : ★ Budget : ★

Pour 6 personnes

3 œufs ✤ 200 g de farine ✤ 1 cuil. à café de levure chimique ✤ 5 cl d'huile d'olive ✤ 15 cl de lait ✤ 60 g d'emmental râpé ✤ 60 g d'oignons frits ✤ Sel et poivre

Préchauffez le four à 180 °C (th. 6). Mélangez les œufs avec la farine, la levure, l'huile, du sel et du poivre. Ajoutez le lait tiédi et l'emmental râpé. Mélangez bien. Ajoutez les oignons frits.

Versez la préparation dans un moule à cake préalablement beurré ou un moule en silicone. Répartissez 2 cuil. à soupe d'oignons frits à la surface et enfournez pour 40 minutes. Attendez 10 minutes, démoulez et laissez refroidir sur une grille.

Cake aux pois chiches

Préparation : 20 minutes • Cuisson : 25 minutes
Difficulté : ★ Budget : ★

Pour 6 personnes

3 œufs ✤ 170 g de farine ✤ 1 cuil. à café de levure chimique ✤ 12 cl d'huile d'olive ✤ 10 cl de lait ✤ 80 g d'emmental râpé ✤ 100 g de pois chiches en boîte ✤ 1 cuil. à soupe de coriandre ✤ Sel et poivre

Mélangez les œufs avec la farine, la levure, l'huile, le sel et le poivre. Ajoutez le lait tiédi et le fromage râpé. Mélangez bien. Ajoutez les pois chiche et la coriandre hachée.

Versez la préparation dans les moules à mini cake préalablement beurrés et farinés ou en silicone. Mettez au four 25 minutes à 180 °C (th. 6).

Attendez 5 minutes puis démoulez et laissez refroidir sur une grille.

Cake aux foies de volailles

Préparation : 25 minutes • Cuisson : 30 minutes
Difficulté : ★ Budget : ★★

Pour 6 personnes

200 g de foies de volaille (confits) ✤ 3 œufs ✤ 180 g de farine ✤ 1 cuil. à café de levure chimique ✤ 12 cl d'huile d'olive ✤ 10 cl de lait ✤ 80 g d'emmental râpé ✤ Sel et poivre

Mettez les foies de volaille à réchauffer doucement dans une poêle, puis égouttez-les afin de retirer le gras.

Mélangez les œufs avec la farine, la levure, l'huile, le sel et le poivre. Ajoutez le lait tiédi et le fromage râpé. Mélangez bien. Ajoutez les foies de volaille coupés en morceaux.

Versez la préparation dans les moules à mini cake préalablement beurrés et farinés ou en silicone. Mettez au four 25 minutes à 180 °C (th. 6).

Attendez 5 minutes puis démoulez et laissez refroidir sur une grille.

Cake aux poivrons et cumin

Préparation : 30 minutes • Cuisson : 40 minutes
Difficulté : ★ Budget : ★

Pour 6 personnes

3 poivrons ✤ 12 cl d'huile d'olive ✤ 1 cuil. à café de cumin en poudre ✤ 3 œufs ✤ 180 g de farine ✤ 1 cuil. à café de levure chimique ✤ 10 cl de lait ✤ 80 g d'emmental râpé ✤ Sel et poivre

Épépinez les poivrons et coupez-les en lamelles. Faites-les revenir dans une sauteuse avec 2 cuil. à soupe d'huile d'olive et le cumin. Salez, poivrez et laissez mijoter à couvert et sur un feu doux pendant 15 à 20 minutes. Ajoutez le cumin.

Mélangez les œufs avec la farine, la levure, l'huile restante, le sel et le poivre. Ajoutez le lait tiédi et l'emmental râpé. Mélangez bien. Ajoutez les poivrons au cumin.

Versez la préparation dans des moules à mini cake préalablement beurrés et farinés ou un moule en silicone. Mettez au four 25 minutes à 180 °C (th. 6). Attendez 10 minutes, démoulez et laissez refroidir sur une grille.

Cake aux trois fromages

Préparation : 15 minutes • Cuisson : 40 minutes
Difficulté : ★ Budget : ★★

Pour 6 personnes

3 œufs ✣ 200 g de farine ✣ 1 cuil. à café de levure chimique ✣ 4 cl d'huile d'olive ✣ 10 cl de lait ✣ 60 g d'emmental ✣ 60 g de gouda fruité ✣ 70 g de roquefort ✣ Emmental râpé ✣ Sel et poivre

Mélangez les œufs avec la farine, la levure, l'huile, du sel et du poivre. Ajoutez le lait tiédi puis l'emmental, le gouda et le roquefort coupés en dés.

Versez la préparation dans 6 moules à muffin préalablement beurrés ou en silicone.

Déposez un peu d'emmental râpé sur les muffins et mettez au four 40 minutes à 180 °C (th. 6).

Laissez tiédir puis démoulez.

Cake brocoli et roquefort

Préparation : 30 minutes • Cuisson : 40 minutes
Difficulté : ★ Budget : ★

Pour 6 personnes

1 brocoli ✣ 3 œufs ✣ 180 g de farine ✣ 1 cuil. à café de levure chimique ✣ 12 cl d'huile d'olive ✣ 10 cl de lait ✣ 80 g d'emmental râpé ✣ 120 g de roquefort ✣ Sel et poivre

Détaillez le brocoli en petits bouquets et mettez-les à cuire à la vapeur 10 minutes.

Mélangez les œufs avec la farine, la levure, l'huile, le sel et le poivre. Ajoutez le lait tiédi et le fromage râpé. Mélangez bien. Ajoutez le roquefort coupé en morceaux.

Remplissez les moules à mini muffins préalablement beurrés et farinés ou en silicone à mi-hauteur. Placez dans chaque moule un bouquet de brocoli puis couvrez de préparation. Mettez au four 25 minutes à 180 °C (th. 6).

Attendez 5 minutes puis démoulez et laissez refroidir sur une grille.

Cake balls au saumon

Préparation : 30 minutes • Repos : 1 heure • Cuisson : 40 minutes • Difficulté : ★ Budget : ★★

Pour 30 cake balls environ

Pour la base : 150 g de farine ✤ 1 sachet de levure chimique ✤ 5 cl d'huile ✤ 5 cl de lait ✤ 3 œufs ✤ 2 tranches de saumon fumé ✤ 1 bouquet d'aneth ✤ Poivre

150 g de mascarpone ✤ 3 tranches de saumon fumé

Préchauffez le four à 180 °C (th. 6). Préparez le cake au saumon fumé. Déposez la farine dans un saladier et mélangez-la à la levure. Versez l'huile et le lait. Mélangez bien puis ajoutez les œufs battus. Découpez finement les tranches de saumon et hachez l'aneth. Ajoutez le saumon et un quart de l'aneth haché puis poivrez. Mélangez de nouveau pour obtenir une pâte lisse. Versez la pâte à cake dans un moule antiadhésif et enfournez pour 40 minutes.

Sortez le cake du four, démoulez-le et laissez-le refroidir. Une fois le cake refroidi, mixez-le grossièrement, ajoutez le mascarpone et mélangez délicatement.

Avec vos mains, réalisez des petites boulettes « cakes balls » puis placez-les au réfrigérateur au moins 1 heure.

Découpez des carrés de saumon fumé et déposez-les sur la moitié des cakes balls. Enroulez chaque cake ball dans du film alimentaire et serrez bien pour faire un bonbon. Replacez les cakes balls au frais. Déposez l'aneth hachée restante dans une assiette et roulez-y le reste de cakes balls. Réservez au frais avant de servir.

Cake pops aux saveurs du sud

Préparation : 20 minutes • Cuisson : 30 minutes • Difficulté : ★ Budget : ★

Pour 30 cake pops

Pour la base : 2 œufs ✣ 5 cl d'huile d'olive ✣ 5 cl de lait ✣ 100 g de farine ✣ ½ sachet de levure chimique ✣ 2 cuil. à café de caviar de tomates séchées ✣ 50 g de feta ✣ 10 olives vertes dénoyautées ✣ Poivre

100 g de fromages frais Philadelphia ✣ 200 g de ricotta ✣ 1 bouquet de ciboulette

Préchauffez le four à 180 °C (th. 6).

Préparez un petit cake. Fouettez les œufs, versez l'huile d'olive et le lait. Ajoutez la farine et la levure et un peu de poivre. Mélangez bien l'ensemble pour éviter les grumeaux. Ajoutez ensuite le caviar de tomates séchées, la feta émiettée et les olives concassées. Mélangez de nouveau.

Versez la pâte à cake dans un moule antiadhésif. Enfournez pour 30 minutes.

À la sortie du four, démoulez le cake et laissez-le refroidir complètement.

Mixez le cake afin d'obtenir une belle chapelure, ajoutez le fromage Philadelphia et mélangez délicatement.

Façonnez les cake pops avec vos mains en réalisant des petites boulettes. Recouvrez-les ensuite de ricotta et parsemez le dessus de ciboulette ciselée. Réservez au frais avant de servir.

Cake citron coriandre

Préparation : 20 minutes • Cuisson : 25 minutes • Difficulté : ★ Budget : ★

Pour 6 personnes

3 œufs ✣ 180 g de farine ✣ 1 cuil. à café de levure chimique ✣ 12 cl d'huile d'olive ✣ 10 cl de lait ✣ 80 g de gruyère râpé ✣ Le jus de 1 citron ✣ 4 branches de coriandre ✣ Sel et poivre

Mélangez les œufs avec la farine, la levure, l'huile, le sel et le poivre. Ajoutez le lait tiédi et le fromage râpé. Mélangez bien.

Ajoutez le jus de citron et la coriandre hachée, mélangez bien.

Versez la préparation dans les moules à mini cake préalablement beurrés et farinés ou en silicone. Mettez au four 25 minutes à 180 °C (th. 6).

Attendez 5 minutes puis démoulez et laissez refroidir sur une grille.

Cake de julienne de légumes et saumon

Préparation : 45 minutes • Cuisson : 35 minutes
Difficulté : ★ Budget : ★

Pour 6 personnes

1 carotte ✤ ½ courgette ✤ 1 blanc de poireau ✤ 12 cl d'huile d'olive ✤ 3 œufs ✤ 180 g de farine ✤ 1 cuil. à café de levure chimique ✤ 10 cl de lait ✤ 80 g d'emmental râpé ✤ 150 g de saumon ✤ Beurre ✤ 6 crevettes crues décortiquées ✤ Sel et poivre

Coupez les légumes en julienne, mettez-les à suer dans une sauteuse avec l'huile pendant 10 minutes. Salez.

Préchauffez le four à 180 °C (th. 6).

Mélangez les œufs avec la farine, la levure, l'huile restante, le sel et le poivre. Ajoutez le lait tiédi et le fromage râpé. Mélangez bien. Ajoutez la julienne de légumes et le saumon coupé en morceaux.

Versez la préparation dans des moules à mini cake préalablement beurrés et farinés ou en silicone. Placez une crevette décortiquée au milieu et mettez au four 25 minutes. Attendez 5 minutes puis démoulez et laissez refroidir sur une grille.

Cake marbré pesto et confit de tomates

Préparation : 15 minutes • Cuisson : 40 minutes
Difficulté : ★ Budget : ★★

Pour 6 personnes

60 g de pignons de pin ✤ 3 œufs ✤ 200 g de farine ✤ 1 cuil. à café de levure chimique ✤ 4 cl d'huile d'olive ✤ 16 cl de lait ✤ 50 g d'emmental râpé ✤ 2 cuil. à soupe de pesto ✤ 2 cuil. à soupe de confit de tomates ✤ Poivre

Faites griller les pignons dans une poêle à sec.

Préchauffez le four à 180 °C (th. 6).

Mélangez les œufs avec la farine, la levure, l'huile et le poivre. Ajoutez le lait tiédi, 50 g de pignons et le fromage râpé. Mélangez bien et divisez cette pâte en deux parts égales. Ajoutez dans l'une le pesto et dans l'autre le confit de tomates.

Alternez les couches de pâte au pesto et de pâte au confit de tomates dans un moule à cake préalablement beurré ou un moule en silicone. Parsemez la surface de pignons. Mettez au four 40 minutes. Attendez 10 minutes, démoulez et laissez refroidir sur une grille.

Cake oriental

Préparation : 20 minutes • Cuisson : 25 minutes
Difficulté : ★ Budget : ★

Pour 6 personnes

3 œufs ✤ 180 g de farine ✤ 1 cuil. à café de levure chimique ✤ 12 cl d'huile d'olive ✤ 10 cl de lait ✤ 80 g de gruyère râpé ✤ 2 merguez ✤ 2 cuil. à café de ras el hanout ✤ Sel et poivre

Mélangez les œufs avec la farine, la levure, l'huile, le sel et le poivre. Ajoutez le lait tiédi et le fromage râpé. Mélangez bien.

Ajoutez les merguez coupées en morceaux et le ras el hanout.

Versez la préparation dans les moules à mini cake préalablement beurrés et farinés ou en silicone. Mettez au four 25 minutes à 180 °C (th. 6).

Attendez 5 minutes puis démoulez et laissez refroidir sur une grille.

Cakes alsaciens

Préparation : 20 minutes • Cuisson : 25 minutes
Difficulté : ★ Budget : ★

Pour 6 personnes

3 œufs ✤ 160 g de farine ✤ 1 cuil. à café de levure chimique ✤ 12 cl d'huile d'olive ✤ 5 cl de vin blanc ✤ 10 cl de lait ✤ 80 g d'emmental râpé ✤ 150 g de choucroute cuite ✤ 4 saucisses de Strasbourg ✤ Sel et poivre

Mélangez les œufs avec la farine, la levure, l'huile, le sel et le poivre. Ajoutez le vin, le lait tiédi, l'emmental râpé, la choucroute. Mélangez bien.

Coupez les saucisses en rondelles puis incorporez-les.

Versez la préparation dans des mini moules à cake préalablement beurrés et farinés ou un moule en silicone. Poivrez généreusement et mettez au four pour 25 minutes à 180 °C (th. 6).

Attendez 5 minutes, démoulez et laissez refroidir sur une grille.

Cakes au foie gras et figues sèches

Préparation : 20 minutes • Cuisson : 25 minutes
Difficulté : ★ Budget : ★

Pour 6 personnes

3 œufs ✤ 180 g de farine ✤ 1 cuil. à café de levure chimique ✤ 12 cl d'huile d'olive ✤ 10 cl de lait ✤ 80 g de gruyère râpé ✤ 4 figues séchées ✤ 100 g de foie gras ✤ Sel et poivre

Mélangez les œufs avec la farine, la levure, l'huile, le sel et le poivre. Ajoutez le lait tiédi et le fromage râpé. Mélangez bien. Ajoutez les figues coupées en morceaux, mélangez bien. Ajoutez le foie gras coupé en dés, mélangez délicatement.

Versez la préparation dans les moules à mini cake préalablement beurrés et farinés ou en silicone. Mettez au four 25 minutes à 180 °C (th. 6). Attendez 5 minutes puis démoulez et laissez refroidir sur une grille.

Cakes au gorgonzola et origan

Préparation : 20 minutes • Cuisson : 25 minutes
Difficulté : ★ Budget : ★

Pour 6 personnes

3 œufs ✤ 180 g de farine ✤ 1 cuil. à café de levure chimique ✤ 12 cl d'huile d'olive ✤ 10 cl de lait ✤ 80 g de gruyère râpé ✤ 120 g de gorgonzola ✤ 1 cuil. à soupe d'origan ✤ Sel et poivre

Mélangez les œufs avec la farine, la levure, l'huile, le sel et le poivre. Ajoutez le lait tiédi et le fromage râpé. Mélangez bien. Ajoutez le gorgonzola coupé en morceaux et l'origan, mélangez bien.

Versez la préparation dans les moules à mini cake préalablement beurrés et farinés ou en silicone. Mettez au four 25 minutes à 180 °C (th. 6). Attendez 5 minutes puis démoulez et laissez refroidir sur une grille.

Cakes au magret de canard et aux pommes

Préparation : 30 minutes • Cuisson : 30 minutes
Difficulté : ★★ Budget : ★★

Pour 6 personnes

200 g de magrets de canard séché ✤ 3 œufs ✤ 200 g de farine ✤ 1 cuil. à café de levure chimique ✤ 5 cl d'huile d'olive ✤ 15 cl de lait ✤ 50 g d'emmental ✤ 1 pomme ✤ Sel et poivre

Placez les tranches de magret, après avoir retiré le gras, sur la paroi de 6 moules à muffin, de préférence en silicone, sinon graissez-les largement. Il faut environ 3 tranches par moule. Mélangez les œufs, la farine, la levure, l'huile, du sel et du poivre. Ajoutez le lait tiédi et l'emmental râpé. Mélangez bien. Ajoutez la pomme coupée en dés et le restant des tranches de magret séché. Versez la préparation dans les moules à muffin habillés des magrets. Mettez au four pour 30 minutes à 180 °C (th. 6). Attendez 10 minutes, démoulez et laissez refroidir sur une grille.

Cakes au thon

Préparation : 15 minutes • Cuisson : 30 minutes
Difficulté : ★ Budget : ★★

Pour 6 personnes

3 œufs ✤ 200 g de farine ✤ 1 cuil. à café de levure chimique ✤ 8 cl d'huile d'olive ✤ 12 cl de lait ✤ 2 cuil. à soupe de coulis de tomates ✤ 100 g d'emmental râpé ✤ 200 g de thon au naturel en boîte ✤ Sel et poivre

Mélangez les œufs, la farine, la levure, l'huile, du sel et du poivre. Ajoutez le lait tiédi, le coulis de tomates et le fromage. Mélangez bien. Ajoutez le thon égoutté et émietté.

Versez la préparation dans 6 petits moules à cake préalablement beurrés ou en silicone. Mettez au four pour 30 minutes à 180 °C (th. 6). Attendez 5 minutes, démoulez et laissez refroidir sur une grille.

Cakes aux anchois et romarin

Préparation : 20 minutes • Cuisson : 25 minutes
Difficulté : ★ Budget : ★

Pour 6 personnes

3 œufs ✥ 180 g de farine ✥ 1 cuil. à café de levure chimique ✥ 12 cl d'huile d'olive ✥ 10 cl de lait ✥ 80 g de gruyère râpé ✥ 1 cuil. à soupe de romarin ✥ 1 boîte d'anchois à l'huile ✥ Poivre

Mélangez les œufs avec la farine, la levure, l'huile et le poivre. Ajoutez le lait tiédi et le fromage râpé. Mélangez bien.

Ajoutez le romarin et 6 filets d'anchois coupés en petits morceaux.

Versez la préparation dans les moules à mini cake préalablement beurrés et farinés ou en silicone. Placez un filet d'anchois sur le dessus puis mettez au four 25 minutes à 180 °C (th. 6).

Attendez 5 minutes puis démoulez et laissez refroidir sur une grille.

Cakes aux cacahuètes

Préparation : 20 minutes • Cuisson : 20 minutes
Difficulté : ★ Budget : ★

Pour 6 personnes

50 g de cacahuètes ✥ 3 œufs ✥ 170 g de farine ✥ 1 cuil. à café de levure chimique ✥ 12 cl d'huile d'olive ✥ 10 cl de lait ✥ 80 g d'emmental râpé ✥ Sel et poivre

À l'aide d'un pilon, réduisez 40 g de cacahuètes en poudre grossière.

Mélangez les œufs avec la farine, la levure, l'huile, salez légèrement et poivrez. Ajoutez le lait tiédi et le fromage râpé. Incorporez la poudre de cacahuètes et mélangez bien.

Versez la préparation dans les moules à mini cake préalablement beurrés et farinés ou en silicone. Placez le restant de cacahuètes sur le dessus et mettez au four 20 minutes à 180 °C (th. 6).

Attendez 5 minutes puis démoulez et laissez refroidir sur une grille.

Cakes au sésame et fleur de sel

Préparation : 20 minutes • Cuisson : 25 minutes
Difficulté : ★ Budget : ★★

Pour 6 personnes

3 œufs ✤ 180 g de farine ✤ 1 cuil. à café de levure chimique ✤ 10 cl d'huile d'olive ✤ 1 cuil. à soupe d'huile de sésame ✤ 10 cl de lait ✤ 80 g d'emmental râpé ✤ 60 g de graines de sésame dorées ✤ 2 cuil. à café de fleur de sel ✤ Sel et poivre

Mélangez les œufs avec la farine, la levure, l'huile d'olive et de sésame, le sel et le poivre. Ajoutez le lait tiédi, le fromage râpé et le sésame. Mélangez bien.

Versez la préparation dans les moules à mini cake préalablement beurrés et farinés ou en silicone. Saupoudrez de sésame et de fleur de sel et mettez au four 25 minutes à 180 °C (th. 6).

Attendez 5 minutes puis démoulez et laissez refroidir sur une grille.

Cakes aux Saint-Jacques et safran

Préparation : 20 minutes • Cuisson : 20 minutes
Difficulté : ★ Budget : ★★

Pour 6 personnes

3 œufs ✤ 180 g de farine ✤ 1 cuil. à café de levure chimique ✤ 12 cl d'huile d'olive ✤ 10 cl de lait ✤ 80 g de gruyère râpé ✤ 8 noix de Saint-Jacques ✤ 1 dose de filament de safran ✤ Sel et poivre

Mélangez les œufs avec la farine, la levure, l'huile, le sel et le poivre. Ajoutez le lait tiédi et le fromage râpé. Mélangez bien.

Ajoutez les noix de Saint-Jacques coupées en morceaux et le safran, mélangez bien.

Versez la préparation dans les moules à mini cake préalablement beurrés et farinés ou en silicone. Mettez au four 20 minutes à 180 °C (th. 6).

Attendez 5 minutes puis démoulez et laissez refroidir sur une grille.

Cakes épinard et œuf de caille

Préparation : 30 minutes • Cuisson : 30 minutes • Difficulté : ★ Budget : ★★

Pour 6 personnes

300 g d'épinards ✜ 12 cl d'huile d'olive ✜ 15 œufs de caille ✜ 3 œufs ✜ 180 g de farine ✜ 1 cuil. à café de levure chimique ✜ 10 cl de lait ✜ 80 g d'emmental râpé ✜ Sel et poivre

Lavez les feuilles d'épinard et faites-les revenir 5 minutes dans une poêle avec 1 cuil. à soupe d'huile d'olive. Mettez les œufs de caille à cuire 3 minutes dans une casserole d'eau bouillante. Laissez tiédir puis ôtez les coquilles.

Mélangez les œufs avec la farine, la levure, l'huile restante, le sel et le poivre. Ajoutez le lait tiédi et le fromage râpé. Mélangez bien.

Ajoutez les épinards puis remplissez les moules à mini muffin préalablement beurrés et farinés ou en silicone à mi-hauteur. Placez dans chaque moule un œuf de caille puis couvrez de préparation. Mettez au four 25 minutes à 180 °C (th. 6).

Attendez 5 minutes puis démoulez et laissez refroidir sur une grille.

Cakes lardons, crème et oignons

Préparation : 20 minutes • Cuisson : 25 minutes • Difficulté : ★ Budget : ★

Pour 6 personnes

3 œufs ✤ 180 g de farine ✤ 1 cuil. à café de levure chimique ✤ 12 cl d'huile d'olive ✤ 6 cl de lait ✤ 50 g de crème fraîche épaisse ✤ 80 g de gruyère râpé ✤ 80 g de lardons ✤ 1 oignon ✤ Sel et poivre

Mélangez les œufs avec la farine, la levure, l'huile, le sel et le poivre. Ajoutez le lait tiédi, la crème et le fromage râpé. Mélangez bien.

Ajoutez les lardons et l'oignon émincé, mélangez bien.

Versez la préparation dans les moules à mini cake préalablement beurrés et farinés ou en silicone. Mettez au four 25 minutes à 180 °C (th. 6).

Attendez 5 minutes puis démoulez et laissez refroidir sur une grille.

Cakes mozzarella et tomates confites

Préparation : 25 minutes • Cuisson : 20 minutes • Difficulté : ★ Budget : ★

Pour 6 personnes

3 œufs ✤ 170 g de farine ✤ 1 cuil. à café de levure chimique ✤ 12 cl d'huile d'olive ✤ 10 cl de lait ✤ 60 g d'emmental râpé ✤ 80 g de mozzarella ✤ 5 pétales de tomates confites ✤ 1 cuil. à café d'origan séché ✤ Beurre ✤ Sel et poivre

Préchauffez le four à 180 °C (th. 6).

Mélangez les œufs avec la farine, la levure, l'huile, le sel et le poivre. Ajoutez le lait tiédi, le fromage râpé, la mozzarella et les tomates confites coupées en morceaux et l'origan.

Versez la moitié de la préparation dans les moules à mini cake préalablement beurrés et farinés ou en silicone. Mettez au four 20 minutes.

Attendez 5 minutes puis démoulez et laissez refroidir sur une grille.

Cakes poulet coco

Préparation : 20 minutes • Cuisson : 25 minutes
Difficulté : ★ Budget : ★

Pour 6 personnes

3 œufs ✤ 180 g de farine ✤ 1 cuil. à café de levure chimique ✤ 12 cl d'huile d'olive ✤ 10 cl de lait de coco ✤ Le jus de 1 citron vert ✤ 80 g de gruyère râpé ✤ 1 blanc de poulet rôti ✤ 2 cuil. à soupe de noix de coco râpée ✤ Sel et poivre

Mélangez les œufs avec la farine, la levure, l'huile, le sel et le poivre. Ajoutez le lait de coco, le jus de citron et le fromage râpé. Mélangez bien.

Ajoutez le poulet coupé en dés et la noix de coco râpé.

Versez la préparation dans les moules à mini cake préalablement beurrés et farinés ou en silicone. Mettez au four 25 minutes à 180 °C (th. 6).

Attendez 5 minutes puis démoulez et laissez refroidir sur une grille.

Cakes roquette et amande

Préparation : 20 minutes • Cuisson : 25 minutes
Difficulté : ★ Budget : ★

Pour 6 personnes

3 œufs ✤ 180 g de farine ✤ 1 cuil. à café de levure chimique ✤ 12 cl d'huile d'olive ✤ 5 cl de vin blanc ✤ 5 cl de lait ✤ 80 g de gruyère râpé ✤ 80 g de roquette ✤ 50 g de jambon cru ✤ 30 g d'amandes ✤ Sel et poivre

Mélangez les œufs avec la farine, la levure, l'huile, le sel et le poivre. Ajoutez le vin blanc, le lait tiédi et le fromage râpé. Mélangez bien.

Ajoutez la roquette, le jambon cru coupé en morceaux et les amandes.

Versez la préparation dans les moules à mini cake préalablement beurrés et farinés ou en silicone. Placez des amandes coupées en deux sur le dessus et mettez au four 25 minutes à 180 °C (th. 6).

Attendez 5 minutes puis démoulez et laissez refroidir sur une grille.

Canapés au jambon cru aux fines herbes

Préparation : 15 minutes • Difficulté : ★ Budget : ★

Pour 4 à 6 canapés

4 tranches de pain de mie complet ✣ 4 tranches de jambon cru ✣ ½ botte de ciboulette ✣ 1 gousse d'ail ✣ 250 g de fromages frais allégé ✣ 6 tomates cerise ✣ Thym ✣ Sel et poivre

Coupez le pain de mie complet à l'aide d'un emporte-pièce rond et toastez-le. Coupez le jambon en fines lamelles.

À part, mélangez la ciboulette ciselée et l'ail haché au fromage frais allégé. Assaisonnez. Fouettez le tout pour obtenir une crème mousseuse. À l'aide d'une cuillère, tartinez le pain avec la crème de ciboulette.

Posez le jambon en chiffonnade sur le fromage frais fouetté. Ajoutez une moitié de tomate cerise parsemée de thym.

Piquez à votre guise le jambon d'un brin de ciboulette ou d'un cure-dent jusqu'au pain. Laissez au frais avant de servir.

Canapés de pancetta fourrés à la poire

Préparation : 15 minutes • Difficulté : ★ Budget : ★

Pour 4 personnes

2 poires ✣ 50 g de roquette ✣ 2 cuil. à soupe d'huile de sésame ✣ 1 cuil. à soupe de vinaigre de cidre ✣ 8 tranches de pancetta ✣ Sel et poivre

Découpez les poires en quartiers. Lavez les feuilles de roquette et égouttez-les. Réservez.

Préparez la vinaigrette en mélangeant l'huile de sésame avec le vinaigre de cidre. Salez et poivrez. Puis versez sur la salade.

Prenez une tranche de pancetta et disposez des quartiers de poire et quelques feuilles de roquette assaisonnées au centre. Roulez la pancetta en serrant bien.

Répétez l'opération avec toutes les tranches de pancetta. Servez bien frais.

Canapés mousseline de truite fumée et crabe

Préparation : 20 minutes • Repos : 2 heures
Difficulté : ★★ Budget : ★★

Pour 20 canapés

10 tranches de pain de mie complet ✥ 40 cl de crème liquide entière ✥ 200 g de miettes de crabe ✥ 20 cl de vodka ✥ Le jus de 1 citron ✥ 200 g de truite fumée ✥ 20 g de paprika

Détaillez le pain de mie à l'aide d'un emporte-pièce rond et toastez les tranches ainsi obtenues.

Mélangez la crème liquide, les miettes de crabe, la vodka et le jus de citron. Versez dans un siphon et réservez au frais pendant 2 heures. Découpez les tranches de truite fumée en fines lamelles.

Sur les toasts, montez la crème au crabe en petits tas, disposez les lamelles de truite et saupoudrez de paprika. Servez très frais.

Cannelés aux olives de Nyons

Préparation : 20 minutes • Repos : 6 heures
Cuisson : 42 minutes • Difficulté : ★ Budget : ★★

Pour 20 pièces

20 cl de lait ✥ 30 g de beurre ✥ 50 g de farine ✥ 50 g de parmesan ✥ 1 œuf ✥ 5 olives noires de Nyons ✥ Sel et poivre

Faites chauffer le lait avec le beurre, mélangez la farine et le parmesan, ajoutez l'œuf battu en omelette puis versez le lait chaud mais pas bouillant. Ajoutez les olives coupées en morceaux, salez légèrement et poivrez. Placez au frais pour 6 heures.

Versez la pâte dans des moules à mini cannelé beurrés ou en silicone et mettez au four pour 10 minutes à 210 °C (th. 7) puis pour 30 minutes à 180 °C (th. 6).

À la sortie du four, démoulez les cannelés et laissez-les refroidir sur une grille.

Cappuccino à la betterave

Préparation : 15 minutes • Difficulté : ★ Budget : ★

Pour 6 personnes

300 g de betteraves cuites ✥ 40 cl de crème liquide ✥ 1 cuil. à soupe de vinaigre de noix ✥ 1 cuil. à soupe d'huile d'olive ✥ 1 brin de ciboulette ✥ Sel et poivre

Épluchez la betterave et coupez-la en dés.

Ajoutez 30 cl de crème, le vinaigre et l'huile. Poivrez. Mixez le tout.

Fouettez 10 cl de crème en chantilly avec une pointe de sel.

Répartissez le cappuccino à la betterave dans des verres. Surmontez de crème fouettée et décorez avec de la ciboulette.

Cappuccino de chou-fleur au roquefort

Préparation : 15 minutes • Cuisson : 30 minutes
Difficulté : ★★ Budget : ★

Pour 4 personnes

1 chou-fleur ✥ 150 g de roquefort ✥ 30 cl de lait ✥ 15 cl de crème fleurette ✥ Sel et poivre

Détaillez le chou-fleur en bouquets et passez-les sous l'eau. Plongez-les dans une casserole d'eau salée, portez à ébullition et laissez cuire 20 minutes. Égouttez puis mixez le chou-fleur avec le roquefort et le lait. Versez de nouveau dans la casserole. Salez et poivrez.

Placez la crème dans un récipient froid. Salez, poivrez, puis fouettez énergiquement au batteur jusqu'à obtenir une chantilly. Remettez la soupe à chauffer et versez ensuite dans des bols individuels et recouvrez de chantilly.

Carpaccio de saumon à la brousse

Préparation : 10 minutes • Repos : 1 heure
Difficulté : ★ Budget : ★★

Pour 6 verrines

220 g de saumon sauvage fumé ✤ Le jus de 1 citron ✤ 10 g de ciboulette ✤ 200 g de brousse ✤ 10 g d'œufs de saumon ✤ Poivre

Coupez le saumon en petits dés et mélangez-les au jus de citron.

Disposez-les dans le fond des verrines.

Rincez et émincez la ciboulette et mélangez-la à la brousse. Poivrez.

Remplissez le reste des verrines avec la brousse.

Décorez avec quelques œufs de saumon. Réservez 1 heure au frais.

Cappuccino de poivrons

Préparation : 15 minutes • Cuisson : 10 minutes
Difficulté : ★ Budget : ★

Pour 6 verrines

3 poivrons rouges ✤ 1 cuil. à soupe d'huile d'olive ✤ 1 gousse d'ail ✤ 6 feuilles de basilic ✤ 6 tranches de lard ✤ 25 cl de crème fleurette ✤ Sel et poivre

Lavez et détaillez les poivrons en dés.

Dans une poêle, faites revenir à feu doux les poivrons avec l'huile d'olive pendant 5 minutes. Ajoutez l'ail pressé, les feuilles de basilic, salez et poivrez. Faites cuire encore quelques minutes.

Mixez les poivrons et remplissez les verrines.

Passez les tranches de lard au gril pendant 2 minutes.

Fouettez la crème fleurette en chantilly et couvrez-en la soupe de poivron.

Coiffez chaque verrine avec une chips de lard.

Calamars à la provençale

Préparation : 45 minutes • Cuisson : 10 minutes
Difficulté : ★ Budget : ★★

Pour 6 verrines

300 g de fromage blanc ✤ 2 cuil. à soupe de persil haché ✤ 3 gousses d'ail ✤ 2 poivrons marinés ✤ 2 cuil. à soupe de coulis de tomates ✤ 300 g de calamars ✤ 1 cuil. à soupe de margarine ✤ Sel et poivre

Mélangez le fromage blanc avec 1 cuil. à soupe de persil, 1 gousse d'ail finement hachée, salez et poivrez. Répartissez le tout dans les verrines.

Taillez les poivrons en petits morceaux, mélangez-les au coulis de tomates et ajoutez ce mélange aux verrines.

Coupez les calamars en dés et faites-les dorer dans la margarine 3 à 4 minutes. Ajoutez 2 gousses d'ail finement hachées, 1 cuil. à soupe de persil, salez et poivrez. Poursuivez la cuisson quelques minutes.

Placez les calamars dans les verrines et conservez au frais jusqu'au moment de servir.

Calamars curry, coco, citron

Préparation : 10 minutes • Cuisson : 5 minutes
Difficulté : ★ Budget : ★★

Pour 6 verrines

600 g de calamars ✤ 2 cuil. à soupe d'huile d'olive ✤ 1 gousse d'ail ✤ Persil ✤ 20 cl de lait de coco ✤ 3 cuil. à café de curry doux ✤ ¼ de citron ✤ 1 sel et poivre

Coupez les calamars en morceaux. Faites chauffer l'huile dans une poêle. Ajoutez les calamars, l'ail pressé, le persil, salez, poivrez. Faites-les revenir rapidement à feu vif pour qu'ils ne deviennent pas caoutchouteux.

Réservez les calamars. Dans la poêle où ils ont cuit, versez le lait de coco et le curry.

Laissez réduire 1 ou 2 minutes jusqu'à obtention d'une texture crémeuse. Ajoutez le jus du citron.

Mélangez à nouveau et laissez quelques instants sur le feu pour que la préparation retrouve sa texture crémeuse.

Versez un peu de crème au curry au fond de chaque verrine, puis déposez les calamars dessus.

Cappuccino de cèpes

Préparation : 30 minutes • Cuisson : 55 minutes • Difficulté : ★★ Budget : ★★

Pour 6 verrines

500 g de cèpes ✤ 3 échalotes ✤ Margarine ✤ 70 cl de bouillon de volaille ✤ 25 cl de crème liquide entière ✤ 1 cuil. à soupe de sésame ✤ Persil ✤ Sel et poivre

Nettoyez les cèpes et coupez-les en gros morceaux.

Faites revenir, dans une cocotte, les échalotes hachées finement dans la margarine pendant 1 à 2 minutes, sans les laisser se colorer.

Ajoutez ensuite les morceaux de cèpes, faites suer 5 minutes, puis ajoutez le bouillon de volaille. Salez et laissez cuire à feu doux 45 minutes.

Mixez le tout en laissant quelques morceaux, puis incorporez 15 cl de crème liquide. Rectifiez l'assaisonnement.

Fouettez le restant de crème en chantilly avec une pincée de sel.

Versez le velouté de cèpes chaud dans les verrines, puis déposez la chantilly à l'aide d'une poche à douille.

Faites griller quelques graines de sésame et décorez-en les verrines avec un brin de persil. Servez aussitôt.

Cappuccino de potiron

Préparation : 30 minutes • Repos : 1 nuit • Cuisson : 40 minutes • Difficulté : ★★ Budget : ★

Pour 6 personnes

100 g de lardons ✤ Margarine ✤ 20 cl de crème liquide ✤ 1,5 kg de potiron ✤ 3 carottes ✤ 1 cube de bouillon de légumes ✤ 3 cuil. à soupe de crème fraîche épaisse ✤ 1 cuil. à café de graines de pavot ✤ Chips de vitelotte ✤ Sel et poivre

La veille, faites rissoler les lardons dans un peu de margarine. Mettez la crème liquide dans un petit saladier avec les lardons après avoir éliminé la graisse en trop. Filmez et laissez reposer une nuit au frais.

Épluchez et coupez en morceaux le potiron ainsi que les carottes. Placez-les dans une grande casserole et couvrez d'eau. Ajoutez le cube de bouillon et laissez cuire 30 minutes. Filtrez la crème et ajoutez les lardons au potiron.

Versez la crème liquide dans un siphon, fermez-le et introduisez une cartouche de gaz. Secouez et réservez au frais.

Mixez le mélange légumes-lardons, ajoutez 3 cuil. à soupe de crème fraîche épaisse et assaisonnez. Laissez cuire encore 5 minutes puis versez dans les verrines.

Secouez le siphon, puis déposez un gros nuage de chantilly sur la crème de potiron. Saupoudrez d'un peu de graines de pavot et décorez de chips de vitelotte. Servez aussitôt.

Carpaccio de Saint-Jacques sur mousseline de céleri

Préparation : 30 minutes • Cuisson : 25 minutes • Difficulté : ★ Budget : ★★

Pour 4 verrines

200 g de céleri-rave ✣ 50 g de pommes reinette ✣ 1,5 cuil. à soupe de crème fraîche épaisse allégée ✣ 2 cuil. à soupe d'huile d'olive ✣ Persil ✣ 12 noix de Saint-Jacques ✣ 20 g de graines germées de poireau ✣ Sel et poivre

Coupez le céleri-rave en dés, mettez le tout dans une casserole et couvrez d'eau. Laissez cuire 20 minutes, puis ajoutez la pomme coupée en dés et laissez cuire 5 minutes supplémentaires.

Égouttez et mixez avec la crème pour obtenir une mousseline homogène. Ajoutez 1 cuil. à soupe d'huile d'olive, quelques feuilles de persil et salez. Réservez.

Placez les noix de Saint-Jacques sur du papier absorbant et coupez-les en fines tranches (3 ou 4 selon la taille des noix). Placez-les sur une assiette et versez dessus 1 cuil. à soupe d'huile d'olive. Salez et poivrez.

Répartissez la mousseline dans les verrines, puis déposez les tranches de Saint-Jacques en rosace. Finissez de décorer avec les germes de poireau. Réservez au frais.

Caviar d'aubergine

Préparation : 20 minutes • Cuisson : 40 minutes
Difficulté : ★ Budget : ★

Pour 6 verrines

2 aubergines ✣ 3 tomates ✣ 1 échalote ✣ 2 cuil. à soupe d'huile d'olive ✣ 1 gousse d'ail ✣ 10 feuilles de basilic ✣ Sel et poivre

Mettez les aubergines entières au four pendant 25 minutes à 210 °C (th. 7). Ébouillantez les tomates 1 ou 2 minutes pour détacher leur peau. Épluchez et détaillez-les en petits dés.

Dans une poêle faites revenir l'échalote émincée avec 1 cuil. à soupe d'huile d'olive. Ajoutez les tomates, assaisonnez et laissez réduire à feu doux pendant 15 minutes. Retirez du feu et laissez refroidir.

Mixez la chair des aubergines. Ajoutez 1 cuil. à soupe d'huile d'olive, l'ail, les feuilles de basilic et assaisonnez. Mixez jusqu'à obtenir un mélange homogène.

Remplissez la moitié des verrines avec la sauce tomate et couvrez avec le caviar d'aubergine.

Ceviche de daurade

Préparation : 15 minutes • Marinade : 1 nuit
Difficulté : ★ Budget : ★★

Pour 4 verrines

600 g de filets de daurade ✣ 5 citrons verts ✣ 1 orange ✣ 2 oignons verts ✣ 2 piments verts (de petit calibre) ✣ 1 gousse d'ail ✣ Poivrons (de couleurs différentes) ✣ Sel

Enlevez les arêtes si nécessaire et détaillez les filets de daurade en dés de taille moyenne.

Préparez la marinade : pressez les citrons verts ainsi que l'orange. Lavez et émincez les oignons verts. Coupez le piment en deux, enlevez les graines et taillez-le finement. Pelez et dégermez l'ail. Réduisez-le en purée.

Dans un saladier, placez les dés de poisson avec le jus de citron, le jus d'orange, les oignons et le piment émincés, l'ail et une pincée de sel. Laissez mariner une nuit.

Le lendemain, au moment de servir, découpez quelques lamelles de poivrons pour la décoration. Égouttez le ceviche et dressez-le dans les verrines. Parsemez vos verrines de lamelles de poivrons et servez.

Cannelés aux herbes et piment d'Espelette

Préparation : 20 minutes • Cuisson : 40 minutes
Difficulté : ★ Budget : ★

Pour 16 cannelés

1 œuf ✣ 1 jaune d'œuf ✣ 100 g de farine ✣ 50 cl de lait ✣ 60 g de beurre ✣ Piment d'Espelette en poudre ✣ 6 brins de ciboulette ✣ ½ bouquet de cerfeuil ✣ ½ bouquet de persil ✣ Sel

Préchauffez le four à 210 °C (th. 7).

Dans un saladier, battez l'œuf et le jaune d'œuf puis incorporez la farine. Mélangez.

Versez le lait dans une casserole et ajoutez-y le beurre et une pincée de piment d'Espelette. Portez à ébullition puis versez dans le saladier sur le mélange œufs-farine. Remuez et salez l'ensemble.

Hachez les herbes puis ajoutez-les à la préparation. Mélangez bien. Remplissez au trois quarts les moules à cannelé puis enfournez pour 35 minutes.

Laissez tiédir avant de démouler. Dégustez aussitôt.

Carottes à la marocaine

Préparation : 15 minutes • Cuisson : 35 minutes
Difficulté : ★ Budget : ★

Pour 6 personnes

6 de carottes ✣ 6 gousses d'ail ✣ Coriandre ✣ Persil ✣ 1 cuil. à café de cumin en poudre ✣ 5 cuil. à soupe d'huile d'olive ✣ Le jus de 1 citron ✣ Sel et poivre

Pelez et coupez les carottes en rondelles de 1 cm. Faites-les cuire avec 3 gousses d'ail, pelées et dégermées, dans une casserole d'eau bouillante salée pendant 15 minutes. Égouttez-les et réservez.

Mixez finement une poignée de coriandre et une poignée de persil avec les 3 gousses d'ail restantes, puis versez ce mélange dans une sauteuse. Ajoutez le cumin, l'huile et le jus de citron puis faites cuire à feu très doux environ 5 minutes en remuant constamment.

Ajoutez les carottes à l'ail. Salez et poivrez et laissez cuire à feu doux 10 à 15 minutes supplémentaires. Mélangez pour enrober pleinement les carottes d'huile assaisonnée. Servez tiède ou froid avec des piques en bois.

Cervelle de canut

Préparation : 10 minutes • Repos : 1 heure
Difficulté : ★ Budget : ★

Pour 6 personnes

1 échalote ✤ 1 gousse d'ail ✤ 150 g de faisselle ✤ 150 g de fromage blanc ✤ 1 cuil. à soupe de crème fraîche épaisse ✤ 1 cuil. à soupe de persil haché ✤ 1 cuil. à soupe de ciboulette ciselée ✤ 1 cuil. à soupe d'huile d'olive ✤ 1 cuil. à soupe de vinaigre de vin ✤ Gressins ✤ Pain grillé ✤ Sel et poivre

Hachez finement l'échalote et l'ail. Égouttez la faisselle, mélangez-la au fromage blanc et à la crème.

Ajoutez les herbes, l'échalote, l'ail, l'huile et le vinaigre. Salez et poivrez. Placez au frais 1 heure.

Servez accompagné de gressins ou de pain grillé.

Chips de betteraves

Préparation : 10 minutes • Cuisson : 5 minutes
Difficulté : ★ Budget : ★

Pour 4 personnes

4 betteraves crues ✤ ½ cuil. à soupe d'huile d'olive ✤ Sel et poivre

Épluchez et tranchez finement les betteraves. Mélangez-les avec l'huile, salez et poivrez.

Posez les tranches de betterave sur la grille du barbecue et laissez cuire 5 minutes.

Champignons farcis

Préparation : 20 minutes • Cuisson : 10 minutes
Difficulté : ★ Budget : ★

Pour 4 personnes

12 champignons de Paris ✤ 1 boîte de fromage à tartiner (à l'ail (type tartare)) ✤ 2 tomates ✤ 50 g de comté (râpé)

Lavez puis ôtez le pied des champignons.

Pour des champignons au fromage : farcissez 8 champignons avec un peu de fromage frais à l'ail et aux fines herbes. Passez à four chaud 10 minutes environ, jusqu'à légère coloration du fromage. Servez chaud

Pour des champignons au bœuf et au comté : farcissez 8 champignons d'un ou deux morceaux de tomate puis recouvrir de comté râpé. Passez au four 10 minutes.

Chips au parmesan

Préparation : 5 minutes • Cuisson : 5 minutes
Difficulté : ★ Budget : ★

Pour 6 personnes

150 g de parmesan râpé ✤ Piment d'Espelette en poudre ✤ 6 brins de thym

Préchauffez votre four à 180 °C (th. 6). Dans un grand bol, mélangez le parmesan râpé, une pincée de piment d'Espelette et le thym effeuillé.

Étalez le mélange obtenu sur la plaque du four recouverte de papier sulfurisé. Formez des cercles de 6 cm de diamètre environ. Aidez-vous, au besoin, d'un cercle ou d'un emporte-pièce.

Enfournez pour 4 à 5 minutes jusqu'à ce que les chips soient à peine dorées.

Chèvres chauds sur chips de pomme

Préparation : 10 minutes • Cuisson : 1 h 40
Difficulté : ★ Budget : ★★

Pour 20 pièces

3 pommes ✤ 10 petits chèvres frais ✤ Huile d'olive ✤ Herbes de Provence

Préchauffez le four à 100 °C (th. 3-4).

À l'aide d'une mandoline, coupez les pommes (non épluchées et non vidées) en fines lamelles. Déposez-les sur une feuille de cuisson et mettez-les au four pour 1 h 30 à 100 °C (th. 3-4).

Coupez les petits chèvres en deux dans l'épaisseur et déposez-les sur les chips de pomme. Arrosez de quelques gouttes d'huile d'olive et saupoudrez d'herbes de Provence. Placez le tout 10 minutes sous le gril.

Servez aussitôt. Vous pouvez également déguster ces apéritifs froids.

Ch'ti cake

Préparation : 20 minutes • Cuisson : 40 minutes
Difficulté : ★ Budget : ★★

Pour 6 personnes

3 œufs ✤ 200 g de farine ✤ 1 cuil. à café de levure chimique ✤ 5 cl d'huile d'olive ✤ 15 cl de lait ✤ 50 g d'emmental râpé ✤ 70 g de lardons ✤ 200 g de maroilles ✤ Sel et poivre

Préchauffez le four à 180 °C (th. 6). Mélangez les œufs, la farine, la levure, l'huile, du sel et du poivre. Ajoutez le lait tiédi et l'emmental râpé. Mélangez bien.

Ajoutez les lardons et le maroilles coupé en dés, en conservant 4 tranches pour le décor.

Versez la préparation dans un moule à cake préalablement beurré ou un moule en silicone.

Placez 4 tranches de maroilles sur le dessus et mettez au four pour 40 minutes.

Attendez 10 minutes, démoulez et laissez refroidir sur une grille.

Chips de légumes

Préparation : 20 minutes • Cuisson : 30 minutes
Difficulté : ★ Budget : ★

Pour 6 personnes

1 betterave crue ✥ 1 pomme de terre vitelotte ✥ 1 carotte ✥ Huile à frire ✥ Sel

Épluchez les légumes, lavez-les et essuyez-les soigneusement.

À l'aide d'une mandoline, coupez les légumes en très fines rondelles. Pour la carotte, commencez par la couper en biais au milieu ainsi les tranches seront ovales et plus grandes.

Alignez les tranches de légumes sur du papier absorbant avant de les passer dans l'huile chauffée à 190 °C pendant 30 à 40 secondes par petites quantités. Égouttez sur du papier absorbant puis salez.

Pour les carottes, afin qu'elles ne perdent pas leur belle couleur, égouttez-les dès qu'elles commencent à brunir et finissez de les assécher dans un four à 90 °C (th. 3) pendant 30 minutes.

Chips de pomme jonagold au paprika

Préparation : 10 minutes • Cuisson : 3 heures
Difficulté : ★ Budget : ★

Pour une vingtaine de chips

2 pommes jonagold ✥ Paprika

Lavez soigneusement les pommes et essuyez-les. À l'aide d'un vide-pomme, ôtez le trognon et coupez les pommes en tranches aussi fines que possible, vous pouvez vous aider d'une mandoline. Plus les tranches seront fines, plus elles sécheront rapidement.

Disposez-les sur une feuille de papier sulfurisé ou sur un tapis en silicone, les unes à côté des autres, et saupoudrez-les généreusement de paprika.

Mettez-les dans le four préchauffé à 90 °C (th. 3) pendant 1 h 30. Puis sortez la grille et retournez les pommes. Remettez au four 1 h 30. Laissez-les finir de sécher dans le four éteint.

Laissez-les finir de sécher dans le four éteint.

Chaussons au brocciu et roquette

Préparation : 20 minutes • Cuisson : 20 minutes • Difficulté : ★ Budget : ★

Pour 4 personnes

500 g de roquette ✤ 2 oignons ✤ 2 cuil. à soupe d'huile d'olive ✤ 200 g de brocciu ✤ 10 feuilles de basilic ✤ 100 g de parmesan râpé ✤ 2 rouleaux de pâte à pizza ✤ 1 jaune d'œuf ✤ Sel et poivre

Lavez la roquette et faites-la blanchir 30 secondes dans l'eau bouillante salée, puis plongez-la immédiatement dans de l'eau glacée.

Préchauffez le four à 200 °C (th. 6-7).

Ciselez finement les oignons et faites-les fondre à feu doux dans de l'huile d'olive.

Dans un saladier, mélangez les oignons avec le brocciu, ajoutez la roquette hachée au couteau, le basilic ciselé et le parmesan. Salez et poivrez généreusement.

Étalez la pâte à pizza et découpez 8 grands ronds. garnissez un côté avec la farce, puis rabattez le côté vide. Soudez bien les bords pour former un chausson. Badigeonnez de jaune d'œuf battu à l'aide d'un pinceau.

Enfournez 15 à 20 minutes. Dégustez chaud ou tiède.

Chaussons à la viande

Préparation : 45 minutes • Cuisson : 30 minutes • Difficulté : ★★ Budget : ★★

Pour 6 personnes

1 oignon ✤ 20 g de margarine ✤ 350 g de viande de bœuf hachée ✤ 3 cuil. à soupe de coulis de tomates ✤ 1 cuil. à café d'herbes de Provence ✤ Tabasco ✤ 2 rouleaux de pâte à pizza ✤ 50 g de fromage râpé ✤ 1 jaune d'œuf ✤ Sel et poivre

Épluchez l'oignon, émincez-le et faites-le revenir dans la margarine. Quand l'oignon est doré, ajoutez la viande hachée et saisissez-la.

Ajoutez le coulis de tomates, les herbes, un peu de Tabasco, salez et poivrez. Laissez cuire 2 minutes puis laissez refroidir.

Préchauffez le four à 180 °C (th. 6).

Coupez des disques de pâte de 10 cm de diamètre. Ajoutez le fromage à la viande puis placez le tout sur la moitié des cercles de pâte. Repliez la pâte puis appuyez sur les bords pour qu'ils soient bien soudés.

Placez les chaussons sur une plaque de cuisson recouverte d'une feuille de papier sulfurisé. Badigeonnez-les de jaune d'œuf dilué avec 1 cuil. à café d'eau. Mettez au four 20 minutes. Servez chaud.

Chaussons surprise à la courgette

Préparation : 15 minutes • Cuisson : 35 minutes • Difficulté : ★ Budget : ★

Pour 4 personnes

1 courgette ✣ 1 cuil. à soupe d'huile d'olive ✣ Basilic ✣ 1 pâte feuilletée ✣ 2 tranches de jambon blanc ✣ 60 g d'emmental en tranches ✣ 1 jaune d'œuf ✣ Sel et poivre

Lavez la courgette et coupez-la en fines rondelles, laissez la peau. Chauffez l'huile d'olive dans une poêle et faites dorer les rondelles de courgette 5 minutes, salez, poivrez et saupoudrez de basilic ciselé. Laissez refroidir.

Préchauffez le four à 180 °C (th. 6).

Coupez 4 grands ovales de pâte feuilletée. Placez sur chaque moitié une demi-tranche de jambon puis des rondelles de courgette et couvrez d'une tranche de fromage. Repliez la pâte et pressez tout le tour pour bien souder les bords. Placez les chaussons sur une plaque de cuisson recouverte d'une feuille de papier sulfurisé.

Diluez le jaune d'œuf avec 1 cuil. à café d'eau et badigeonnez-en les chaussons, puis dessinez un quadrillage à l'aide d'un couteau.

Mettez au four pour 30 minutes. Servez aussitôt.

Chutney de figues

Préparation : 15 minutes • Cuisson : 30 minutes
Difficulté : ★ Budget : ★

Pour 10 personnes

600 g de figues ✣ 5 cl de banyuls ✣ 2 oignons ✣
1 cuil. à soupe d'huile d'olive ✣ 120 g de sucre ✣
30 cl de vinaigre de vin ✣ Sel et poivre

Lavez les figues et coupez-les en morceaux puis mélangez-les avec le banyuls.

Épluchez et coupez finement les oignons. Faites-le suer dans l'huile d'olive, ajoutez le sucre et laissez caraméliser.

Ajoutez le vinaigre et portez à ébullition. Ajoutez les figues et laissez cuire à feu moyen à découvert pendant 20 minutes.

Salez et poivrez puis laissez refroidir avant de servir.

Cocktail de crevettes grises

Préparation : 20 minutes • Difficulté : ★ Budget : ★

Pour 4 verrines

2 tomates ✣ 1 cuil. à soupe d'huile d'olive ✣
Le jus de ½ citron ✣ 150 g de crevettes grises
(décortiquées) ✣ 100 g d'œufs de lump rouges ✣
4 cuil. à soupe de crème fraîche épaisse allégée ✣
Persil

Lavez, épépinez et coupez les tomates en petits dés. Arrosez-les d'huile d'olive et de jus de citron.

Placez une couche de dés de tomates dans le fond des verrines, puis la moitié des crevettes et couvrez de 1 petite cuil. à café d'œufs de lump.

Renouvelez les 3 opérations. Mélangez la crème et 3 cuil. à café d'œufs de lump et nappez les verrines.

Décorez de quelques crevettes grises et d'un brin de persil. Servez bien frais.

Confits de figues et fromage

Préparation : 10 minutes • Cuisson : 30 minutes
Difficulté : ★ Budget : ★★

Pour 6 petites verrines

400 g de figues ✣ 2 cuil. à soupe de sucre ✣ 200 g de gouda fruité ✣ Bretzels (sticks)

Réservez 2 figues et coupez les autres en quatre.

Déposez-les dans une casserole avec le sucre et 2 cuil. à soupe d'eau.

Laissez-les cuire à feu doux 30 minutes environ, en mélangeant de temps en temps. Laissez refroidir.

Versez le confit de figues dans les verrines. Coupez le fromage en dés et utilisez les bretzels comme piques.

Décorez chaque verrine avec un quart de figue.

Consommé de printemps

Préparation : 5 minutes • Difficulté : ★ Budget : ★

Pour 4 personnes

½ concombre ✣ ½ poivron ✣ 1 citron non traité ✣ 2 yaourts grecs ✣ 1 gousse d'ail ✣ Ciboulette ✣ 250 g de mâche ✣ Huile d'olive ✣ Sel et poivre

Râpez le concombre et le poivron avec une grosse grille. Prélevez le zeste du citron et pressez le citron.

Ajoutez les yaourts, l'ail écrasé, la ciboulette et la mâche ciselées, ainsi que le zeste et le jus de citron.

Salez, poivrez et ajoutez un filet d'huile d'olive. Servez très frais.

Cookies aux noix de cajou et olives noires

Préparation : 15 minutes • Cuisson : 25 minutes
Difficulté : ★ Budget : ★

Pour 4 personnes

200 g de farine ✤ 75 g d'emmental râpé ✤ 1 cuil. à café de levure chimique ✤ 1 cuil. à café d'origan séché ✤ 50 g de beurre mou ✤ 5 cuil. à soupe d'huile d'olive ✤ 1 œuf ✤ 25 g de noix de cajou (salées) ✤ 50 g d'olives noires dénoyautées ✤ Sel et poivre

Préchauffez votre four à 180 °C (th. 6). Dans un saladier, mélangez la farine, l'emmental râpé, une pincée de sel et de poivre ainsi que la levure et l'origan. Ajoutez le beurre mou, l'huile d'olive et travaillez la pâte du bout des doigts. Faites un puits, cassez l'œuf dedans, ajoutez les noix de cajou, les olives noires coupées en petits dés et mélangez bien. Tapissez une plaque du four de papier sulfurisé. Prélevez une boule de la grosseur d'une noix et aplatissez-la. Recommencez jusqu'à épuisement de la pâte. Enfournez 25 minutes.

Coulis de tomates à la mozzarella

Préparation : 10 minutes • Difficulté : ★ Budget : ★

Pour 4 verrines

3 tomates ✤ 1 gousse d'ail ✤ 1 cuil. à café de persil plat ✤ 2 boules de mozzarella ✤ Sel et poivre

Mixez les tomates avec la gousse d'ail et le persil. Salez et poivrez.

Découpez grossièrement les boules de mozzarella.

Dressez les verrines en alternant une couche de coulis avec une couche de mozzarella.

Réservez au frais jusqu'au moment de servir.

Coussins croustillants aux oignons

Préparation : 30 minutes • Cuisson : 20 minutes
Difficulté : ★ Budget : ★

Pour 20 pièces

250 g de ricotta ✤ 2 œufs ✤ 100 g d'oignons frits ✤ 5 feuilles de brick ✤ 2 cuil. à soupe d'huile d'olive ✤ Poivre

Préchauffez le four à 200 °C (th. 6-7). Mélangez la ricotta et les œufs battus en omelette. Ajoutez les oignons et poivrez. Il n'est pas utile de saler. Coupez les feuilles de brick en quatre. Déposez un peu de farce au milieu et pliez la feuille de brick pour former un coussin.

Badigeonnez les coussins d'huile d'olive à l'aide d'un pinceau et déposez-les sur une plaque de cuisson recouverte d'une feuille de papier sulfurisé. Mettez au four pour 20 minutes. Servez aussitôt.

Courgettes grillées en habit de saumon

Préparation : 45 minutes • Cuisson : 2 minutes
Difficulté : ★★ Budget : ★★

Pour 6 personnes

1 courgette (de petite taille) ✤ 1 cuil. à soupe d'huile d'olive ✤ 1 cuil. à soupe de sauce soja ✤ 4 tranches de saumon fumé ✤ Ciboulette ✤ Œufs de saumon ✤ Poivre

Lavez la courgette et coupez-la en tronçons. Mettez l'huile à chauffer dans une poêle et faites dorer les tronçons de courgette 1 minute sur chaque face, il ne faut trop les faire cuire. Arrosez-les de sauce soja et poivrez.

Découpez le saumon en bandes de la même largeur que les tronçons de courgette. Placez une bande de saumon autour de chaque tronçon de courgette, nouez 1 brin de ciboulette autour avec délicatesse. Déposez 1 petite cuillère d'œufs de saumon sur le dessus.

Crème brûlée au thym et tomates confites

Préparation : 10 minutes • Cuisson : 50 minutes
Difficulté : ★ Budget : ★

Pour 6 personnes

6 jaunes d'œufs ✤ 25 cl de crème liquide entière ✤ Thym ✤ 120 g de tomates confites ✤ 2 cuil. à soupe de sucre ✤ Sel et poivre

Préchauffez le four à 100 °C (th. 3).

Fouettez les jaunes d'œufs dans un saladier et versez la crème liquide. Ajoutez du thym et assaisonnez.

Déposez les pétales de tomates confites dans le fond de 6 coupelles. Répartissez l'appareil à crème brûlée et enfournez pour 50 minutes environ.

Sortez du four puis laissez refroidir. Réservez au réfrigérateur.

Avant de servir, saupoudrez de sucre et caramélisez au chalumeau ou à la salamandre. Une fine croûte de caramel va se former.

Dégustez aussitôt.

Crèmes brûlées au foie gras

Préparation : 20 minutes • Repos : 3 heures
Cuisson : 25 minutes • Difficulté : ★ Budget : ★★★

Pour 4 personnes

150 g de foie gras mi-cuit ✤ 20 cl de crème fleurette ✤ 3 jaunes d'œufs ✤ Cassonade ✤ Sel et poivre

Préchauffez le four à 90 °C (th. 3). Coupez le foie gras en petits morceaux.

Portez à ébullition la crème fleurette avant de la verser sur le foie gras, puis ajoutez les jaunes d'œufs. Salez et poivrez.

Mixez l'ensemble et répartissez la crème au foie gras dans des ramequins individuels. Enfournez et laissez cuire 20 minutes.

Sortez les crèmes du four, laissez-les refroidir avant de les placer au réfrigérateur pour 3 heures au minimum.

Saupoudrez les crèmes au foie gras de cassonade et passez-les sous le chalumeau de cuisine ou le gril du four pour caraméliser. Servez aussitôt.

Crêpes roulées nordiques

Préparation : 15 minutes • Difficulté : ★ Budget : ★

Pour 4 personnes

100 g de chèvre frais ✣ 2 cuil. à soupe de crème liquide ✣ 10 brins de ciboulette ✣ 1 échalote ✣ 3 crêpes de blé noir ✣ 200 g de saumon fumé ✣ Sel et poivre

Écrasez le chèvre frais avec la crème fraîche. Ajoutez la ciboulette ciselée ainsi que l'échalote finement hachée. Salez et poivrez.

Étalez la préparation au chèvre sur chaque crêpe. Recouvrez de lamelles de saumon fumé et roulez les crêpes bien serrées.

Coupez des tronçons avec un grand couteau bien aiguisé. Maintenez les rouleaux avec des piques en bois et servez bien frais.

Crevettes au pamplemousse

Préparation : 10 minutes • Repos : 20 minutes
Difficulté : ★ Budget : ★

Pour 4 verrines

400 g de crevettes cuites ✣ 3 pamplemousses ✣ 20 cl de crème liquide ✣ Le jus de 1 citron ✣ Sel et poivre

Décortiquez les crevettes. Pelez et détaillez les pamplemousses en gros cubes.

Mélangez le tout à la crème. Ajoutez le jus de citron, salez et poivrez.

Remplissez les verrines et tenez au frais pendant 20 minutes.

Concombre farci aux rillettes de poulet

Préparation : 40 minutes • Difficulté : ★ Budget : ★

Pour 4 personnes

2 concombres ✤ 1 cuil. à soupe de baies rouges

Pour les rillettes de poulet : 1 blanc de poulet rôti ✤ 1 cuisse de poulet rôti ✤ 2 échalotes ✤ 1 cube de fromage frais aux herbes ✤ 1 cuil. à soupe de moutarde ✤ 1 cuil. à soupe de ciboulette ciselée ✤

Sel et poivre

Effilochez la chair de poulet. Épluchez les échalotes et placez-les dans un robot mixeur, hachez-les. Ajoutez le poulet et mixez légèrement.

Versez la viande dans un saladier et mélangez-la à l'aide d'une fourchette avec le fromage et la moutarde. Salez, poivrez et ajoutez la ciboulette.

Épluchez 1 concombre puis coupez-le en tronçons. Faites de même avec le concombre non épluché et soigneusement lavé.

Évidez chaque tronçon à l'aide d'une cuillère parisienne. Remplissez-les de rillettes de poulet. Répartissez les baies rouges et réservez au frais.

Cornets gourmands

Préparation : 30 minutes • Cuisson : 5 minutes • Difficulté : ★ Budget : ★★

Pour 12 pièces

40 g de beurre ✤ 3 feuilles de brick ✤ 120 g de crevettes roses ✤ 3 tranches d'ananas ✤ 40 g de tarama de crabe ✤ 1,5 cuil. à soupe de crème fraîche épaisse ✤ Ciboulette ✤ 100 g d'œufs de saumon

Faites fondre le beurre. Coupez les feuilles de brick en quatre, badigeonnez-les de beurre et roulez-les sur un cône en métal (en vente sur Internet) ou, à défaut, un cône formé avec de l'aluminium. Placez les cornets, côté soudure vers le bas, sur une plaque de cuisson recouverte d'une feuille de papier sulfurisé et mettez au four pour 5 minutes à 200 °C (th. 6-7).

Quand les cornets sont bien dorés, sortez-les du four, attendez 5 minutes et retirez le cône de métal délicatement.

Mélangez les crevettes, l'ananas bien égoutté et coupé en petits dés, le tarama, la crème et quelques brins de ciboulette ciselés. Réservez au frais.

Au moment de servir, garnissez les cornets de préparation aux crevettes, décorez d'œufs de saumon et d'un brin de ciboulette.

Présentez les cornets dans une grande verrine garnie de légumes secs ou de graines.

Cigares aux poireaux, aux noix et au roquefort

Préparation : 20 minutes • Cuisson : 30 minutes • Difficulté : ★ Budget : ★

Pour 4 personnes

2 poireaux ❖ 40 g de beurre ❖ 100 g de roquefort ❖ 50 g de noix ❖ 8 feuilles de brick

Ôtez le vert des poireaux. Conservez la partie blanche et lavez-la soigneusement, puis coupez-la en rondelles. Faites-les fondre dans 20 g de beurre, dans une poêle, pendant 20 minutes environ. Ajoutez le roquefort émietté. Mélangez.

Hors du feu, passez au mixeur et ajoutez la poignée de noix concassées.

Préchauffez le four à 210 °C (th. 7).

Afin d'obtenir un rectangle, supprimez 5 cm, sur 2 côtés de chaque feuille de brick. Posez un boudin de farce à 5 cm de la partie inférieure du rectangle. Roulez le tout en maintenant les deux longs côtés repliés.

Déposez les cigares, côté feuille rabattue, sur la plaque du four. Badigeonnez-les du reste de beurre fondu et mettez-les au four 10 minutes. Les cigares doivent être bien dorés.

Crevettes coco

Préparation : 15 minutes • Repos : 2 heures
Cuisson : 5 minutes • Difficulté : ★ Budget : ★

Pour 12 cuillères

24 crevettes roses (moyennes) ✣ 8 cl de lait de coco ✣ 30 g de noix de coco en poudre ✣ 2 cuil. à soupe d'huile d'arachide ✣ 5 brins de ciboulette

Décortiquez les crevettes. Placez-les dans un plat et recouvrez-les de lait de coco.

Mélangez et recouvrez de film alimentaire. Laissez reposer 2 heures.

Égouttez les crevettes, placez-les dans un plat et saupoudrez de coco. Chauffez l'huile dans une poêle et faites-y dorer les crevettes.

Placez les crevettes par deux dans les cuillères, ajoutez la ciboulette et servez aussitôt.

Croque-monsieur au chèvre et basilic

Préparation : 15 minutes • Cuisson : 10 minutes
Difficulté : ★ Budget : ★

Pour 4 personnes

16 tranches de pain de mie ✣ 8 tranches de jambon blanc ✣ 200 g de chèvre frais ✣ 1 bouquet de basilic ✣ 3 cuil. à soupe d'huile d'olive

Placez entre deux tranches de pain de mie, une demi-tranche de jambon pliée en deux. Étalez le fromage frais puis placez 2 feuilles de basilic. Pressez bien l'ensemble.

Badigeonnez les tranches de pain sur l'extérieur d'huile d'olive.

Placez les croque-monsieur sur une plaque de cuisson recouverte de papier sulfurisé. Mettez-les au four 10 minutes à 220 °C (th. 7-8), ils doivent être bien dorés.

Servez accompagné de salade.

Croquettes de crevette

Préparation : 30 minutes • Repos : 2 heures
Cuisson : 10 minutes • Difficulté : ★★ Budget : ★

Pour 6 personnes

50 g de beurre ✤ 90 g de farine ✤ 40 cl de lait ✤ 1 cuil. à café de fumet de poisson ✤ Le jus de 1 citron ✤ 3 jaunes d'œufs ✤ 300 g de crevettes grises ✤ 2 cuil. à soupe de persil haché ✤ Chapelure ✤ Huile à frire ✤ Sel et poivre

Faites fondre le beurre dans une casserole, ajoutez 80 g de farine puis le lait petit à petit et le fumet de poisson. Faites épaissir sans cesser de mélanger. Ajoutez le jus du citron, 1 jaune d'œuf, les crevettes et le persil. Ajustez l'assaisonnement. Laissez refroidir et reposer au frais 2 heures.

Avec la pâte ainsi obtenue, façonnez 6 croquettes puis roulez-les dans de la farine puis dans 2 jaunes d'œufs battus et pour finir, dans la chapelure.

Faites chauffer l'huile à frire à 180 °C, puis plongez-y les croquettes pendant 6 minutes en les retournant à mi-cuisson. Laissez-les égoutter sur du papier absorbant pendant 2 ou 3 minutes, puis servez-les aussitôt accompagnées d'une salade.

Crostini au chèvre et courgettes grillées

Préparation : 20 minutes • Cuisson : 25 minutes
Difficulté : ★ Budget : ★

Pour 4 personnes

1 baguette ✤ 2 courgettes ✤ 1 bûche de chèvre ✤ Huile d'olive ✤ Origan séché ✤ Sel et poivre

Lavez les courgettes et détaillez-les en fines rondelles. Mettez un peu d'huile d'olive dans une poêle et faites-les revenir 15 minutes, jusqu'à ce qu'elles soient translucides et dorées. Déposez-les sur une assiette et épongez l'excès de graisse avec du papier absorbant.

Coupez la baguette de pain en tranches et déposez dessus des tranches de courgettes. Salez, poivrez. Déposez un morceau de bûche de chèvre. Parsemez d'origan et arrosez d'un filet d'huile d'olive.

Mettez au four préchauffé à 180 °C (th. 6) durant 10 minutes et servez chaud.

Cuillères corail

Préparation : 20 minutes • Cuisson : 5 minutes
Difficulté : ★ Budget : ★★

Pour 12 cuillères

80 g de lentilles corail ✤ Huile d'olive ✤ Vinaigre blanc ✤ 1 échalote ✤ 80 g de saumon frais ✤ 1 citron ✤ Basilic ✤ 1 cuil. à soupe de crème fraîche épaisse ✤ Sel

Faites bouillir de l'eau salée, plongez-y les lentilles corail 5 minutes, elles doivent rester légèrement croquantes. Égouttez-les et laissez-les refroidir. Arrosez-les d'un filet d'huile d'olive et de vinaigre, parsemez d'échalote hachée.

Coupez le saumon frais en petits carrés, arrosez-le du jus de citron, salez et ajoutez le basilic finement ciselé. Ajoutez, en dernier, 1 cuil. à soupe de crème épaisse. Mélangez bien et réservez au frais. Répartissez les lentilles corail dans les cuillères ; déposez le tartare de saumon dessus.

Cuillères de crabe

Préparation : 20 minutes • Difficulté : ★
Budget : ★★★

Pour 12 cuillères

½ avocat ✤ 120 g de chair de crabe (émiettée) ✤ ½ citron vert ✤ 1 tranche de mangue ✤ 1 piment rouge (petit) ✤ Coriandre (fraîche)

Épluchez l'avocat et coupez-le en lamelles. Émiettez la chair de crabe dans un plat et arrosez-la de jus de citron. Coupez la mangue en petits cubes et coupez finement le piment. Ajoutez la mangue, le piment et la coriandre à la chair de crabe.

Déposez une lamelle d'avocat coupée en deux au fond des cuillères, partagez la chair de crabe entre les 12 cuillères et finissez en saupoudrant de coriandre ciselée.

Farcis d'artichauts au crabe

Préparation : 10 minutes • Difficulté : ★ Budget : ★

Pour 4 personnes

8 fonds d'artichaut ✤ 200 g de chair de crabe ✤ 4 cuil. à soupe d'huile d'olive ✤ ½ cuil. à café d'estragon ✤ 4 brins de persil ✤ Le jus de 1 citron ✤ Sel et poivre

Mélangez l'huile d'olive, le jus de citron, l'estragon, du sel et du poivre.

Lavez et équeutez le persil.

Versez la moitié de la vinaigrette sur les artichauts, mélangez le reste avec le crabe égoutté.

Garnissez les fonds d'artichauts de chair de crabe et présentez-en deux par assiette. Décorez de persil.

Flans de carottes à l'aneth

Préparation : 20 minutes • Cuisson : 35 minutes
Difficulté : ★ Budget : ★

Pour 4 personnes

600 g de carottes ✤ 3 œufs ✤ 20 cl de crème liquide ✤ 1 cuil. à café de Maïzena ✤ ½ bouquet d'aneth ✤ Beurre ✤ Sel et poivre

Pelez et coupez les carottes en morceaux et faites-les cuire 15 minutes à la vapeur. Passez-les au moulin à légumes, grille fine.

Préchauffez le four à 180 °C (th. 6). Mélangez la purée de carottes avec les œufs battus, la crème fraîche, la Maïzena et l'aneth haché. Salez et poivrez.

Répartissez la préparation dans 4 moules beurrés. Enfournez pour environ 20 minutes.

Crème de potiron et crabe

Préparation : 45 minutes • Cuisson : 40 minutes
Difficulté : ★ Budget : ★★★

Pour 6 verrines

1 oignon ✤ Beurre ✤ 500 g de potiron ✤ 1 cube de bouillon de légumes ✤ 15 cl de crème liquide entière ✤ 300 g de chair de crabe ✤ 100 g d'œufs de poisson ✤ Persil ✤ 1 cuil. à café de piment d'Espelette en poudre ✤ Sel et poivre

Faites revenir l'oignon émincé dans un peu de beurre. Ajoutez le potiron coupé en dés puis faites revenir le tout. Couvrez d'eau et ajoutez le cube de bouillon. Laissez cuire 30 minutes.

Lorsque la cuisson est terminée, mixez le tout en soupe épaisse. Salez et poivrez. Laissez refroidir puis ajoutez la crème montée en chantilly.

Répartissez la moitié du crabe dans les verrines, nappez de crème de potiron, puis placez le restant du crabe.

Décorez d'œufs de poisson, de brins de persil et saupoudrez de piment en poudre. Servez frais.

Crème de saumon

Préparation : 45 minutes • Cuisson : 20 minutes
Difficulté : ★ Budget : ★★★

Pour 6 verrines

200 g de pousses d'épinards ✤ 3 cuil. à soupe de crème fraîche épaisse ✤ 3 portions de fromage fondu ✤ Beurre ✤ 220 g de saumon ✤ 12 cl de crème liquide ✤ Aneth ✤ 100 g d'œufs de saumon ✤ Sel et poivre

Nettoyez et retirez la tige centrale des épinards puis faites-les suer dans une noix de beurre. Placez-les ensuite dans le bol d'un mixeur avec la crème et le fromage, mixez puis salez et poivrez.

Répartissez cette crème d'épinard dans les verrines et placez au frais. Faites cuire les pavés de saumon en papillote (enveloppés dans de l'aluminium dans un four à 180 °C, th. 6) ou à la vapeur, pendant 15 minutes.

Mixez le saumon émietté avec la crème liquide, l'aneth haché, salez et poivrez. Versez cette crème dans les verrines. Enfin, déposez quelques œufs de poisson et décorez d'un brin d'aneth. Réservez au frais.

Chutney mangue-ananas

Préparation : 15 minutes • Cuisson : 30 minutes
Difficulté : ★ Budget : ★

Pour 4-6 verrines

1 mangue (de gros calibre) ✤ 1 ananas Victoria ✤ 3 oignons ✤ Menthe ✤ Beurre ✤ Sel ✤ Poivre

Épluchez et détaillez la mangue en gros dés.

Préparez l'ananas : enlevez la peau, taillez-le d'abord en rondelles, enlevez le cœur puis détaillez les rondelles en gros morceaux.

Épluchez et émincez les oignons. Lavez et ciselez quelques feuilles de menthe.

Dans une sauteuse, faites fondre une noix de beurre. Ajoutez les oignons émincés et faites dorer quelques minutes. Versez les dés de mangue et les morceaux d'ananas puis mélangez, salez et poivrez.

Laissez mijoter et compoter sur feu doux de 20 à 25 minutes. Si le mélange accroche le fond de la sauteuse, ajoutez un peu d'eau et réduisez le feu. Répartissez le chutney dans les verrines. Parsemez-le de menthe ciselée. Dégustez.

Crème à l'oseille

Préparation : 15 minutes • Cuisson : 5 minutes
Difficulté : ★ Budget : ★

Pour 6 verrines

600 g d'oseille ✤ ½ botte de cresson ✤ 40 cl de crème liquide entière ✤ Sel et poivre

Triez et lavez l'oseille et le cresson.

Faites bouillir un grand volume d'eau salée, plongez-y l'oseille et le cresson puis faites cuire pendant 3 minutes. Égouttez et laissez refroidir.

Faites bouillir la crème.

Dans un blender, mettez l'oseille, le cresson, puis versez la crème bouillante. Assaisonnez.

Mixez le tout jusqu'à obtention d'un mélange bien homogène. Laissez refroidir avant de servir.

Crème aux herbes sauvages

Préparation : 10 minutes • Cuisson : 40 minutes • Difficulté : ★ Budget : ★

Pour 6 verrines

2 cuil. à soupe d'huile d'olive ✣ 2 échalotes ✣ 100 g de ciboulette ✣ 100 g d'oseille ✣ 100 g d'orties ✣ 100 g de pommes de terre ✣ 20 cl de crème liquide ✣ Sel et poivre

Faites revenir dans l'huile d'olive les échalotes émincées puis les herbes coupées grossièrement.

Ajoutez les pommes de terre en morceaux puis couvrez d'eau.

Laissez mijoter à feu doux jusqu'à ce que les pommes de terre soient cuites.

Assaisonnez en fin de cuisson. Passez au chinois et récupérez le bouillon.

Mixez le tout en délayant avec quelques cuillères de bouillon.

Ajoutez la crème et mélangez.

Remettez 5 minutes à feu doux. Remplissez les verrines et dégustez.

Crème brûlée au roquefort et mousse de poire

Préparation : 30 minutes • Repos : 4 heures • Cuisson : 2 h 50 • Difficulté : ★ Budget : ★

Pour 6 mini verrines

16 cl de crème liquide ✤ 2 jaunes d'œufs ✤ 60 g de roquefort Pour la mousse : 16 cl de crème liquide ✤ Sucre glace ✤ 2 poires

Fouettez les jaunes d'œufs et ajoutez la crème doucement pour ne pas faire de mousse. Versez dans des verrines allant au four et ajoutez le fromage coupé en morceaux. Faites cuire 50 minutes à 110 °C (th. 3-4).

Coupez 1 poire en fines tranches à l'aide d'une mandoline, placez-les sur une plaque de cuisson recouverte d'une feuille de papier sulfurisé et saupoudrez de sucre glace. Placez cette plaque en même temps dans le four si vous possédez la fonction « chaleur tournante ». Les tranches de poire doivent cuire de 1 h 30 à 2 heures et sécher sans brûler. Baissez la température si elles prennent une coloration.

Laissez-les refroidir dans le four éteint.

Réduisez la seconde poire en purée (avec une râpe fine) et mélangez-la à la crème. Placez au frais pendant 4 heures. Montez la crème en chantilly. Placez la mousse de poire sur la crème brûlée refroidie et décorez d'une lamelle de poire.

Crème de chou-fleur

Préparation : 20 minutes • Cuisson : 40 minutes • Difficulté : ★ Budget : ★★

Pour 6 personnes

600 g de chou-fleur ✥ 50 cl de lait ✥ 100 g de lardons ✥ 20 cl de crème liquide ✥ 6 tranches de bacon ✥ 30 g de beurre demi-sel ✥ Cerfeuil ✥ Sel et poivre

Faites cuire le chou-fleur dans une grande casserole d'eau salée pendant 15 minutes.

Égouttez-le et replacez-le dans la casserole avec le lait et les lardons.

Laissez cuire 20 minutes à feu doux, jusqu'à ce que le chou-fleur soit très tendre. Ajoutez la crème, salez, poivrez et mixez le tout au mixeur plongeant.

Faites frire les tranches de bacon dans le beurre.

Versez la crème de chou-fleur dans les verrines et servez accompagné de bacon frit. Décorez de cerfeuil ou de persil.

Crème de courgette aux 5 baies

Préparation : 30 minutes • Cuisson : 5 minutes
Difficulté : ★ Budget : ★

Pour 4 verrines

3 courgettes ✤ 30 cl de crème liquide entière ✤ 5 branches de thym citronné ✤ 1 cuil. à café de mélange cinq baies ✤ Sel et poivre

Lavez bien les courgettes, coupez-les en morceaux et mixez-les sans les peler.

Chauffez la crème. Retirez-la du feu lorsqu'elle commence à frémir puis plongez les branches de thym et les baies. Laissez infuser pendant 15 minutes.

Incorporez la crème infusée aux courgettes et mixez jusqu'à ce que la texture soit bien onctueuse. Assaisonnez. Réservez au frais avant de servir.

Crème de potimarron

Préparation : 15 minutes • Cuisson : 35 minutes
Difficulté : ★ Budget : ★

Pour 6 verrines

500 g de potimarrons ✤ 30 cl de crème liquide ✤ 1 cuil. à café de noix de muscade en poudre ✤ 50 g de parmesan râpé ✤ Sel et poivre

Cuisez la chair du potimarron dans 1,5 l d'eau salée pendant 30 minutes.

Mixez avec la crème et la muscade. Assaisonnez.

Dans une casserole, faites cuire la crème avec le parmesan râpé, à feu doux pendant 5 minutes.

Remplissez les verrines et parsemez de parmesan.

Dégustez.

Crèmes brûlées au chèvre et aux pignons

Préparation : 10 minutes • Cuisson : 5 minutes
Difficulté : ★ Budget : ★

Pour 6 verrines

2 jaunes d'œufs ✤ 15 cl de crème liquide ✤ 60 g de chèvre frais ✤ 2 cuil. à soupe de pignons de pin ✤ Roquette ✤ 6 tomates cerise

Préchauffez le four à 110 °C (th. 3-4).

Fouettez les jaunes d'œufs et ajoutez la crème doucement pour ne pas créer de mousse. Versez dans des verrines pouvant aller au four, ajoutez le fromage coupé en morceaux et la moitié des pignons.

Faites cuire 50 minutes au four, puis laissez refroidir.

Faites griller à sec dans une poêle l'autre moitié des pignons.

Au moment de servir, décorez chaque verrine de feuilles de roquette, de pignons grillés et d'une tomate cerise.

Crevettes au lait de coco

Préparation : 15 minutes • Cuisson : 5 minutes
Difficulté : ★ Budget : ★

Pour 4 verrines

400 g de crevettes roses ✤ Beurre ✤ 25 cl de lait de coco ✤ Curcuma ✤ gingembre en poudre ✤ 1 cuil. à soupe de noix de coco en poudre ✤ Noix de cajou ✤ Coriandre

Faites cuire les crevettes puis décortiquez-les. Lavez et ciselez la coriandre. Placez une noix de beurre dans une sauteuse et faites-y dorer les crevettes de 2 à 3 minutes.

Versez le lait de coco, assaisonnez d'une pincée de curcuma, d'une pincée de gingembre et saupoudrez de noix de coco râpée.

Portez le tout à ébullition et maintenez à feu moyen pendant 1 minute environ. Puis réservez sur feu doux jusqu'au moment de servir.

Dressez les crevettes au lait de coco dans des verrines. Parsemez-les d'éclats de noix de cajou et de coriandre fraîche ciselée. Dégustez.

Fruits secs au foie gras

Préparation : 20 minutes • Difficulté : ★
Budget : ★★★

Pour 6 personnes

6 abricots secs ✤ 6 dattes ✤ 6 figues séchées ✤ 100 g de foie gras ✤ 2 cuil. à café de pistaches fraîches ✤ 1 cuil. à café d'amande hachée ✤ 1 tranche de pain d'épices

Coupez les fruits secs en deux et déposez au centre un morceau de fois gras.

Hachez les pistaches, mélangez-les aux amandes hachées et à 1 cuil. à café de miettes de pain d'épices.

Saupoudrez le foie gras de ce mélange et servez.

Gambas en habit croustillant

Préparation : 20 minutes • Cuisson : 5 minutes
Difficulté : ★★ Budget : ★★

Pour 4 personnes

20 gambas ✤ 1 paquet de kadaïf ✤ 20 feuilles de basilic ✤ 5 cl d'huile d'olive ✤ 1 ail ✤ 4 cuil. à soupe de vinaigre balsamique ✤ Sel et poivre

Décortiquez les gambas en laissant l'extrémité des queues. Fendez le dos des gambas afin de retirer le boyau noir. Salez-les. Enroulez chaque gambas d'une « mèche » de kadaïf puis plongez-les dans un bain de friture à 180 °C jusqu'à ce qu'elles soient bien dorées. Laissez-les égoutter sur du papier absorbant.

Pour la sauce, passez au mixeur les feuilles de basilic avec l'huile d'olive et l'ail. Ajoutez le vinaigre balsamique, salez et poivrez. Servez les gambas accompagnées de sauce basilic.

Gaspacho de betteraves et pomme

Préparation : 1 heure • Congélation : 3 heures
Difficulté : ★★ Budget : ★

Pour 10 verrines

20 cl de jus de pomme ✤ 2 betteraves cuites ✤ 1 pomme granny-smith ✤ 100 g de concombres ✤ 1 échalote ✤ ¼ cuil. à café de piment d'Espelette en poudre ✤ 1 cuil. à soupe d'huile d'olive ✤ Poivre

La veille, diluez 10 cl de jus de pomme avec 5 cl d'eau. Versez le tout dans un bac à glaçons. Placez au congélateur.

Taillez les betteraves en dés. Épluchez la pomme, le concombre et l'échalote, coupez-les en morceaux. Placez le tout dans le bol d'un mixeur, ajoutez 10 cl de jus de pomme et mixez jusqu'à l'obtention d'une texture homogène. Ajoutez le piment, l'huile et poivrez. Versez dans les verrines et servez avec un glaçon de jus de pomme.

Granité de tomates

Préparation : 10 minutes • Congélation : 12 heures
Difficulté : ★ Budget : ★

Pour 4 personnes

Le jus de 1 citron ✤ 50 g de sucre ✤ 500 g de tomates ✤ Sel de céleri ✤ Tabasco

Faites bouillir 50 cl d'eau, le jus de citron et le sucre dans une casserole jusqu'à complète dissolution du sucre. Ébouillantez 10 secondes les tomates, pelez-les et coupez-les en quatre puis épépinez-les. Mixez les tomates, ajoutez l'eau sucrée refroidie. Versez dans un plat creux et mettez au moins 12 heures au congélateur.

Au moment de servir, grattez le jus de tomate glacé avec une cuillère pour obtenir des paillettes. Assaisonnez avec le sel de céleri et le Tabasco.

Crumble aux courgettes

Préparation : 30 minutes • Cuisson : 20 minutes
Difficulté : ★ Budget : ★

Pour 6 personnes

3 échalotes ✤ Huile d'olive ✤ 3 courgettes ✤ 100 g de beurre ✤ 60 g de farine ✤ 40 g de chapelure ✤ 70 g de parmesan râpé ✤ Basilic ✤ Sel et poivre

Émincez les échalotes et faites-les revenir dans l'huile d'olive. Laissez la peau des courgettes et coupez-les en petits cubes, ajoutez-les aux échalotes, faites-les dorer puis laissez-les cuire à feu doux 15 minutes. Salez et poivrez.

Dans un bol, écrasez le beurre en pommade à l'aide d'une fourchette. Ajoutez la farine, la chapelure, le parmesan râpé et du basilic ciselé, mélangez du bout des doigts afin d'obtenir un gros sablé. Placez au frais 30 minutes.

Versez les légumes dans les verrines et émiettez le crumble au-dessus. Placez dans un four à 180 °C (th. 6) pour 20 minutes. Le crumble doit légèrement dorer.

Curry d'aubergines au lait de coco

Préparation : 10 minutes • Cuisson : 30 minutes
Difficulté : ★ Budget : ★

Pour 4 personnes

3 aubergines ✤ 2 oignons ✤ 1 gousse d'ail ✤ 3 cm de gingembre frais ✤ Coriandre ✤ Beurre ✤ 1 cuil. à café de curry fort ✤ 20 cl de lait de coco ✤ Sel

Lavez et pelez les aubergines. Découpez-les en quatre dans le sens de la longueur puis taillez-les en cubes. Épluchez et coupez les oignons finement. Épluchez et dégermez l'ail. Réduisez-le en purée à l'aide d'un presse-ail. Épluchez et râpez le gingembre. Lavez et ciselez la coriandre.

Dans la poêle, faites fondre une noix de beurre. Faites-y revenir les oignons avec le gingembre et l'ail. Versez ensuite les dés d'aubergine et saupoudrez le tout de curry et d'une pincée de sel. Faites mijoter le tout 20 minutes environ sur feu moyen. Ajoutez un filet d'eau si le mélange adhère.

Incorporez le lait de coco en fin de la cuisson et laissez mijoter 5 minutes sur feu doux. Parsemez de coriandre ciselée.

Curry de chou-fleur

Préparation : 5 minutes • Cuisson : 40 minutes
Difficulté : ★ Budget : ★

Pour 8-10 verrines

1 chou-fleur ❖ Huile d'olive ❖ 2 cuil. à soupe de curry fort ❖ 2 feuilles de curry ❖ 2 cuil. à soupe de crème de coco ❖ Coriandre ❖ Sel

Lavez le chou-fleur. Détaillez-le en morceaux de taille moyenne.

Dans un wok, faites chauffer un filet d'huile. Ajoutez le chou-fleur et faites-le dorer quelques minutes.

Versez un peu d'eau, saupoudrez de curry fort et ajoutez les feuilles de curry. Salez, mélangez et couvrez le tout. Laissez mijoter à feu moyen pendant 35 minutes environ en remuant régulièrement. Si la préparation accroche, ajoutez un peu d'eau et réduisez le feu.

Ajoutez ensuite la crème de coco. Mélangez. Goûtez et rectifiez l'assaisonnement si nécessaire.

Dressez le curry de chou-fleur dans les verrines et parsemez de coriandre fraîche ciselée. Dégustez.

Dahl de lentilles jaunes

Préparation : 15 minutes • Cuisson : 15 minutes
Difficulté : ★ Budget : ★

Pour 6-8 verrines

1 oignon ❖ 150 g de lentilles jaunes ❖ Piment en poudre ❖ Curcuma ❖ 1 yaourt grec ❖ 1 cuil. à soupe de beurre clarifié (ghee) ❖ 1 cuil. à soupe de sucre roux ❖ 1 cuil. à café de graines de moutarde ❖ 1 cuil. à café de gingembre en poudre ❖ Amandes concassées grillées ❖ Sel

Épluchez et émincez l'oignon. Dans une grande casserole d'eau froide salée, faites cuire les lentilles et l'oignon de 10 à 15 minutes à feu doux.

Égouttez ensuite les lentilles. Versez-les dans un saladier et saupoudrez de 2 pincées de piment et de curcuma. Ajoutez le yaourt, le ghee, le sucre roux, les graines de moutarde, le gingembre et mélangez le tout. Salez selon le goût.

Disposez le dahl dans des verrines et parsemez de quelques amandes concassées. Servez ces verrines accompagnées de naan (pain plat d'Asie) ou encore de riz.

Dips

Préparation : 30 minutes • Difficulté : ★ Budget : ★

Pour 12 petites verrines

Pour la sauce au bleu : 120 g de fromage blanc ✤ 40 g de roquefort

Pour la sauce aux herbes : 100 g de fromage blanc ✤ 2 cuil. à café de crème fraîche épaisse ✤ ¼ cuil. à café d'ail en poudre ✤ ½ cuil. à café de ciboulette ✤ Sel

Pour la sauce moutarde : 120 g de fromage blanc ✤ 1 cuil. à café de moutarde à l'ancienne

Pour la sauce tomate et paprika : 120 g de fromage blanc ✤ 2 cuil. à café de ketchup ✤ ½ cuil. à café de paprika ✤ Sel

2 carottes ✤ ½ concombre ✤ ½ courgette ✤ 12 tomates cerise ✤ 12 radis

Préparez chaque sauce en mélangeant les ingrédients et répartissez dans de petites verrines.

Épluchez les carottes et coupez-les en bâtonnets, coupez également le concombre et la courgette sans les éplucher.

Placez des bâtonnets de légumes dans les verrines, fendez les tomates cerise et les radis pour les placer sur le bord.

Dips de pois chiches

Préparation : 20 minutes • Repos : 2 heures • Difficulté : ★ Budget : ★★

Pour 6 personnes

300 g de pois chiches ✤ Le jus de 1 citron ✤ 2 gousses d'ail ✤ 2 cuil. à café d'huile de sésame ✤ 1 cuil. à café de cumin en poudre ✤ 2 carottes ✤ 1 concombre ✤ 150 g d'asperges vertes ✤ Sel

Égouttez et rincez les pois chiches. Retirez leur peau en les pinçant un à un.

Placez les pois chiches dans le bol d'un mixeur et réduisez-les en purée bien lisse.

Ajoutez le jus de citron et l'ail dégermé, puis mixez de nouveau. Si la purée est trop épaisse, ajoutez un peu d'eau.

Ajoutez l'huile, le cumin et salez.

Répartissez dans les verrines et placez au frais pour 2 heures.

Coupez les carottes et le concombre en petits bâtonnets et placez-les, avec les asperges, dans les verrines au moment de servir.

Doux poivrons

Préparation : 30 minutes • Cuisson : 30 minutes • Difficulté : ★ Budget : ★★

Pour 6 verrines

2 poireaux ✣ 1 cuil. à soupe d'huile d'olive ✣ 3 poivrons verts ✣ 1 cube de bouillon de légumes ✣ Ciboulette ✣ 2 cuil. à soupe de crème fraîche épaisse ✣ 1 concombre ✣ 1 poivron rouge ✣ 1 cuil. à café de paprika ✣ Sel et poivre

Coupez les poireaux en tronçons et lavez-les.

Faites chauffer l'huile dans une poêle, faites suer les poireaux. Ajoutez 2 poivrons verts épépinés et coupés en morceaux, ajoutez le cube de bouillon, 30 cl d'eau, salez, poivrez et laissez cuire 20 minutes.

Ajoutez quelques brins de ciboulette et mixez à l'aide d'un mixeur plongeant. Lorsque vous obtenez une consistance uniforme, ajoutez la crème fraîche et réservez.

Coupez le concombre, le poivron rouge et le poivron vert restant en brunoise (tout petits dés).

Répartissez les légumes dans les verrines, versez la crème de poivrons et finissez par déposer le restant de brunoise. Saupoudrez de paprika.

Au moment de servir, décorez de brins de ciboulette.

Duo de guacamole et riz sauvage

Préparation : 15 minutes • Cuisson : 20 minutes
Difficulté : ★ Budget : ★

Pour 6 verrines

200 g de riz sauvage ✥ 1 oignon jaune ✥ 2 cuil. à soupe d'huile d'olive ✥ 1 oignon nouveau ✥ 20 g de coriandre ✥ 3 avocats ✥ 1,5 citron ✥ Piment d'Espelette en poudre ✥ 6 crevettes cuites ✥ Sel

Rincez le riz. Pelez et émincez l'oignon jaune.

Dans une sauteuse huilée, faites dorer l'oignon. Ajoutez le riz. Lorsque ses grains deviennent translucides, couvrez avec 2 fois son volume d'eau. Assaisonnez.

Laissez cuire à couvert et à feu doux jusqu'à ce que le riz ait absorbé toute l'eau. Réservez au chaud.

Hachez l'oignon nouveau et la coriandre. Pelez les avocats. Mixez le tout. Ajoutez le jus du demi-citron, le piment et salez. Mélangez.

Versez le guacamole dans le fond des verrines. Couvrez avec le riz. Disposez 1 grosse crevette et 1 rondelle de citron dans chaque verrine pour décorer.

Escargots à la bourguignonne

Préparation : 10 minutes • Cuisson : 10 minutes
Difficulté : ★ Budget : ★★

Pour 6 verrines

48 escargots au naturel ✥ 1 échalote ✥ 2 gousses d'ail ✥ 50 g de persil plat ✥ 50 g de beurre ✥ 5 cl de cognac ✥ Sel ✥ Poivre

Égouttez et rincez les escargots plusieurs fois à l'eau.

Épluchez et ciselez les échalotes. Épluchez et dégermez les gousses d'ail et réduisez-les en purée. Lavez et hachez le persil.

Dans une poêle avec le beurre, faites suer les échalotes et l'ail. Ajoutez les escargots et faites-les dorer. Assaisonnez de sel et de poivre. Déglacez avec le cognac et flambez. Ajoutez les ¾ du persil et laissez mijoter le tout 5 minutes. goûtez et rectifiez l'assaisonnement si nécessaire.

Dressez les verrines en répartissant les escargots puis saupoudrez dessus le persil haché restant. Dégustez.

Espuma d'avocat et son saumon

Préparation : 20 minutes • Repos : 1 heure
Difficulté : ★ Budget : ★★

Pour 6 verrines

2 avocats ✤ 16 cl de crème liquide entière ✤ Le jus de 1 citron ✤ ¼ cuil. à café de piment d'Espelette en poudre ✤ 300 g de saumon fumé ✤ Aneth ✤ 1 citron vert ✤ Sel

Épluchez et coupez les avocats en morceaux. Placez la chair dans le bol d'un mixeur avec la crème, la moitié du jus de citron et mixez finement. Ajoutez le piment, salez et passez le mélange au tamis.

Versez le tout dans la cuve d'un siphon, fermez-le bien et ajoutez 2 cartouches de gaz. Secouez et réservez au frais pour 1 heure.

Mélangez le saumon avec la seconde moitié du jus de citron et l'aneth, puis répartissez le saumon dans les verrines.

Au moment de servir, secouez le siphon énergiquement et dressez l'espuma d'avocat sur le saumon. Décorez avec 1 brin d'aneth et ½ rondelle de citron vert avant de servir.

Faisselles aux herbes et gambas

Préparation : 20 minutes • Repos : 1 heure
Difficulté : ★ Budget : ★★

Pour 6 verrines

600 g de faisselle ✤ 400 g de gambas ✤ 2 cuil. à soupe d'huile d'olive ✤ 2 cuil. à café de basilic déshydraté ✤ 1 cuil. à café de confit de tomates séchées ✤ 8 tomates confites ✤ 2 gousses d'ail ✤ 1 cuil. à café d'herbes de Provence ✤ Thym ✤ Sel et poivre

Faites s'égoutter la faisselle pendant 1 heure.

Arrosez les gambas d'huile d'olive, ajoutez la moitié du basilic et le confit de tomates séchées.

Coupez les tomates confites en petits morceaux. Mélangez la faisselle avec l'ail finement haché, les herbes de Provence, le reste de basilic, salez et poivrez.

Dans les verrines, placez les gambas puis les tomates confites et couvrez de faisselle aux herbes.

Déposez 2 gambas et un morceau de tomate confite sur la faisselle, décorez d'un brin de thym et réservez au frais.

Guacamole d'artichaut

Préparation : 10 minutes • Difficulté : ★ Budget : ★

Pour 4 personnes

200 g de fonds d'artichaut ✤ Le jus de ½ orange ✤ 1 échalote ✤ ½ cuil. à café de coriandre ✤ 1 cuil. à soupe de ciboulette ciselée ✤ 2 cuil. à soupe d'huile de noix ✤ Sel et poivre

Égouttez les fonds d'artichaut et mixez-les avec le jus d'orange, l'échalote et la coriandre jusqu'à l'obtention d'une consistance lisse.

Versez la préparation dans un petit saladier, salez, poivrez puis ajoutez la ciboulette ciselée et l'huile de noix.

Mélangez l'ensemble avec une cuillère et réservez au frais jusqu'au moment de servir.

Foie gras et chutney de fruits rouges

Préparation : 20 minutes • Cuisson : 50 minutes
Difficulté : ★ Budget : ★★★

Pour 4 verrines

250 g de fruits rouges frais ✤ 2 échalotes ✤ 100 g de sucre ✤ 5 cl de vinaigre de framboise ✤ 200 g de foie gras

Nettoyez, égrappez et équeutez les fruits rouges que vous mettrez dans une casserole avec les échalotes émincées, le sucre et le vinaigre.

Portez à ébullition puis laissez cuire à feu doux 50 minutes environ jusqu'à l'obtention d'une compote. Laissez refroidir et versez dans les verrines.

Coupez le fois gras et placez-le sur le chutney. Décorez de groseilles fraîches.

Gambas épicées grillées

Préparation : 20 minutes • Repos : 1 heure
Cuisson : 10 minutes • Difficulté : ★ Budget : ★★★

Pour 4 personnes

4 cuil. à soupe d'huile d'olive ✤ 1 cuil. à soupe de sauce soja ✤ 1 cuil. à café de paprika ✤ 1 gousse d'ail ✤ ½ cuil. à café de piment d'Espelette en poudre ✤ 24 gambas

Mélangez l'huile d'olive, la sauce soja, le paprika, l'ail écrasé et le piment.

Placez les gambas dans un plat avec la marinade, mélangez soigneusement et laissez-les reposer au frais 1 heure.

Piquez les gambas sur des brochettes et mettez-les à griller au barbecue 5 minutes puis retournez-les et poursuivez la cuisson de 3 à 5 minutes selon la taille des gambas.

Gaspacho glacé de betteraves

Préparation : 15 minutes • Repos : 2 heures
Difficulté : ★ Budget : ★

Pour 4 personnes

500 g de betteraves cuites ✤ 1 botte d'oignons blancs ✤ 3 cuil. à soupe de vinaigre balsamique ✤ Huile d'olive ✤ Sel et poivre

Épluchez les betteraves et coupez-les en morceaux.

Mettez-les dans le blender et ajoutez les oignons blancs coupés en morceaux, 25 cl d'eau, le vinaigre balsamique, l'huile d'olive ainsi que le sel et le poivre. Mixez.

Filtrez le tout au chinois.

Réservez au frais au moins 2 heures et servez bien frais.

Figues et fromage de chèvre

Préparation : 20 minutes • Cuisson : 30 minutes
Difficulté : ★ Budget : ★★

Pour 4 personnes

300 g de figues ✤ 70 g de sucre roux ✤ 1 oignon blanc ✤ 8 cl de vinaigre de vin blanc ✤ 100 g de chèvre frais ✤ 1 cuil. à soupe de mascarpone ✤ 60 g de noix ✤ Sel et poivre

Réservez 6 figues et coupez les autres en quatre. Déposez-les dans une casserole avec le sucre, l'oignon haché et le vinaigre. Salez, poivrez et laissez cuire à feu doux 30 minutes environ en mélangeant de temps en temps. Laissez refroidir.

Coupez 3 figues que vous avez réservées en fines tranches et placez-les sur les parois des verrines. Versez un peu de chutney dans les verrines.

Travaillez le fromage de chèvre avec le mascarpone et les noix concassées. Remplissez les verrines de fromage aux noix puis couvrez d'un peu de chutney.

Coupez le restant de figues en quatre et déposez-les sur les verrines. Saupoudrez d'un peu de noix hachées.

Flans printaniers

Préparation : 20 minutes • Cuisson : 30 minutes
Difficulté : ★ Budget : ★

Pour 6 personnes

100 g de petits pois ✤ 100 g de carottes (petites) ✤ 100 g de haricots verts ✤ 50 g d'oignons blancs ✤ 2 œufs ✤ 100 g de ricotta ✤ 11 cl de lait ✤ Basilic ✤ Roquette ✤ 12 asperges vertes ✤ 6 tomates cerise ✤ 100 g de gésiers de volaille ✤ Sel et poivre

Préchauffez le four à 180 °C (th. 6). Lavez les légumes et coupez, en petits tronçons, les carottes et les haricots verts. Épluchez et coupez en quatre les oignons. Répartissez tous les légumes dans 6 verrines pouvant aller au four.

Battez les œufs, la ricotta et le lait, ajoutez le basilic, salez et poivrez. Versez cette préparation sur les légumes pour qu'elle les recouvre à hauteur.

Mettez au four dans un bain-marie à 180 °C (th. 6) pour 30 minutes. À la sortie du four laissez refroidir puis placez au frais. Au moment de servir, déposez sur les flans quelques feuilles de roquette, les asperges, les tomates cerise coupées en deux et quelques morceaux de gésiers. Accompagnez d'une vinaigrette.

Foie gras façon lucullus

Préparation : 40 minutes • Repos : 30 minutes
Cuisson : 2 minutes • Difficulté : ★ Budget : ★★★

Pour 6 verrines

300 g de foie gras ✤ 300 g de langue de bœuf ✤ 6 tranches de pain brioché ✤ 3 kumquats ✤ graines germées

Coupez le foie gras en tranches. Alternez les tranches de foie gras et de langue, pressez légèrement et placez au frais 30 minutes.

Grillez les tranches de pain brioché et coupez des disques à placer au fond des verrines.

Coupez la superposition de foie gras et de langue en carrés, puis placez la moitié de ceux-ci sur des petites piques en bois avec un kumquat.

Répartissez le restant de foie gras et de langue dans les verrines, placez les mini brochettes et décorez de graines germées.

Servez accompagné de pain brioché toasté.

Gaspacho de concombre

Préparation : 10 minutes • Repos : 2 heures
Difficulté : ★ Budget : ★

Pour 6 verrines

¼ de concombre ✤ ½ gousse d'ail ✤ 1 cuil. à café d'huile d'olive ✤ 2 cuil. à soupe de lait ✤ ¼ tranche de pain de mie ✤ 1 cuil. à café de vinaigre de vin blanc à l'estragon ✤ Menthe ✤ 1 cuil. à café de fromage frais à l'ail et aux fines herbes ✤ Tabasco ✤ 6 croûtons à l'ail ✤ Sel et poivre

Pelez le concombre et coupez-le en morceaux. Réduisez la demi-gousse d'ail en purée à l'aide d'un presse-ail.

Mixez les morceaux de concombre.

Ajoutez l'ail, l'huile d'olive, le lait, le pain de mie, le vinaigre, de la menthe, le fromage ail et fines herbes, le sel, le poivre, et quelques gouttes de Tabasco et mixez à nouveau.

Mettez au réfrigérateur pendant au moins 2 heures.

Au moment de servir, versez un peu de gaspacho dans chaque verre et disposez un croûton dessus.

Fricassée de Saint-Jacques aux cèpes

Préparation : 45 minutes • Cuisson : 45 minutes • Difficulté : ★ Budget : ★★★

Pour 6 verrines

1 cuil. à soupe d'huile d'olive ✤ 300 g de cèpes ✤ 1 cuil. à soupe de persil haché ✤ 2 gousses d'ail ✤ 1 cuil. à café de fond de poisson ✤ 15 cl de crème fleurette ✤ 20 g de parmesan râpé ✤ 30 g de beurre ✤ 20 copeaux de parmesan ✤ 24 noix de Saint-Jacques ✤ Persil ✤ Sel et poivre

Faites chauffer l'huile dans une poêle, puis faites revenir les cèpes coupés en gros morceaux.

Ajoutez le persil, l'ail et laissez cuire jusqu'à ce que l'eau de végétation soit totalement évaporée. Ajoutez le fond de poisson, dilué dans 10 cl d'eau chaude, puis la crème.

Laissez mijoter 5 minutes à feu doux puis ajoutez 20 g de parmesan râpé et rectifiez l'assaisonnement.

Faites chauffer le beurre et un peu d'huile d'olive dans une grande poêle. Lorsque la poêle est bien chaude, faites dorer les noix de Saint-Jacques 1 minute de chaque côté. Salez et poivrez.

Répartissez les cèpes dans les verrines, déposez les noix de Saint-Jacques, décorez de copeaux de parmesan et d'un brin de persil. Servez aussitôt.

Granités de tomates et pesto

Préparation : 20 minutes • Cuisson : 1 minute • Congélation : 3 heures • Difficulté : ★★ Budget : ★

Pour 6 personnes

8 tomates ✤ 2 cuil. à soupe de concentré de tomates ✤ 2 gousses d'ail ✤ 1 cuil. à café de sucre ✤ 1 cuil. à soupe d'huile d'olive ✤ Tabasco ✤ 80 g de pesto ✤ Basilic ✤ Sel et poivre

Plongez les tomates dans une casserole d'eau bouillante pendant 1 minute.

Pelez-les, retirez les pépins et mixez la chair avec le concentré de tomates, l'ail et le sucre. Salez et poivrez.

Ajoutez l'huile d'olive et quelques gouttes de Tabasco.

Versez ce coulis dans un bac et placez-le au congélateur 3 heures. Toutes les demi-heures, remuez le tout avec une fourchette afin d'obtenir un granité.

Au moment de servir, placez 1 cuil. à soupe de pesto dans les verrines et déposez le granité. Décorez de feuilles de basilic. Servez rapidement.

Guacamole de courgettes

Préparation : 20 minutes • Cuisson : 20 minutes • Difficulté : ★ Budget : ★★

Pour 6 verrines

300 g de courgettes ✤ 30 g de pignons de pin ✤ 1 oignon ✤ 75 g de chèvre frais ✤ 1 cuil. à café de piment de Cayenne ✤ Sel

Lavez les courgettes, coupez-les en morceaux et faites-les cuire à la vapeur 15 minutes, égouttez et laissez refroidir.

Faites griller les pignons à sec dans une poêle.

Épluchez l'oignon, coupez-le en morceaux et placez-le dans le bol d'un mixeur ou d'un blender.

Ajoutez les courgettes, les pignons, le fromage et le piment. Mixez jusqu'à obtention d'une consistance homogène et crémeuse.

Salez et ajustez le dosage du piment selon votre goût.

Servez accompagné de tortilla ou de bâtonnets de légumes crus.

Houmous

Préparation : 15 minutes • Repos : 2 heures
Difficulté : ★★ Budget : ★★

Pour 4 verrines

350 g de pois chiches en boîte ✤ Le jus de 1 citron ✤ 2 gousses d'ail ✤ ½ cuil. à soupe d'huile de sésame ✤ 2 cuil. à soupe d'huile d'olive ✤ ½ cuil. à café de cumin en poudre ✤ Sel

Égouttez et rincez les pois chiches. Retirez leur peau en les pinçant un à un. Placez-les ensuite dans le bol d'un mixeur et réduisez-les en purée bien lisse.

Ajoutez le jus de citron et l'ail dégermé, mixez à nouveau. Si la purée est trop épaisse, ajoutez un peu d'eau afin d'obtenir une purée fine. Ajoutez les huiles, le cumin et salez.

Répartissez dans les verrines et placez au frais 2 heures.

Servez très frais, décorez d'olives noires et accompagnez de pain pita.

Légumes du soleil en crumble de parmesan

Préparation : 30 minutes • Repos : 30 minutes
Cuisson : 20 minutes • Difficulté : ★ Budget : ★

Pour 4 verrines

1 courgette ✤ 1 aubergine ✤ ½ poivron rouge ✤ ½ poivron vert ✤ 1 cuil. à soupe d'huile d'olive ✤ 2 gousses d'ail ✤ Basilic ✤ 60 g de beurre ✤ 60 g de farine ✤ 50 g de parmesan râpé ✤ Sel

Coupez les légumes en petits cubes. Faites chauffer l'huile dans une poêle et mettez-y les légumes afin de les faire dorer. Ajoutez l'ail finement haché, du basilic ciselé et salez.

Dans un bol, écrasez le beurre en pommade à l'aide d'une fourchette. Ajoutez la farine et le parmesan râpé, mélangez du bout des doigts afin d'obtenir un gros sablé. Placez au frais pour 30 minutes.

Versez les légumes dans les verrines et émiettez le crumble dessus. Enfournez à 180 °C (th. 6) pour 20 minutes. Le crumble doit légèrement dorer.

Iles flottantes

Préparation : 40 minutes • Cuisson : 20 minutes
Difficulté : ★ Budget : ★★

Pour 12 pièces

3 carottes ✤ 1 cube de bouillon ✤ 1 cuil. à soupe de crème fraîche épaisse ✤ Cumin en poudre ✤ 120 g de fromage frais ✤ 1 tranche de jambon cru ✤ 1 cuil. à soupe d'huile d'olive ✤ 1 cuil. à soupe de graines de pavot ✤ Sel

Faites cuire les carottes à l'eau avec le bouillon cube pendant 15 minutes pour qu'elles soient bien fondantes. Égouttez-les et mixez-les avec la crème. quand vous obtenez une crème homogène (ajoutez si besoin un peu d'eau de cuisson), saupoudrez de cumin et salez. Laissez refroidir.

Faire frire le jambon coupé en lanières dans l'huile d'olive bien chaude. Laissez refroidir sur du papier absorbant.

Versez la crème de carotte dans les cuillères chinoises. Avec 2 cuillères à café, réalisez des quenelles de fromage frais et déposez-les au milieu de la crème. Saupoudrez de graines de pavot et décorez d'un morceau de jambon cru frit.

Makis et sushis

Préparation : 1 heure • Repos : 4 heures
Cuisson : 30 minutes • Difficulté : ★★★ Budget : ★★

Pour 4 personnes

200 riz rond ✤ 4 cuil. à soupe de vinaigre de riz ✤ 1 cuil. à soupe de sucre ✤ 1 pavé de saumon ✤ 3 feuilles de nori ✤ Wasabi ✤ Sel

Faites cuire le riz dans une casserole avec 35 cl d'eau salée. Laissez bouillir 5 minutes puis mettez à feu doux et couvrez jusqu'absorption complète de l'eau. Mélangez le vinaigre, le sucre et mélangez-le au riz. Laissez refroidir.

Pour les makis, coupez la moitié du saumon en bâtonnets. Placez une feuille de nori sur la natte puis étalez du riz sur un peu plus de la moitié de sa surface. Placez au centre du saumon puis roulez le tout en vous aidant de la natte. Humidifiez le dernier cm d'algue pour maintenir le rouleau fermé. Placez les rouleaux dans une boîte hermétique au réfrigérateur 4 heures minimum.

Avec le riz restant, réalisez des boulettes ovales au creux de la paume de main. Placez une petite pointe de wasabi sur le dessus puis recouvrez d'un morceau de saumon coupé à la bonne taille. Coupez les rouleaux de maki en tronçon de 1,5 cm d'épaisseur et servez avec les sushis accompagné de sauce soja.

Mille-feuilles de saumon

Préparation : 20 minutes • Difficulté : ★ Budget : ★★

Pour 12 cuillères

100 g de ricotta ✣ 1 cuil. à soupe de yaourt brassé ✣ 30 g de crevettes crues décortiquées (petites) ✣ 1 tranche d'ananas ✣ 4 tranches de saumon fumé ✣ 1 pot d'œufs de saumon ✣ 1 bouquet d'aneth (petit)

Mélangez la ricotta et le yaourt. Ajoutez les crevettes et l'ananas égoutté et coupé en petits morceaux. Conservez 12 brins d'aneth et ciselez le reste que vous ajouterez au mélange.

Coupez les tranches de saumon en carrés afin d'en obtenir 36. Placez 1 carré de saumon dans les cuillères puis un peu de préparation. Recommencez l'opération et finissez par 1 tranche de saumon. Disposez quelques œufs de saumon et 1 brin d'aneth.

Mini croque-monsieur

Préparation : 20 minutes • Cuisson : 20 minutes
Difficulté : ★ Budget : ★

Pour 20 pièces

5 tranches de jambon blanc ✣ 10 tranches d'emmental ✣ 10 tranches de pain de mie ✣ 10 cornichons ✣ Beurre

Placez une demi-tranche de jambon entre deux tranches de fromage et formez les croque-monsieur. Beurrez légèrement chaque face du pain de mie et faites cuire 3-4 minutes dans un appareil à croque.

Retirez les croûtes et coupez les croques en petits carrés. Déposez un cornichon et maintenez le tout à l'aide de petites piques en bois ou de cure-dents.

Hot dogs

Préparation : 30 minutes • Cuisson : 15 minutes
Difficulté : ★ Budget : ★

Pour 20 pièces

1 pâte feuilletée ✣ 1 cuil. à soupe de moutarde ✣ 3 saucisses de Strasbourg ✣ 1 jaune d'œuf ✣ 2 cuil. à soupe de graines de sésame

Coupez des rectangles de pâte feuilletée de la longueur des saucisses sur 8 cm environ.

Étalez une fine couche de moutarde puis enroulez les saucisses dans la pâte.

Coupez-la en tronçons de 3 cm, dorez-les avec le jaune d'œuf dilué avec 1 cuil. à café d'eau puis saupoudrez de sésame.

Mettez au four 15 minutes à 200 °C (th. 6-7). Dégustez chaud ou froid.

Mini burgers feuilletés

Préparation : 20 minutes • Cuisson : 10 minutes
Difficulté : ★ Budget : ★

Pour 6 personnes

1 pâte feuilletée ✣ 3 tranches de jambon cuit ✣ 3 tranches de mimolette ✣ 1 jaune d'œuf ✣ Graines de sésame ✣ Roquette ✣ Pesto rosso

Coupez des cercles dans la pâte feuilletée à l'aide d'un petit verre de 5 cm ou 6 cm de diamètre.

Badigeonnez les cercles de jaune d'œuf et parsemez de graines de sésame. Mettez-les au four préchauffé à 180 °C (th. 6) durant 10 minutes. Surveillez la cuisson.

Lorsque les cercles sont bien dorés, sortez-les du four et laissez-les refroidir (les cercles auront doublé de volume). À l'aide d'un couteau, ouvrez-les délicatement en deux. garnissez les mini burgers d'une couche de pesto rosso, de mimolette, de jambon cuit et d'une feuille de roquette.

Houmous de légumes épicés

Préparation : 10 minutes • Repos : 2 heures
Cuisson : 20 minutes • Difficulté : ★ Budget : ★

Pour 6 personnes

250 g de carottes ✤ 300 g de brocolis ✤ 2 cuil. à soupe de fromage frais (type Saint Môret) ✤ 1 cuil. à soupe de curry ✤ 1 cuil. à café de cumin en poudre ✤ 1 sachet de tortilla chips ✤ Huile d'olive ✤ Sel

Épluchez les carottes puis coupez-les en rondelles. Détaillez les brocolis en bouquets. Faites cuire séparément les carottes et les brocolis à l'eau bouillante salée jusqu'à ce que la pointe d'un couteau les traverse (20 minutes pour les carottes, 7 minutes pour les brocolis, dès ébullition). Égouttez.

Mixez les carottes avec 2 cuil. à soupe d'huile d'olive, le cumin et la moitié du curry. Ajoutez 1 cuil. à soupe de Saint Môret.

Mixez les brocolis avec 1 cuil. à soupe d'huile d'olive, 1 cuil. à soupe de Saint Môret et le reste de curry. Couvrez les deux houmous et garder au frais 2 heures minimum. Dressez les crèmes dans des coupelles et servez accompagné de tortilla chips.

Mille-feuilles de betterave et chèvre

Préparation : 20 minutes • Difficulté : ★ Budget : ★

Pour 12 cuillères

20 g de noisettes ✤ 150 g de chèvre frais ✤ 1 betterave cuite (grosse)

Concassez les noisettes. Mélangez les deux tiers des noisettes avec 100 g de chèvre frais.

Coupez la betterave en tranches de 5 mm d'épaisseur. Sur 2 d'entre elles, étalez le mélange fromage et noisettes.

À l'aide d'un emporte-pièce de 3 cm de diamètre, coupez 1 disque de betterave seule puis 1 disque de betterave recouverte de chèvre (laissez bien le premier disque de betterave dans l'emporte-pièce).

Poussez légèrement à l'aide du doigt pour faire descendre le mille-feuille sur la cuillère. Renouvelez l'opération pour confectionner toutes les cuillères.

À l'aide d'une poche à douille cannelée, déposez un peu de fromage sur chaque cuillère et parsemez de noisettes concassées.

Marinade de coques

Préparation : 15 minutes • Repos : 1 heure
Cuisson : 5 minutes • Difficulté : ★ Budget : ★

Pour 4 à 6 verrines

1 kg de coques ✤ ½ botte d'aneth ✤ 1 gousse d'ail (petite) ✤ 1 oignon rouge ✤ Le jus de 1 citron ✤ Huile d'olive ✤ Fleur de sel ✤ Poivre du moulin

Lavez, effeuillez et ciselez l'aneth. Épluchez la gousse d'ail et l'oignon rouge puis taillez-les finement. Réservez.

Dans une grande casserole, versez les coques et faites-les cuire à couvert jusqu'à ce qu'elles soient bien ouvertes. Récupérez-les et décoquillez-les puis réservez-les dans un saladier.

Ajoutez aux coques l'oignon, l'ail ainsi que l'aneth. Incorporez le jus de citron puis l'huile d'olive et assaisonnez de fleur de sel et de poivre du moulin. Mélangez délicatement.

Répartissez la marinade de coques dans des verrines, filmez et placez au frais 1 heure minimum.

Au moment de servir, parsemez les verrines de quelques brins d'aneth. Dégustez bien frais et accompagnez de pain grillé.

Mousse aux 2 saumons

Préparation : 30 minutes • Repos : 2 heures
Difficulté : ★ Budget : ★★

Pour 4 personnes

1 pavé de saumon ✤ 2 tranches de saumon fumé ✤ 100 g de fromage frais (4 Carré frais) ✤ 2 cuil. à soupe de crème fraîche épaisse ✤ 2 cuil. à café d'œufs de saumon ✤ 1 cuil. à café d'aneth ciselé ✤ 1 feuille de gélatine ✤ 2 blancs d'œufs ✤ Sel et poivre

Mettez le saumon à cuire 1 minute dans une papillote en silicone au micro-ondes.

Laissez refroidir puis placez le saumon dans un bol mixeur avec le saumon fumé et les carrés frais. Mixez bien puis ajoutez la crème, les œufs de poisson et l'aneth. Salez et poivrez si besoin.

Mettez la feuille de gélatine à ramollir dans de l'eau froide, puis à fondre 10 secondes au micro-ondes et ajoutez-la au saumon.

Montez les blancs d'œufs en neige et incorporez-les au reste. Versez dans les verrines et au frais 2 heures minimum.

Mousse d'asperge et son saumon

Préparation : 30 minutes • Cuisson : 10 minutes • Difficulté : ★ Budget : ★★

Pour 4 verrines

8 asperges vertes ✣ 60 g de fromage blanc ✣ 6 cuil. à soupe de crème fraîche épaisse ✣ Aneth ✣ 2 tranches de saumon fumé ✣ Œufs de lump ✣ Sel et poivre

Faites cuire les asperges à l'eau bouillante salée. Une fois cuites, réservez 4 pointes pour la décoration, puis passez le reste au mixeur avec le fromage blanc.

Selon la couleur de vos asperges, vous obtiendrez un mélange aux nuances vertes ou crème. Salez, poivrez et réservez.

Montez la crème fraîche très froide en chantilly, puis ajoutez quelques brins d'aneth ciselés.

Découpez le saumon fumé en fines lamelles.

Au fond de chaque verre, versez 1 cuil. à soupe de chantilly, une couche de saumon puis une couche de préparation à base d'asperges et recommencez.

Décorez d'œufs de lump (il en existe des noirs, des rouges, des bleus et même des roses) ou d'une pointe d'asperge. Servez frais.

Mousse de tomates séchées

Préparation : 30 minutes • Repos : 4 heures • Cuisson : 5 minutes • Difficulté : ★ Budget : ★

Pour 4 personnes

4 tomates ✣ 20 g de lardons allumettes ✣ 2 feuilles de gélatine ✣ 5 pétales de tomates séchées ✣ 80 g de ricotta ✣ 1 cuil. à café de basilic ciselé ✣ 12 cl de crème liquide entière ✣ Sel et poivre

Plongez les tomates dans une casserole d'eau bouillante pendant 1 minute puis déposez-les dans un saladier d'eau glacée. Retirez la peau et récupérez la chair.

Faites revenir les lardons dans une poêle, ajoutez la chair des tomates et laissez cuire 5 minutes. Mixez le tout. Ajoutez la gélatine ramollie dans l'eau froide et dissoute au micro-ondes 10 secondes.

Coupez les tomates séchées en petits morceaux et mélangez-les à la tomate. Ajoutez la ricotta et le basilic. Salez et poivrez.

Montez la crème liquide très froide en chantilly bien ferme et incorporez-la au mélange. Répartissez dans 4 verrines. Placez au frais 4 heures.

Mousse de yaourt au concombre et coulis de tomates

Préparation : 30 minutes • Cuisson : 25 minutes • Difficulté : ★ Budget : ★

Pour 6 personnes

Pour le coulis de tomates : 4 tomates ✣ 1 cuil. à soupe d'huile d'olive ✣ 1 cuil. à soupe de sucre ✣ Sel ✣ Poivre du moulin
1 concombre ✣ Le jus de ½ citron ✣ 2 yaourts nature ✣ 15 cl de crème liquide entière

Préparez le coulis de tomates : ébouillantez les tomates, ôtez la peau et coupez-les en morceaux. Faites-les revenir dans l'huile d'olive avec le sucre, salez, poivrez et laissez-les cuire à feu doux 25 minutes en remuant régulièrement. Hors du feu, mixez le tout pour obtenir un coulis et laissez refroidir.

Épluchez le concombre et enlevez les pépins, coupez-le en gros dés et mixez-les avec le jus de citron et les yaourts, salez et poivrez.

Montez en chantilly la crème liquide et incorporez-la doucement à la préparation au concombre.

Préparez les verrines en répartissant le coulis de tomates puis la mousse au concombre. Mettez au frais jusqu'au moment de servir et parsemez de poivre moulu.

Mousses d'avocats et crevettes

Préparation : 45 minutes • Difficulté : ★
Budget : ★★★

Pour 6 verrines

3 avocats ✤ Le jus de ½ citron ✤ 200 g de ricotta ✤ Piment d'Espelette en poudre ✤ 10 cl de crème liquide entière ✤ 200 g de crevettes roses ✤ graines germées de roquette ✤ Sel

Mixez la chair des avocats avec le jus du citron. Ajoutez la ricotta, le piment et salez.

Montez la crème liquide en chantilly et incorporez-la délicatement à la préparation.

Versez cette mousse dans les verrines, placez les crevettes sur le dessus et finissez par quelques graines germées de roquette.

Servez accompagné d'une petite vinaigrette.

Mousses de betterave et sa garniture

Préparation : 30 minutes • Repos : 2 heures
Cuisson : 1 minute • Difficulté : ★ Budget : ★

Pour 4 personnes

200 g de betteraves cuites ✤ 120 g de fromages frais aux herbes ✤ 20 cl de crème liquide ✤ 2 feuilles de gélatine ✤ 12 radis ✤ ¼ de concombre ✤ 8 brins de ciboulette ✤ Sel et poivre

Mixez la betterave coupée en morceaux avec le fromage frais. Ajoutez la crème liquide, salez, poivrez, utilisez un mixeur plongeant pour bien émulsionner le mélange.

Essorez la gélatine et mettez-la à fondre au micro-ondes 5 secondes. Ajoutez-la à la mousse, mélangez bien, répartissez la préparation dans les verrines et placez au frais 2 heures minimum.

Lavez les radis et coupez-les en très fines rondelles. Lavez le concombre sans l'éplucher puis coupez-le en petits dés. Décorez les mousses de légumes croquants, de ciboulette ciselée et servez bien frais.

Mousses de foie gras aux fruits

Préparation : 20 minutes • Repos : 2 heures
Cuisson : 10 minutes • Difficulté : ★ Budget : ★★★

Pour 6 verrines

180 g de foie gras ✤ 20 cl de crème fleurette ✤ 100 g de confit de figues ✤ ¼ de mangue ✤ 1 kiwi ✤ 6 physalis ✤ Sel et poivre

Coupez le foie gras en petits morceaux.

Placez-le dans une casserole avec la crème, portez à ébullition, puis laissez cuire à feu doux 5 à 6 minutes afin que le foie gras soit totalement fondu. Salez, poivrez et mixez le tout à l'aide d'un mixeur plongeant.

Laissez refroidir puis reposer 2 heures au frais.

Répartissez le confit de figues dans les verrines. Fouettez la crème au foie gras jusqu'à obtention d'une mousse et, à l'aide d'une poche à douille, remplissez les verrines.

Décorez chaque verrine de morceaux de mangue, de kiwi et d'un physalis.

Œufs brouillés à la truffe

Préparation : 5 minutes • Cuisson : 8 à 10 minutes
Difficulté : ★ Budget : ★★★

Pour 6 verrines

8 œufs ✤ 1 truffe ✤ 25 g de beurre ✤ 50 cl de crème fleurette ✤ Sel ✤ Poivre

Dans un saladier, cassez les œufs et battez-les en omelette. Assaisonnez de sel et de poivre.

Taillez la truffe en fines lamelles.

Dans une casserole à fond épais, ajoutez la moitié de beurre et faites-le fondre. Versez les œufs battus et faites-les cuire à feu doux sans cesser de remuer. La consistance doit être crémeuse. Ajoutez le reste de beurre coupé en petits morceaux puis la crème. Parsemez de truffe en lamelles et remuez à nouveau. goûtez et rectifiez l'assaisonnement si nécessaire.

Dressez les œufs brouillés dans les verrines et dégustez avec quelques tranches de pain toastées.

Nems de poireaux au chèvre frais

Préparation : 20 minutes • Cuisson : 10 minutes
Difficulté : ★★ Budget : ★

Pour 4 personnes

2 blancs de poireau ✣ 75 g de chèvre frais ✣ 1 échalote ✣ 1 cuil. à café de salicorne ✣ 4 cuil. à soupe de sauce soja ✣ 4 cuil. à soupe de graines de sésame grillées ✣ Sel et poivre

Lavez bien les blancs de poireau et séparez les feuilles délicatement pour les garder entières. Placez-les dans le bol d'un cuit-vapeur et faites cuire 10 minutes. Préparez la farce en mélangeant à la fourchette le fromage de chèvre frais, l'échalote émincée, la salicorne hachée, le sel et le poivre. Déposez la farce sur les feuilles de poireau, roulez-les et enveloppez-les de film étirable jusqu'au moment de servir. Coupez des tronçons d'environ 3 cm et proposez-les avec une coupelle de sauce soja saupoudrée de graines de sésame grillées.

Œufs de caille cocotte

Préparation : 20 minutes • Cuisson : 12 minutes
Difficulté : ★ Budget : ★★

Pour 6 personnes

2 tranches de saumon fumé ✣ 3 cuil. à soupe de crème semi-épaisse ✣ 12 œufs de caille ✣ 1 cuil. à soupe d'aneth ✣ 2 tranches de pain de mie ✣ 2 cuil. à soupe d'œufs de truite ✣ Sel et poivre

Coupez le saumon en lanières et placez-les dans 12 ramequins. Couvrez de crème puis déposez un œuf au centre. Salez légèrement, poivrez et saupoudrez d'aneth.

Mettez au four, 8 à 10 minutes à 160 °C (th. 5-6).

Faites griller le pain de mie, coupez-le en mouillettes. Déposez un peu d'œufs de truite à l'une des extrémités et servez avec les œufs cocotte dès qu'ils sortent du four.

Œufs de caille mimosa

Préparation : 30 minutes • Cuisson : 5 minutes
Difficulté : ★★ Budget : ★

Pour 6 personnes

12 œufs de caille ✣ 1 cuil. à café de mayonnaise ✣ 1 cuil. à café de crème fraîche épaisse ✣ 2 branches de persil ✣ 1 cuil. à café de paprika ✣ Sel et poivre

Mettez les œufs de caille à cuire dans une casserole d'eau bouillante 5 minutes. Laissez refroidir puis écalez-les. Coupez les œufs aux deux tiers et à l'aide d'une curette videz-les de leur jaune en faisant très attention à ne pas les percer. Mélangez les jaunes d'œufs avec la mayonnaise et la crème. Salez, poivrez et ajoutez les feuilles d'une branche de persil hachées. Remplissez les blancs d'œufs de la préparation puis replacez le sommet des œufs. Piquez-les d'une pique, saupoudrez-les de paprika et décorez d'un brin de persil. Présentez les piques dans des verrines remplies de graines de nigelle ou de sésame.

Œufs farcis aux sardines pimentées

Préparation : 20 minutes • Cuisson : 9 minutes
Difficulté : ★ Budget : ★

Pour 4 personnes

6 œufs ✣ 1 boîte de sardines à l'huile ✣ 1 cuil. à soupe de moutarde ✣ 1 cuil. à soupe de persil haché ✣ 1 citron ✣ Sel et poivre

Mettez les œufs à cuire dans une grande casserole d'eau bouillante pendant 9 minutes. Passez-les sous l'eau froide puis retirez les coquilles et laissez-les refroidir complètement.

Coupez les œufs en deux et récupérez les jaunes. Travaillez-les à la fourchette avec les sardines égouttées, peau et arêtes retirées. Ajoutez la moutarde, le persil, le jus de citron, poivrez et salez si besoin. Remplissez les blancs d'œufs et servez bien frais accompagné de salade.

Palmiers à la tapenade d'olives noires

Préparation : 10 minutes • Cuisson : 15 minutes
Congélation : 20 minutes • Difficulté : ★ Budget : ★

Pour 6 personnes

1 rouleau de pâte feuilletée ✤ 1 pot de tapenade noire

Déroulez la pâte feuilletée et étalez la tapenade sur toute la surface de la pâte. Repliez les deux grands côtés vers le centre afin d'obtenir une sorte de rouleau composé de deux boudins. Entreposez une vingtaine de minutes au congélateur.

Préchauffez le four à 180 °C (th. 6).

Sortez le rouleau de pâte du congélateur et, à l'aide d'un grand couteau, coupez des tranches de 1 cm d'épaisseur.

Posez les palmiers sur une plaque de four recouverte de papier sulfurisé. Faites cuire 15 minutes puis servez, tiède ou froid.

Palmiers jambon-fromage

Préparation : 10 minutes • Congélation : 30 minutes
Cuisson : 15 minutes • Difficulté : ★ Budget : ★

Pour 4 personnes

1 pâte feuilletée ✤ 2 cuil. à soupe de concentré de tomates ✤ 4 tranches de jambon cru ✤ 1 sachet de gruyère râpé

Étalez au rouleau la pâte feuilletée pour former un grand rectangle. Badigeonnez la surface de concentré de tomates et parsemez uniformément de morceaux de jambon et de gruyère râpé.

Préchauffez le four à 210 °C (th. 7).

Roulez les deux longs bords, bien serrés, vers le centre. Accolez les deux morceaux en humectant éventuellement la pâte avec un peu d'eau pour la souder. Mettez au congélateur 30 minutes.

Sortez du congélateur et découpez des tranches pas trop épaisses. Disposez les feuilletés sur la plaque du four et faites cuire environ 15 minutes jusqu'à ce que les palmiers soient bien dorés.

Panna cotta au roquefort

Préparation : 20 minutes • Repos : 4 heures
Cuisson : 10 minutes • Difficulté : ★ Budget : ★

Pour 4 personnes

4 feuilles de gélatine ✤ 30 cl de crème fleurette ✤ 15 cl de lait ✤ 150 g de roquefort

Faites tremper les feuilles de gélatine dans un grand volume d'eau froide.

Dans une casserole, faites chauffer la crème fleurette et le lait avec le roquefort coupé en petits morceaux jusqu'à ce que le fromage soit fondu. Égouttez la gélatine et ajoutez-la à la crème de roquefort chaude. Remuez.

Mixez la préparation au roquefort afin qu'elle soit parfaitement lisse. Versez la panna cotta dans des ramequins ou verrines et placez au réfrigérateur au moins 4 heures. Servez bien frais.

Panna cotta d'asperges et crabe

Préparation : 30 minutes • Repos : 3 heures
Cuisson : 15 minutes • Difficulté : ★ Budget : ★★

Pour 8 verrines

160 g d'asperges vertes (petites) ✤ 10 cl de lait ✤ 20 cl de crème liquide ✤ ½ cuil. à café d'agar-agar ✤ 100 g de miettes de crabe ✤ Tuiles de parmesan ✤ Sel et poivre

Coupez les têtes des asperges et réservez-les, coupez les tiges en tronçons, mettez le tout à cuire 5 minutes dans une casserole d'eau bouillante, égouttez.

Portez le lait et la crème à ébullition avec l'agar-agar. Ajoutez les tronçons d'asperge, salez, poivrez et mixez le tout. Versez dans les verrines en évitant bien les bords, laissez refroidir et placez au frais 3 heures minimum.

Au moment de servir, déposez le crabe émietté, décorez de pointes d'asperge et de tuiles au parmesan.

Panna cotta au gorgonzola et raisins en gelée

Préparation : 40 minutes • Repos : 2 heures • Cuisson : 20 minutes • Difficulté : ★★ Budget : ★★

Pour 6 verrines

2 feuilles de gélatine ✤ 30 cl de crème liquide entière ✤ 60 g de gorgonzola ✤ 10 cl de vin blanc ✤ 300 g de raisins blancs ✤ 50 g de parmesan râpé ✤ 1 cuil. à café de graines de sésame dorées

Faites ramollir les feuilles de gélatine dans de l'eau froide.

Portez à ébullition la crème et le gorgonzola coupé en morceaux. Ajoutez 1 feuille de gélatine essorée, mélangez et versez cette crème dans 6 verrines de taille moyenne. Laissez refroidir puis placez au frais 1 heure minimum.

Portez le vin et 5 cl d'eau à ébullition. Ajoutez 1 feuille de gélatine essorée. Lavez et égrainez le raisin. Placez quelques grains sur chaque panna cotta bien gélifiée et versez le vin blanc. Laissez refroidir puis placez au frais, 1 heure également.

Faites des petits tas de parmesan sur une feuille de papier sulfurisé posée sur une plaque, étalez-les avec le dos d'une cuillère à soupe. Parsemez de graines de sésame et mettez au four chaud pour 10 minutes à 180 °C (th. 6). À la sortie du four, laissez refroidir totalement puis décollez avec une spatule.

Au moment de servir, décorez les verrines d'une tuile de parmesan.

Panna cotta à la tomate et coulis au yaourt

Préparation : 10 minutes • Repos : quelques heures • Cuisson : 5 minutes • Difficulté : ★ Budget : ★

Pour 4 verrines

1 feuille de gélatine ✤ ½ oignon ✤ 1 cuil. à soupe d'huile d'olive ✤ 30 cl de crème liquide ✤ 15 cl de sauce tomate ✤ 2 cuil. à soupe de concentré de tomates ✤ 1 citron ✤ 1 yaourt nature ✤ Sel ✤ Poivre

Faites ramollir la feuille de gélatine dans un saladier d'eau froide.

Émincez l'oignon et faites-le revenir à la poêle dans un peu d'huile d'olive jusqu'à ce qu'il devienne transparent.

Versez la crème et la sauce tomate dans une casserole et amenez à ébullition. Ajoutez le concentré et la gélatine préalablement essorée. Mélangez.

Mixez la crème à la tomate avec l'oignon. Assaisonnez.

Répartissez dans des verrines, laissez refroidir et réservez dans le réfrigérateur quelques heures.

Râpez finement le zeste du citron et pressez le jus. Dans un bol, mettez le yaourt et ajoutez le jus et le zeste du citron. Lorsque la panna cotta est prise, déposez 1 cuil. à soupe de sauce au yaourt sur chaque verrine. Dégustez très frais.

Panna cotta de foie gras et espuma de mangue

Préparation : 30 minutes • Repos : 2 heures • Cuisson : 25 minutes • Difficulté : ★★ Budget : ★★

Pour 6 verrines

50 cl de crème liquide entière ✤ 20 cl de lait ✤ 2 g d'agar-agar ✤ 100 g de foie gras ✤ 300 g de chair de mangue ✤ Le jus de 1 citron ✤ Ciboulette ✤ Sel et poivre

Mélangez dans une casserole 30 cl de crème, le lait et l'agar-agar, portez à ébullition puis ajoutez le foie gras coupé en petits dés. Mélangez jusqu'à ce qu'il soit dissous. Salez et poivrez.

Versez dans les verrines et placez au frais, 2 heures minimum.

Mixez la chair des mangues, ajoutez le jus du citron et les 20 cl de crème restants. Filtrez puis versez la préparation dans la cuve d'un siphon. Fermez et ajoutez 2 cartouches de gaz. Agitez énergiquement et placez au frais.

Sortez les verrines de panna cotta 20 minutes avant de servir. Juste avant de passer à table, secouez le siphon puis dressez les espumas de mangue.

Décorez de brins de ciboulette et servez.

Petites perles sous un nuage de tomate

Préparation : 30 minutes • Repos : 3 heures
Cuisson : 35 minutes • Difficulté : ★ Budget : ★

Pour 6 verrines

½ feuille de gélatine ✤ 18 cl de coulis de tomates ✤ 5 cl de crème liquide entière ✤ 3 cuil. à soupe de tapioca (perles du Japon) ✤ 80 g de chèvre frais ✤ 1 cuil. à café de pesto ✤ Basilic ✤ Sel et poivre

Faites ramollir la gélatine dans de l'eau froide. Faites chauffer le coulis de tomates, ajoutez la gélatine puis, hors du feu, la crème liquide. Salez et poivrez, puis versez le coulis dans la cuve d'un siphon. Fermez et ajoutez 1 cartouche de gaz. Secouez énergiquement puis placez au frais au minimum 3 heures.

Faites cuire les perles du Japon dans une casserole d'eau bouillante salée pendant 30 minutes.

Égouttez-les puis mélangez-les au fromage frais et au pesto. Répartissez les perles du Japon dans des verrines de petite taille. Placez au frais. Au moment de servir, secouez le siphon et dressez l'espuma de tomate sur le tapioca. Décorez de feuilles de basilic et servez aussitôt.

Panna cotta au pesto

Préparation : 25 minutes • Repos : 2 heures
Cuisson : 10 minutes • Difficulté : ★ Budget : ★

Pour 4 verrines

25 cl de crème liquide entière ✤ 15 cl de lait ✤ 2 cuil. à café de pesto ✤ 1 g d'agar-agar ✤ 1 cuil. à soupe d'huile d'olive ✤ 20 tomates cerise ✤ 1 cuil. à soupe de pignons de pin

Versez dans une casserole la crème, le lait, le pesto et faites chauffer. Ajoutez l'agar-agar et portez à ébullition. Versez dans les verrines et laissez refroidir, puis placez au frais pour 2 heures.

Faites chauffer l'huile dans une poêle, mettez-y les tomates cerise et poêlez-les 2 minutes, sans leur faire perdre leur forme. Laissez-les refroidir sur du papier absorbant.

Faites dorer à sec les pignons dans une poêle, puis réservez.

Au moment de servir, déposez des tomates cerise sur la panna cotta et ajoutez quelques pignons de pin grillés.

Périgourdines

Préparation : 20 minutes • Cuisson : 20 minutes
Difficulté : ★ Budget : ★★

Pour 12 cuillères

4 pommes de terre (petites) ✣ 4 bouquets de mâche ✣ 1 cuil. à soupe de pignons de pin ✣ 12 morceaux de gésiers de canard confit ✣ Huile d'olive ✣ Vinaigre balsamique ✣ Sel

Épluchez et lavez les pommes de terre. Faites-les cuire à la vapeur 10 minutes. Équeutez et lavez la mâche. Faites griller à sec, dans une poêle, les pignons de pin.

Faites chauffer les gésiers de canard dans une poêle afin de faire fondre la graisse et retirez celle-ci.

Préparez une petite vinaigrette avec de l'huile d'olive, du vinaigre balsamique et du sel.

Placez dans chaque cuillère 3 à 4 feuilles de mâche, disposez dessus 1 rondelle de pomme de terre encore chaude puis 1 morceau de gésier. Parsemez de pignons grillés et de quelques gouttes de vinaigrette. Servez aussitôt.

Petits clafoutis chèvre et tomates cerise

Préparation : 15 minutes • Cuisson : 20 minutes
Difficulté : ★ Budget : ★

Pour 10 personnes

2 œufs ✣ 10 cl de lait ✣ 5 cl de crème liquide ✣ 50 g de chèvre frais ✣ 1 cuil. à café de basilic ✣ Beurre ✣ 20 tomates cerise ✣ Sel et poivre

Préchauffez le four à 180 °C (th. 6).

Fouettez les œufs avec le lait et la crème. Ajoutez le fromage émietté, le basilic haché, salez modérément et poivrez. Versez cette préparation dans 10 petits ramequins beurrés.

Placez 2 tomates cerise dans chaque ramequin et mettez au four pour 20 minutes. À la sortie du four, laissez refroidir puis réservez au frais. Servez bien frais.

Petits muffins aux poivrons

Préparation : 20 minutes • Cuisson : 40 minutes
Difficulté : ★ Budget : ★★

Pour 24 pièces

1 poivron rouge ✤ 3 œufs ✤ 200 g de farine ✤ 1 cuil. à café de levure chimique ✤ 5 cl d'huile d'olive ✤ 15 cl de lait ✤ 100 g d'emmental râpé ✤ Sel et poivre

Coupez le poivron en quatre, épépinez-le. Passez-le sous le gril du four jusqu'à ce que la peau commence à noircir. Placez-le dans un sac congélation pour 10 minutes, ensuite retirez la peau et coupez-le en petits morceaux. Mélangez les œufs, la farine, la levure, l'huile, du sel et du poivre. Ajoutez le lait tiédi et l'emmental râpé. Mélangez bien. Ajoutez les morceaux de poivron.

Versez la préparation dans des moules à mini muffin préalablement beurrés ou en silicone. Mettez au four pour 25 minutes à 180 °C (th. 6). Attendez 10 minutes, démoulez et laissez refroidir sur une grille.

Pointes d'asperge au parmesan

Préparation : 20 minutes • Cuisson : 10 minutes
Difficulté : ★ Budget : ★★

Pour 12 cuillères

24 asperges vertes ✤ 1 cuil. à soupe d'huile d'olive ✤ Parmesan ✤ Sel

Lavez et frottez les tiges d'asperge en faisant attention à ne pas abîmer les têtes. Faites-les blanchir dans de l'eau bouillante et salée 5 minutes. Égouttez-les. Coupez les têtes et réservez-les. Coupez les tiges en tronçons de 5 mm.

Faites chauffer l'huile d'olive et faites dorer doucement les tronçons et les têtes d'asperge pendant 5 minutes. Salez. Contrôlez la cuisson à l'aide d'une pointe de couteau, elle doit pénétrer facilement. Attention à ne pas trop les cuire.

Déposez des tronçons d'asperge dans les cuillères, puis 2 pointes d'asperges et pour finir des copeaux de parmesan réalisés avec un couteau économe.

Pop-corn salé

Préparation : 15 minutes • Cuisson : 5 minutes
Difficulté : ★ Budget : ★

Pour 6 personnes

2 cuil. à soupe d'huile de tournesol ✤ 80 g de maïs à pop-corn ✤ 2 cuil. à soupe de parmesan ✤ 2 cuil. à café de curry ✤ Sel

Mettez l'huile à chauffer dans une grande sauteuse. Ajoutez le maïs, couvrez et attendez que le maïs éclate.

Secouez régulièrement afin que tous les grains éclatent.

Versez le pop-corn dans un saladier, saupoudrez-le de parmesan et de curry puis salez.

Pruneaux en habit de lard

Préparation : 10 minutes • Cuisson : 10 minutes
Difficulté : ★ Budget : ★

Pour 6 personnes

9 tranches de lard (fines) ✤ 18 pruneaux (dénoyautés)

Préchauffez le four à 210 °C (th. 7). Coupez les tranches de lard en deux dans le sens de la longueur. Enroulez chaque tranche de lard autour d'un pruneau et maintenez le tout en place à l'aide d'un cure-dent coupé en deux, mais faites attention qu'il reste toujours bien visible.

Placez-les sur une plaque de cuisson recouverte de papier sulfurisé et mettez-les à dorer 10 minutes au four.

Placez-les sur du papier absorbant 2 minutes puis servez.

Petits soufflés croustillants

Préparation : 25 minutes • Repos : 20 minutes
Cuisson : 20 minutes • Difficulté : ★ Budget : ★

Pour 30 pièces

1 pâte feuilletée ✣ 2 cuil. à soupe de parmesan râpé ✣ 1 jaune d'œuf ✣ 1 cuil. à soupe de graines de sésame ✣ 1 cuil. à soupe de graines de cumin

Déroulez la pâte feuilletée sur le plan de travail. Humidifiez légèrement la moitié à l'aide d'un pinceau et pliez la pâte en deux. Saupoudrez de parmesan sur toute la surface et, avec un rouleau à pâtisserie, étalez la pâte et placez-la sur une plaque de cuisson.

Diluez le jaune d'œuf avec 1 cuil. à café d'eau et badigeonnez la pâte. Coupez la pâte en deux morceaux : sur une partie, répartissez les graines de sésame et sur l'autre les graines de cumin. Placez les pâtes au réfrigérateur pour 20 minutes.

Découpez des petits carrés ou des rectangles dans les pâtes à l'aide d'une roulette cannelée. Placez le tout sur une plaque de cuisson recouverte d'une feuille de papier sulfurisé et enfournez à 180 °C (th. 6) pour 20 minutes.

Pissaladières

Préparation : 20 minutes • Cuisson : 30 minutes
Difficulté : ★ Budget : ★★

Pour 6 personnes

2 oignons ✣ ½ cuil. à soupe de margarine ✣ ½ cuil. à café d'huile d'olive ✣ ½ cuil. à café de sucre ✣ Anchois à l'huile ✣ 220 g de pâte à pizza ✣ 5 olives noires ✣ Herbes de Provence ✣ Sel

Épluchez et émincez les oignons. Faites chauffer la margarine mélangée à l'huile et mettez les oignons à blondir dedans. Ajoutez le sucre et surveillez bien qu'ils ne colorent pas trop. Laissez cuire 10 minutes en mélangeant régulièrement. Ajoutez 1 cuil. à café d'huile provenant des anchois, ajoutez du sel si besoin et laissez refroidir.

Préchauffez le four à 220 °C (th. 7-8).

Déroulez la pâte et découpez dedans des disques de 5 cm de diamètre. Déposez-les sur une plaque de cuisson recouverte de papier sulfurisé, répartissez les oignons, placez les filets d'anchois et une rondelle d'olive noire au centre. Saupoudrez d'herbes de Provence. Mettez au four jusqu'à ce que la pâte soit cuite, c'est-à-dire environ 15 minutes. Servez aussitôt.

Poires et bleu d'Auvergne

Préparation : 20 minutes • Difficulté : ★ Budget : ★

Pour 12 cuillères

50 g de bleu ❖ 1 poire ❖ 12 cerneaux de noix

Amenez le fromage à température ambiante en le sortant du réfrigérateur 1 heure avant de préparer les cuillères. Épluchez et coupez la poire en petits cubes. Écrasez le fromage à l'aide d'une fourchette afin d'obtenir une pâte molle.

Déposez une noisette de fromage sur les cubes de poire à l'aide d'une poche à douille non cannelée. Placez 1 cerneau de noix sur le dessus. Déposez l'ensemble sur les cuillères et servez aussitôt.

Petites brochettes de poulet aux olives

Préparation : 15 minutes • Repos : 1 heure
Cuisson : 10 minutes • Difficulté : ★ Budget : ★

Pour 6 personnes

2 escalopes de poulet ❖ 2 cuil. à soupe d'huile d'olive ❖ 1 cuil. à soupe de jus de citron ❖ 1 pot d'olive verte dénoyautée ❖ 2 cuil. à café de paprika ❖ Sel et poivre

Coupez les escalopes en lamelles, placez-les dans un saladier. Ajoutez l'huile d'olive, le jus de citron, salez et poivrez. Mélangez bien et laissez reposer 1 heure.

Piquez les lanières de poulet sur des mini brochettes en alternant avec des olives. Saupoudrez de paprika.

Chauffez une poêle et mettez les brochettes à cuire 10 minutes. Servez aussitôt.

Poivrons marinés et filets d'anchois

Préparation : 40 minutes • Repos : 2 heures • Cuisson : 15 minutes • Difficulté : ★★ Budget : ★★

Pour 12 cuillères

1 poivron jaune ✥ 1 poivron rouge ✥ 2 cuil. à soupe d'huile d'olive ✥ 2 gousses d'ail ✥ Persil ✥ 12 filets d'anchois ✥ Vinaigre balsamique

Lavez les poivrons, coupez-les en quatre et épépinez-les.

Placez-les sur une plaque de cuisson, peau vers le haut, et passez-les sous le gril de votre four jusqu'à ce que la peau forme des boursouflures noires. Sortez-les du four et enfermez-les dans un sac de congélation pour 15 minutes. Sortez-les du sachet et épluchez-les. La peau doit se retirer facilement.

Coupez-les en lamelles de 5 mm de large. Placez-les dans une assiette creuse, versez l'huile d'olive et saupoudrez d'ail et d'un peu de persil finement haché. Recouvrez l'assiette de film alimentaire et laissez au réfrigérateur 2 heures minimum.

Préparez les cuillères. Formez un escargot avec 1 lamelle de poivron jaune, puis rouge et finissez par 1 filet d'anchois.

Récupérez l'huile de marinade, ajoutez un peu de vinaigre balsamique et versez-en sur les poivrons.

Pommes rôties au chèvre

Préparation : 10 minutes • Cuisson : 20 minutes • Difficulté : ★ Budget : ★

Pour 6 personnes

80 g de fromage frais ✣ 2 cuil. à café d'huile d'olive ✣ 20 g de raisins secs ✣ 3 cuil. à café de pignons de pin ✣ 3 pommes ✣ 1 bûchette de fromage de chèvre ✣ Romarin en poudre

Préchauffez le four à 180 °C (th. 6)

Travaillez le fromage frais avec l'huile d'olive, ajoutez les raisins secs et les pignons.

Coupez les pommes en deux, retirez le centre et creusez un peu les demi-pommes. Coupez une fine rondelle sur l'arrondi afin de les stabiliser.

Garnissez les pommes du mélange de fromage et de fruits secs. Déposez une roue de fromage de chèvre, saupoudrez de romarin et mettez au four 20 minutes. Attention à ne pas trop les cuire : les pommes s'écrouleraient et le fromage grillerait. Servez accompagné d'une salade.

Petits croustillants pomme-andouille de Guéméné

Préparation : 20 minutes • Cuisson : 25 minutes • Difficulté : ★ Budget : ★

Pour 20 croustillants

6 feuilles de brick ✣ 5 cl d'huile d'olive ✣ 3 pommes ✣ 10 g de beurre demi-sel ✣ 10 tranches d'andouilles de Guéméné

Préchauffez le four à 180 °C (th. 6).

Découpez 60 petits carrés dans les feuilles de bricks. Déposez-les sur des plaques de cuisson et passez un coup de pinceau trempé dans l'huile d'olive sur chaque carré. Enfournez et laissez dorer. Réservez dès la sortie du four.

Pelez et épépinez les pommes. Découpez-les en petits morceaux. Faites chauffer le beurre dans une casserole et déposez les pommes, versez un peu d'eau et faites compoter 15 minutes environ à feu moyen.

Découpez les tranches d'andouille en petites lanières et ajoutez-les à la compotée de pommes. Faites chauffer l'ensemble 3-4 minutes. Dressez les croustillants en alternant un carré de brick avec le mélange pomme-andouille. Servez aussitôt.

Pop-corn salé au beaufort

Préparation : 5 minutes • Cuisson : 10 minutes
Difficulté : ★ Budget : ★

Pour 4 personnes

80 g de maïs à pop-corn ✤ 100 g de beaufort ✤ 50 g de parmesan ✤ 3 cuil. à soupe de paprika ✤ 2 cuil. à soupe d'huile d'olive ✤ Piment d'Espelette en poudre ✤ Sel et poivre

Faites chauffer l'huile d'olive dans une sauteuse et versez-y les grains de maïs. Faites-les cuire à découvert. Dès que le premier grain éclate, posez un couvercle (si possible transparent) sur la sauteuse et faites éclater le reste des grains de maïs. Râpez le beaufort.

Lorsque le pop-corn est prêt, ajoutez le paprika et une pincée de piment d'Espelette, un peu de sel et mélangez de manière à bien enrober le pop-corn d'épices. Parsemez de beaufort râpé et de parmesan puis mélangez de nouveau. Servez tiède ou froid.

Purple chips

Préparation : 10 minutes • Cuisson : 15 minutes
Difficulté : ★ Budget : ★

Pour 4 personnes

500 g de pommes de terre vitelotte ✤ Huile à frire ✤ Sel

Brossez et lavez les pommes de terre.

À l'aide d'une mandoline ou d'un robot ménager, émincez les pommes de terre en fines lamelles, dans la largeur.

Rincez et séchez les lamelles en les épongeant dans un torchon.

Plongez-les dans un bain d'huile à frire pendant 8 à 10 minutes, puis égouttez.

Terminez en trempant les chips une seconde fois dans la friture, pendant 5 minutes environ. Égouttez, puis salez.

Raisins en habit

Préparation : 20 minutes • Repos : 30 minutes
Difficulté : ★ Budget : ★

Pour 4 verrines

24 grains de raisins blancs ✤ 4 cuil. à soupe de pistaches mondées ✤ 4 cuil. à soupe de noix ✤ 150 g de fromage frais ✤ 4 cuil. à soupe de graines de sésame dorées

Lavez et séchez le raisin. Hachez grossièrement les pistaches et les noix, placez-les dans un bol, réservez.

Travaillez le fromage avec une fourchette pour l'assouplir puis tartinez les raisins avec un couteau. Commencez une face en tenant le raisin entre deux doigts puis posez-le sur une assiette pour faire l'autre face. Placez le raisin dans un bol contenant la poudre de pistaches et tournez-le afin de le paner. Réalisez l'opération pour tous les raisins en les enrobant de noix, de sésame ou de pistache.

Posez les raisins sur une assiette et mettez au frais pour 30 minutes. Placez les raisins dans les verrines avec de petites piques en bois.

Rillettes de maquereau

Préparation : 15 minutes • Repos : 15 minutes
Difficulté : ★ Budget : ★

Pour 4 personnes

180 g de filets de maquereau ✤ Le jus de ½ citron ✤ 2 cuil. à café de moutarde ✤ 100 g de beurre mou ✤ 4 cuil. à soupe de crème fraîche épaisse allégée ✤ 10 brins de ciboulette ✤ 1 échalote ✤ Sel et poivre

Émiettez les filets de maquereau à l'aide d'une fourchette, ajoutez 3 cuil. à soupe de jus de citron, la moutarde et le beurre tempéré, mélangez bien.

Ajoutez ensuite la crème, la ciboulette ciselée, l'échalote finement hachée, salez et poivrez.

Conservez au frais dans une boîte hermétique.

Sortez les rillettes du réfrigérateur 15 minutes avant de servir. Servez accompagné de crackers.

Rillettes de sardines

Préparation : 1 h 20 • Difficulté : ★ Budget : ★

Pour 6 personnes

2 boîtes de sardines à l'huile ✤ 1 branche de céleri ✤ 2 oignons nouveaux ✤ 1 tomate ✤ 5 olives noires dénoyautées ✤ 2 cuil. à soupe de vinaigre de cidre ✤ 50 g de fromages frais à l'ail et aux fines herbes ✤ Sel et poivre

Commencez par égoutter le contenu des 2 boîtes de sardines au-dessus d'un bol pour recueillir l'huile. Pendant ce temps, émincez finement la branche de céleri et les oignons nouveaux.

Pelez et épépinez la tomate avant de la détailler en petits cubes. Hachez les olives. Mélangez tous ces légumes avec le vinaigre de cidre. Écrasez les sardines à la fourchette et mélangez-les au fromage à l'ail et aux fines herbes. Ajoutez les légumes ainsi que 2 cuil. à soupe de l'huile des sardines égouttées, salez et poivrez.

Rillettes de saumon

Préparation : 15 minutes • Cuisson : 10 minutes
Difficulté : ★ Budget : ★★

Pour 4 verrines

100 g de filets de saumon ✤ 1 cube de court-bouillon ✤ 60 g de saumon fumé ✤ 40 g de beurre mou ✤ Le jus de ½ citron ✤ Aneth ✤ 1,5 cuil. à soupe de crème fraîche épaisse ✤ 100 g d'œufs de saumon

Faites cuire le saumon frais 10 minutes au court-bouillon puis laissez-le refroidir sur une assiette.

Mixez le saumon fumé et le beurre ramolli.

Versez dans un bol, ajoutez le jus de citron, quelques brins d'aneth, la crème et le saumon frais grossièrement émietté. Répartissez les rillettes de saumon dans les verrines, décorez d'œufs de saumon et servez avec des feuilletés au sésame.

Rillettes de thon aux câpres

Préparation : 5 minutes • Difficulté : ★ Budget : ★

Pour 6 personnes

1 boîte de thon au naturel en boîte (190 g) ✤ 1 échalote ✤ 150 g de fromage frais (type Saint Morêt) ✤ 1 citron ✤ 2 cuil. à soupe de ciboulette ciselée ✤ 2 cuil. à soupe de câpres ✤ Piment d'Espelette en poudre ✤ Sel

Émiettez le thon dans un grand bol. Arrosez-le avec le jus de la moitié du citron, puis ajoutez le St Môret, l'échalote coupée en petits morceaux, la ciboulette et les câpres.

Mélangez. Salez légèrement puis ajoutez une pincée de piment d'Espelette.

Servez accompagné de gressins ou de crackers.

Rouleaux de printemps

Préparation : 30 minutes • Difficulté : ★★ Budget : ★

Pour 10 pièces

¼ de concombre ✤ 1 carotte ✤ 80 g de pousses de haricot mungo (germes de soja) ✤ 10 feuilles de riz ✤ 30 feuilles de coriandre ✤ 250 g de crevettes cuites ✤ 6 feuilles de salade verte ✤ Ciboulette ✤ Sauce nuoc-mâm

Taillez le concombre en bâtonnets. Râpez la carotte et égouttez les germes de soja.

Faites ramollir une feuille de riz dans de l'eau chaude, égouttez-la sur un torchon propre. Placez dessus 3 feuilles de coriandre alignées au centre, une crevette puis les légumes et un peu de salade ciselée. Roulez la feuille de riz en rabattant les côtés. Renouvelez les opérations pour former 10 rouleaux de printemps. Décorez d'un brin de ciboulette. Dégustez en trempant dans de la sauce nuoc-mâm.

Roulés de pain de mie

Préparation : 20 minutes • Repos : 1 heure
Difficulté : ★ Budget : ★

Pour 6 personnes

2 tranches de pain de mie ✤ 2 tranches de pain de mie complet ✤ 50 g de fromages de chèvre ✤ 1 tranche de jambon de dinde ✤ ¼ de concombre ✤ 50 g de fromages frais aux herbes ✤ 1 tranche de saumon fumé ✤ 20 g de beurre ✤ 1 cuil. à soupe de graines de sésame ✤ 1 cuil. à soupe de graines de pavot

Retirez la croûte des tranches de pain de mie. Étalez le fromage de chèvre sur le pain de mie, découpez 2 carrés de jambon de dinde de la taille des tranches de pain et placez-les sur le fromage. Coupez 2 bâtonnets de concombre et placez-les au bord des tartines, roulez le tout et maintenez serré dans du film alimentaire. Pour le pain complet, étalez le fromage aux herbes puis déposez le saumon et roulez le pain. Serrez dans du film alimentaire et placez les 4 rouleaux au frais 1 heure minimum. Retirez le film alimentaire, étalez une fine couche de beurre et roulez les rouleaux au saumon dans le sésame et ceux au jambon dans le pavot. Coupez des tronçons d'environ 1,5 cm d'épaisseur.

Sabayons langoustines et pamplemousse

Préparation : 30 minutes • Cuisson : 10 minutes
Difficulté : ★★ Budget : ★★

Pour 6 verrines

24 langoustines ✤ 2 pamplemousses ✤ Huile d'olive ✤ 1 gousse d'ail ✤ Piment d'Espelette en poudre ✤ 5 jaunes d'œufs ✤ 15 cl de vin blanc sec ✤ Ciboulette ✤ Sel et poivre

Décortiquez les langoustines. Épluchez à vif et coupez en morceaux l'un des pamplemousses et pressez l'autre.

Poêlez les langoustines quelques secondes dans un peu d'huile d'olive, ajoutez l'ail finement haché, une pincée de piment d'Espelette et salez.

Battez au fouet les jaunes d'œufs jusqu'à ce que le mélange blanchisse. Ajoutez le vin et 5 cl de jus de pamplemousse. Salez et poivrez. Placez le récipient au bain-marie et fouettez sans arrêt jusqu'à ce que le mélange devienne mousseux et onctueux. Placez les langoustines et des morceaux de pamplemousse dans les verrines. Versez le sabayon chaud et parsemez de ciboulette. Décorez avec quelques brins de ciboulette et servez.

Salade César au poulet

Préparation : 15 minutes • Cuisson : 6 minutes
Difficulté : ★ Budget : ★

Pour 4 verrines

2 œufs ✤ 250 g de blancs de poulet ✤ 2 tomates ✤ 1 salade verte ✤ 50 g de croûtons ✤ 40 g de parmesan râpé ✤ 2 cuil. à soupe d'huile d'olive ✤ Le jus de 1 citron ✤ 2 cuil. à café de moutarde ✤ Sel

Faites bouillir de l'eau salée et plongez-y les œufs pendant 6 minutes pour que le jaune soit à peine cuit. Laissez-les refroidir avant de les écaler.

Émincez le blanc de poulet en lamelles, les tomates en quartiers, effeuillez la salade et coupez les plus grandes feuilles en morceaux.

Placez des feuilles de salade entières dans les verrines et répartissez le poulet, les tomates et des morceaux de salade. Ajoutez les croûtons, saupoudrez de parmesan et placez une moitié d'œuf au milieu.

Préparez la vinaigrette en mélangeant l'huile, le jus de citron et la moutarde. Salez.

Salade crémeuse de harengs

Préparation : 30 minutes • Cuisson : 20 minutes
Difficulté : ★ Budget : ★

Pour 4 personnes

300 g de pommes de terre ✤ 1 concombre ✤ 1 pomme ✤ 8 cornichons ✤ 3 filets de hareng doux ✤ 5 cuil. à soupe de crème fraîche épaisse allégée ✤ 2 cuil. à soupe de mayonnaise ✤ 2 branches d'aneth ✤ Tomates cerise ✤ Sel et poivre

Épluchez et coupez les pommes de terre en dés. Mettez-les à cuire dans de l'eau bouillante salée 20 minutes. Contrôlez la cuisson avec la pointe d'un couteau puis égouttez-les et laissez-les refroidir. Lavez le concombre et coupez-le en fines rondelles que vous placerez sur la paroi des verrines. Coupez le restant du concombre en petits dés ainsi que la pomme, coupez les cornichons en rondelles et le hareng en morceaux.

Mélangez le tout avec les pommes de terre. Ajoutez la crème, la mayonnaise, l'aneth ciselé, salez légèrement et poivrez. Mélangez bien et répartissez la salade dans les verrines. Au moment de servir, décorez d'une rondelle de concombre, d'un quartier de tomate cerise et d'une pluche d'aneth.

Salade craquante et croquante en verrine

Préparation : 10 minutes • Cuisson : 5 minutes • Difficulté : ★ Budget : ★

Pour 8 verrines

2 tranches de pain de campagne ✤ 1 botte de radis ✤ 200 g de St Môret allégé ✤ Mélange cinq baies ✤ 50 g de graines germées de radis ✤ Fleur de sel

Faites griller vos tranches de pain dans le grille-pain, ôtez les croûtes et détaillez ces tranches en tout petits cubes. Réservez.

Émincez les radis en tranches très fines et réservez.

Mettez le St Môret dans un bol et travaillez-le à l'aide d'une fourchette pour le rendre crémeux, ajoutez 2 ou 3 tours de moulin cinq baies et mélangez bien.

Dans le fond de chaque verrine, déposez un peu de graines germées puis quelques cubes de pain grillé et enfin des rondelles de radis. Parsemez de fleur de sel, puis déposez 1 cuil. à café de St Môret. Renouvelez cette opération : graines germées, pain, radis et fleur de sel, en terminant avec le St Môret.

Parsemez du mélange cinq baies et dressez 2 rondelles de radis verticalement avec quelques graines germées au milieu. Servez bien frais.

Salade de chou rouge et carottes au sésame

Préparation : 15 minutes • Repos : 1 heure • Difficulté : ★ Budget : ★

Pour 6 à 8 verrines

250 g de choux rouges ✣ 50 g de carottes ✣ 1 cuil. à café de gingembre râpé ✣ ¼ de pomme granny-smith ✣ ½ orange ✣ ½ citron ✣ 1 cuil. à café de graines de sésame ✣ Sirop d'agave ✣ 3 cuil. à soupe d'huile de pépins de raisin ✣ Sel et poivre

Lavez le chou rouge puis râpez-le à l'aide d'une mandoline ou taillez-le finement au couteau. Faites-le tremper dans un saladier rempli d'eau froide, 5 minutes environ. Égouttez puis séchez le chou sur du papier absorbant.

Épluchez, lavez et râpez la carotte. Pelez la pomme, épépinez-la puis râpez-la. Pressez l'orange et le citron.

Disposez la carotte, la pomme et le chou râpé dans un grand saladier.

Ajoutez le gingembre râpé et les graines de sésame. Salez, poivrez et versez un trait de sirop d'agave, l'huile de pépins de raisin, le jus de citron et d'orange. Mélangez bien.

Placez la salade de chou, filmée au réfrigérateur au minimum 1 heure.

Au moment de servir, répartissez la salade de chou dans les verrines et parsemez de graines de sésame.

Salade de Java

Préparation : 25 minutes • Cuisson : 5 minutes • Marinade : 1 heure • Difficulté : ★ Budget : ★

Pour 10-12 verrines

2 carottes ✤ ½ chou blanc ✤ 1 gousse d'ail ✤ 2 oignons ✤ 24 crevettes roses ✤ 30 g de cacahuètes ✤ 4 cuil. à soupe d'huile de palme ✤ 2 cuil. à soupe de vinaigre balsamique ✤ 1 cuil. à soupe de sauce soja ✤ 1 cuil. à soupe de curry ✤ 2 cuil. à café de gingembre en poudre ✤ Piment de Cayenne ✤ 25 g de noix de coco râpée ✤ Sel

Préparez les légumes : pelez et lavez les carottes. Râpez-les grossièrement. Lavez et taillez le chou de la même manière. Épluchez et dégermez l'ail. Réduisez-le en purée. Épluchez et émincez finement les oignons. Décortiquez les crevettes. Concassez grossièrement les cacahuètes et faites-les griller à sec, dans une poêle chaude, pendant quelques minutes.

Dans un saladier, placez les légumes, salez puis versez l'huile de palme, le vinaigre et la sauce soja. Saupoudrez de curry, de gingembre et ajoutez une pincée de piment de Cayenne. Ajoutez les crevettes, les cacahuètes et la moitié de noix de coco râpée. Mélangez le tout. Laissez mariner au moins 1 heure au réfrigérateur.

Disposez la salade de Java dans des verrines et parsemez du reste de noix de coco au moment de servir. Servez frais.

Salade d'asperges et surimi

Préparation : 10 minutes • Cuisson : 15 minutes
Difficulté : ★ Budget : ★

Pour 4 personnes

500 g d'asperges vertes ✣ 1 tomate ✣ 100 g de surimi ✣ 3 cuil. à soupe de mayonnaise ✣ 1 cuil. à soupe de persil ✣ Sel et poivre

Retirez le bout des asperges puis faites cuire les légumes 15 minutes dans un panier à vapeur. Laissez-les refroidir, puis coupez-les en tronçons de 1 cm en gardant quelques têtes pour la décoration. Placez dans un saladier.

Coupez la tomate en quartiers et ôtez les pépins. Détaillez-la finement et ajoutez-la aux asperges.

Coupez les bâtonnets de surimi et placez-les également dans le saladier en ajoutant la mayonnaise et du persil ciselé. Rectifiez l'assaisonnement si besoin et conservez au frais.

Servez dans des coupes.

Salade de blé au thon

Préparation : 20 minutes • Cuisson : 15 minutes
Difficulté : ★ Budget : ★★

Pour 6 personnes

100 g de blé ✣ 1 poivron rouge ✣ 1 poivron vert ✣ 1 oignon ✣ 2 cuil. à soupe d'huile d'olive ✣ 1 cuil. à soupe de confit de tomates séchées ✣ 80 g de maïs en boîte ✣ 300 g de thon au naturel en boîte ✣ Basilic ✣ 1 cuil. à soupe de vinaigre balsamique ✣ 6 tomates cerise ✣ Sel et poivre

Faites cuire le blé dans de l'eau bouillante salée, selon les indications données sur l'emballage. Coupez les poivrons en petits morceaux et hachez l'oignon.

Faites chauffer 1 cuil. à soupe d'huile dans une poêle et faites-y revenir les poivrons et l'oignon, sans trop les colorer. Ajoutez le blé égoutté, le confit de tomates séchées et laissez cuire 5 minutes en mélangeant bien.

Hors du feu, ajoutez le maïs, le thon, quelques feuilles de basilic ciselées, 1 cuil. à soupe d'huile, le vinaigre, poivrez et salez si besoin. Répartissez la salade de blé dans les verrines, décorez de tomates cerise et de feuilles de basilic. Réservez au frais.

Salade de chou, haddock et pommes

Préparation : 20 minutes • Difficulté : ★ Budget : ★★

Pour 4 verrines

200 g de choux blancs ✤ 2 cuil. à café de moutarde ✤ 2 cuil. à soupe de crème fraîche épaisse ✤ 1 cuil. à soupe d'huile d'olive ✤ 80 g de raisins secs ✤ 200 g de filets de haddock ✤ 2 pommes granny-smith ✤ 150 g de fromage frais

Mélangez le chou préalablement râpé, la moutarde, la crème, l'huile et les raisins. Ne salez pas, car le fromage et le haddock le sont suffisamment.

Retirez la peau du poisson et coupez les filets en dés.

Taillez les pommes en allumettes à l'aide d'une mandoline.

Dans les verrines, répartissez le chou dans les verrines avec les allumettes de pommes, couvrez de fromage frais et finissez par les dés de haddock.

Décorez d'allumettes de pommes.

Salade de lentilles au canard séché

Préparation : 20 minutes • Repos : 30 minutes
Cuisson : 20 minutes • Difficulté : ★ Budget : ★★

Pour 4 verrines

200 g de lentilles vertes ✤ 2 carottes ✤ Thym ✤ Laurier ✤ 3 cuil. à café de moutarde à l'ancienne ✤ 2 cuil. à soupe d'huile d'olive ✤ 2 échalotes ✤ 100 g de magrets de canard séché ✤ 50 g de croûtons

Lavez les lentilles à l'eau froide et plongez-les dans 3 fois leur volume d'eau salée.

Ajoutez les carottes coupées en petits morceaux, du thym, une feuille de laurier et portez à ébullition puis laissez mijoter à feu doux pendant 20 minutes.

Égouttez et versez dans un saladier. Ajoutez la moutarde, l'huile et les échalotes hachées. Coupez la moitié des filets de magrets séchés et mélangez-les aux lentilles. Laissez reposer 30 minutes.

Remplissez les verrines, décorez de magrets roulés sur eux-mêmes et de croûtons. Servez aussitôt.

Smoothie avocat et pamplemousse

Préparation : 10 minutes • Difficulté : ★ Budget : ★

Pour 2 personnes

1 avocat (bien mûr) ✤ 1 yaourt au lait de chèvre ✤ 20 cl de jus de pamplemousse ✤ Sel et poivre

Pelez et dénoyautez l'avocat. Coupez-le en morceaux et mettez-le dans le blender.

Ajoutez le yaourt, le jus de pamplemousse, deux pincées de sel et une pincée de poivre.

Mixez le tout jusqu'à l'obtention d'un mélange homogène et servez aussitôt.

Smoothie betterave, chèvre et ciboulette

Préparation : 10 minutes • Difficulté : ★ Budget : ★

Pour 2 personnes

150 g de betteraves cuites ✤ 100 g de chèvre frais ✤ 25 cl de lait fermenté ✤ ½ botte de ciboulette ✤ Sel et poivre

Mettez la betterave coupée en morceaux dans le blender.

Ajoutez le chèvre frais, le lait fermenté, la ciboulette et deux pincées de sel.

Mixez le tout jusqu'à l'obtention d'un mélange homogène et servez aussitôt avec un peu de poivre.

Smoothie concombre, raisin et menthe

Préparation : 10 minutes • Difficulté : ★ Budget : ★

Pour 2 personnes

200 g de concombres ✤ 200 g de raisins blancs ✤ 20 cl de lait fermenté ✤ ½ gousse d'ail ✤ 15 feuilles de menthe ✤ Sel et poivre

Épluchez le concombre puis coupez-le en morceaux. Coupez les grains de raisin en deux et enlevez les pépins.

Mettez le raisin et le concombre dans le blender.

Ajoutez le lait fermenté, la gousse d'ail coupée en petits morceaux, la menthe et deux pincées de sel.

Mixez le tout jusqu'à l'obtention d'un mélange homogène et servez aussitôt avec un peu de poivre.

Smoothie courgette et amande

Préparation : 10 minutes • Difficulté : ★ Budget : ★

Pour 2 personnes

300 g de courgettes (bien fermes) ✤ 100 g de yaourts de chèvre ✤ 4 filets d'anchois ✤ 2 cuil. à soupe de poudre d'amandes ✤ 8 feuilles de basilic ✤ Tabasco ✤ Sel

Lavez les courgettes, éliminez les extrémités et coupez-les en morceaux.

Mettez les courgettes et le yaourt dans le blender.

Ajoutez les filets d'anchois, 10 cl d'eau, la poudre d'amandes, le basilic et quelques gouttes de Tabasco puis salez.

Mixez le tout jusqu'à l'obtention d'un mélange homogène et servez aussitôt.

Sablés sésame

Préparation : 15 minutes • Repos : 1 heure
Cuisson : 15 minutes • Difficulté : ★★ Budget : ★

Pour 6 personnes

Pour les sablés : 100 g de farine ✤ 30 g de graines de sésame ✤ 80 g de beurre mou ✤ 5 portions de fromage fondu (type Vache qui rit) ✤ Sel et poivre ✤ 2 cuil. à soupe de graines de sésame ✤ 2 cuil. à café de fleur de sel

Mélangez la farine et les graines de sésame, salez, poivrez. Faites un puits et ajoutez le beurre pommade, travaillez le tout à la fourchette puis incorporez la Vache qui rit. Formez un boudin avec la pâte de 3,5 cm de diamètre, enveloppez-le de film alimentaire et placez au frais 1 heure minimum.

Mettez le four à chauffer à 180 °C (th. 6).

Roulez le boudin de pâte dans 2 cuil. à soupe de graines de sésame puis coupez-le en tronçons de 2 cm de haut, placez-les sur une plaque recouverte de papier de cuisson, saupoudrez de fleur de sel et mettez au four 15 minutes.

Laissez refroidir sur la plaque et conservez dans une boîte hermétique.

Saint-Jacques à l'orange et au miel

Préparation : 15 minutes • Cuisson : 8 minutes
Difficulté : ★ Budget : ★★★

Pour 12 cuillères

1 orange (non traitée) ✤ 1 cuil. à soupe de miel ✤ Beurre ✤ 12 noix de Saint-Jacques

Prélevez des zestes d'orange à l'aide d'un couteau zesteur. Faites-les blanchir dans de l'eau bouillante 5 minutes. Pressez l'orange et ajoutez le miel au jus.

Faites chauffer une noix de beurre dans une poêle à feu vif, placez-y les noix de Saint-Jacques et saisissez-les 1 minute sur chaque face.

Retirez les Saint-Jacques de la poêle et versez le jus d'orange que vous laisserez chauffer moins de 1 minute, juste le temps qu'il devienne sirupeux.

Déposez les noix de Saint-Jacques dans les cuillères et nappez-les de jus d'orange et de miel. Décorez de zestes d'orange.

Salade de pâtes

Préparation : 15 minutes • Repos : 1 heure
Cuisson : 10 minutes • Difficulté : ★ Budget : ★

Pour 6 verrines

300 g de pâtes ✤ 3 cuil. à soupe d'huile d'olive ✤ 1 cuil. à soupe de vinaigre balsamique blanc ✤ Basilic ✤ 12 tomates cerise ✤ 300 g de blancs de poulet rôti ✤ 200 g d'emmental ✤ 200 g d'asperges vertes ✤ Sel et poivre

Faites cuire les pâtes al dente dans une grande casserole d'eau salée. Égouttez-les, versez-les dans un saladier, arrosez-les d'huile d'olive et de vinaigre, ajoutez 1 cuil. à soupe de basilic ciselé, salez et poivrez.

Coupez les tomates en quatre, le poulet et l'emmental en dés et les tiges des asperges en petits tronçons. Ajoutez le tout aux pâtes, mélangez et réservez au frais, couvert d'un film alimentaire.

Au moment de servir, répartissez dans les verrines.

Finissez en déposant dessus quelques pointes d'asperge, des morceaux de tomate et quelques feuilles de basilic.

Salade de poulet aux noix de cajou

Préparation : 20 minutes • Cuisson : 15 minutes
Difficulté : ★ Budget : ★★

Pour 6 verrines

4 escalopes de poulet ✤ 1 cuil. à café de margarine ✤ 3 cuil. à soupe de sauce soja ✤ 50 g de noix de cajou ✤ 3 cuil. à soupe d'huile d'arachide ✤ 1 cuil. à soupe de vinaigre de vin ✤ 1 sachet de mesclun ✤ 3 tomates ✤ 1 oignon rouge

Faites cuire les escalopes de poulet dans un peu de margarine sans trop les colorer. Coupez les escalopes en dés, replacez-les dans le wok puis arrosez de 2 cuil. à soupe de sauce soja. Hachez grossièrement les noix de cajou et mélangez-les au poulet.

Dans un bol, mélangez 1 cuil. à soupe de sauce soja, l'huile, le vinaigre et émulsionnez bien.

Placez la salade, les tomates coupées en quartiers et l'oignon émincé dans les verrines.

Ajoutez les morceaux de poulet et servez accompagné de vinaigrette selon votre goût.

Salade de quinoa aux trois poivrons

Préparation : 30 minutes • Cuisson : 10 minutes • Difficulté : ★ Budget : ★★★

Pour 6 personnes

1 poivron vert ✣ 1 poivron rouge ✣ 1 poivron jaune ✣ 250 g de quinoa ✣ 2 cuil. à soupe d'huile d'olive ✣ Le jus de 1 citron ✣ 2 échalotes ✣ 1 cuil. à soupe de persil haché ✣ 200 g de tomates cerise ✣ graines germées de betterave ✣ Sel et poivre

Coupez les poivrons en deux, épépinez-les. Passez-les sous le gril jusqu'à ce que la peau commence à noircir. Placez-les dans un sac congélation pour 10 minutes, puis retirez la peau.

Faites cuire le quinoa dans une grande quantité d'eau salée, en vous référant au temps de cuisson indiqué sur le paquet (comptez 10 minutes).

Égouttez le quinoa et versez-le dans un saladier. Arrosez-le d'huile d'olive, du jus de citron, salez et poivrez.

Ajoutez les échalotes émincées, le persil et les poivrons coupés en petits dés.

Coupez les tomates cerise en deux, placez-les dans le fond des verrines, couvrez de salade de quinoa et terminez par un peu de graines germées de betterave. Servez aussitôt.

Salade de tourteau

Préparation : 30 minutes • Cuisson : 15 minutes • Difficulté : ★ Budget : ★★

Pour 4 personnes

1 tourteau ✤ 2 cubes de bouillon de légumes ✤ 2 avocats bien mûrs ✤ 2 cuil. à soupe de crème fraîche épaisse ✤ Le jus de 1 citron ✤ Piment en poudre ✤ 20 g de raisins secs blonds ✤ 1 pomme granny-smith ✤ 10 brins de ciboulette ✤ Sel

Mettez le tourteau à cuire dans une cocotte d'eau bouillante contenant les cubes de bouillon pendant 15 minutes. Égouttez-le, laissez-le refroidir puis récupérez la chair en essayant de conserver les pattes intactes.

Placez la chair des avocats dans le bol d'un mixeur avec la crème, la moitié du jus de citron et une pointe de couteau de piment et mixez le tout jusqu'à l'obtention d'une purée bien lisse. Salez et versez cette purée dans les verrines pour en remplir la moitié.

Mélangez 300 g de chair de tourteau avec le restant du jus de citron, les raisins secs et la pomme coupée en petits dés. Ciselez la ciboulette et ajoutez-la au reste. Placez la salade de tourteau sur la purée d'avocat et décorez de pattes et de brins de ciboulette. Réservez au frais jusqu'au moment de servir.

Salade périgourdine

Préparation : 30 minutes • Cuisson : 30 minutes • Difficulté : ★ Budget : ★★

Pour 4 verrines

200 g de pommes de terre ✤ 300 g de gésiers de canard confit ✤ 40 g de pignons de pin ✤ 4 tomates ✤ 150 g de roquette ✤ 90 g de magrets de canard séché ✤ 3 cuil. à soupe d'huile de noix ✤ Vinaigre balsamique ✤ Sel

Épluchez et cuisez les pommes de terre à la vapeur.

Mettez les gésiers de canard dans une poêle et réchauffez à feu doux. Retirez l'excès de graisse.

Faites griller les pignons de pin dans une seconde poêle, sans matière grasse. Coupez les tomates en quartiers.

Alternez, dans les verrines, la salade et tous les autres ingrédients, pommes de terre et gésiers encore chauds. Terminez par les pignons de pin.

Préparez une vinaigrette avec l'huile et le vinaigre, puis assaisonnez. Servez et dégustez aussitôt.

Salade grecque

Préparation : 15 minutes • Difficulté : ★ Budget : ★★

Pour 6 personnes

1 salade verte ✤ 1 concombre ✤ 12 tomates cerise ✤ 1 oignon rouge ✤ 200 g de feta ✤ 150 g d'olives noires dénoyautées ✤ Basilic ✤ 2 cuil. à café d'origan ✤ Le jus de 1 citron ✤ 4 cuil. à soupe d'huile d'olive ✤ Sel et poivre

Effeuillez la salade puis lavez et essorez-la.

Lavez et coupez en morceaux le concombre et les tomates. Émincez l'oignon, mélangez le tout et ajoutez la feta coupée en dés, les olives, 2 cuil. à café de basilic ciselé et l'origan.

Réalisez une vinaigrette avec le jus de citron, l'huile d'olive, du sel et du poivre.

Placez des feuilles de salade dans les verrines, puis le mélange de légumes et de feta.

Servez accompagné de vinaigrette.

Salade océane

Préparation : 15 minutes • Cuisson : 6 minutes
Difficulté : ★ Budget : ★★

Pour 6 personnes

150 g de pâtes ✤ 100 g de fromage blanc ✤ 2 cuil. à soupe de mayonnaise ✤ Aneth ✤ 100 g de surimi râpé ✤ 100 g d'œufs de saumon ✤ 6 tomates cerise ✤ Sel et poivre

Faites cuire les pâtes al dente. Une fois égouttées, passez-les sous l'eau froide afin de les refroidir immédiatement.

Versez les pâtes dans un plat, ajoutez le fromage blanc, la mayonnaise, 1 cuil. à soupe d'aneth ciselé, les deux tiers du surimi, salez et poivrez.

Versez cette salade dans les verrines, parsemez-la d'œufs de saumon ou de truite et du restant de surimi.

Décorez d'aneth et d'une tomate cerise coupée en deux.

Salade salsa

Préparation : 20 minutes • Difficulté : ★ Budget : ★

Pour 4 verrines

350 g de haricots rouges en boîte ✤ 140 g de maïs en boîte ✤ 4 tomates ✤ 2 avocats bien mûrs ✤ Le jus de ½ citron ✤ 1 oignon rouge ✤ Piment d'Espelette en poudre ✤ 1 cuil. à soupe de concentré de tomates ✤ Huile d'olive ✤ Vinaigre de vin ✤ Coriandre ✤ Tortilla chips ✤ Sel et poivre

Égouttez et rincez les haricots rouges. Passez le maïs sous l'eau. Coupez les tomates en cubes après avoir retiré les pépins. Réduisez les avocats en purée, ajoutez le jus de citron, la moitié de l'oignon haché, un peu de piment et salez.

Mélangez les haricots rouges et la moitié des tomates, ajoutez le concentré de tomates, ½ cuil. à soupe d'huile, salez. Répartissez dans les verrines, recouvrez de purée d'avocats. Mélangez le restant de tomates et d'oignon avec le maïs, ajoutez de l'huile, du vinaigre, quelques feuilles de coriandre ciselées, salez et poivrez. Répartissez sur la purée d'avocats.

Servez accompagné de tortilla chips.

Salade vitaminée

Préparation : 30 minutes • Difficulté : ★ Budget : ★★

Pour 6 personnes

1 kg de carottes ✤ 2 pamplemousses ✤ 2 oranges ✤ 1 citron ✤ Ciboulette ✤ 2 cuil. à soupe d'huile d'olive ✤ Sel et poivre

Retirez toutes les peaux d'un pamplemousse et demi, des oranges et pressez le reste en jus ainsi que le citron.

Épluchez et râpez les carottes, ajoutez l'huile d'olive, le jus d'agrumes, 1 cuil. à soupe de ciboulette ciselée et salez. Mélangez bien.

Placez sur la paroi de chaque verrine un quartier de pamplemousse et d'orange puis ajoutez le reste des fruits aux carottes et mélangez délicatement.

Répartissez la salade dans les verrines et placez au frais jusqu'au moment de servir.

Salade tricolore

Préparation : 30 minutes • Difficulté : ★ Budget : ★★

Pour 6 verrines

2 pamplemousses ✥ 3 avocats ✥ Le jus de 1 citron ✥ 270 g de saumon fumé ✥ 2 cuil. à soupe d'huile d'olive ✥ 1 cuil. à soupe de vinaigre de framboise

Épluchez les pamplemousses à vif afin de prélever la pulpe et placez-la dans les verrines.

Épluchez et coupez les avocats en dés, arrosez-les de jus de citron, placez-les sur le pamplemousse puis couvrez de dés de saumon.

Mélangez l'huile d'olive et le vinaigre de framboise et versez cette vinaigrette sur les verrines.

Salicorne en salade

Préparation : 20 minutes • Cuisson : 10 minutes
Difficulté : ★ Budget : ★★

Pour 4 personnes

300 g de salicornes ✥ 20 g de beurre ✥ 200 g de noix de pétoncles ✥ 1 échalote ✥ 4 branches de persil ✥ 3 cuil. à soupe d'huile d'olive ✥ 1 cuil. à soupe de vinaigre balsamique ✥ Sel et poivre

Rincez la salicorne sous l'eau claire puis mettez à cuire dans une casserole d'eau bouillante pendant 8 minutes. Rincez à l'eau froide. Égouttez et réservez.

Mettez le beurre à fondre dans une poêle et mettez les noix de pétoncle à cuire 2 minutes. Salez et poivrez.

Épluchez et émincez l'échalote, hachez le persil. Arrosez la salicorne d'huile d'olive et de vinaigre. Ajoutez les noix de pétoncle, l'échalote et le persil, et mélangez bien. Répartissez la salade dans les verrines et servez.

Smoothie oignon nouveau et pomme

Préparation : 15 minutes • Cuisson : 20 minutes
Difficulté : ★ Budget : ★

Pour 2 personnes

6 oignons nouveaux (sans le vert) ✥ 2 cuil. à soupe d'huile d'olive ✥ 1 pomme granny-smith ✥ 10 cl de lait fermenté ✥ ½ botte de ciboulette ✥ Sel et poivre

Émincez finement les petits oignons. Dans une poêle, faites-les revenir dans l'huile d'olive et 2 cuil. à soupe d'eau. Laissez mijoter à couvert pendant une dizaine de minutes. Pendant ce temps, épluchez la pomme et coupez-la en petits dés. Puis ajoutez-la aux oignons et faites cuire encore 5-10 minutes, afin qu'elle devienne tendre. Mettez les oignons et la pomme cuits dans le blender. Ajoutez le lait fermenté, 10 cl d'eau froide, la ciboulette coupée, trois pincées de sel et une pincée de poivre. Mixez le tout jusqu'à l'obtention d'un mélange homogène et servez aussitôt.

Smoothie petits pois

Préparation : 10 minutes • Cuisson : 5 minutes
Difficulté : ★ Budget : ★

Pour 2 personnes

300 g de petits pois frais (écossés) ✥ 100 g de yaourts de chèvre ✥ 10 cl de lait de soja ✥ 6 feuilles de basilic ✥ 10 feuilles de persil plat ✥ Paprika ✥ Sel et poivre

Faites cuire les petits pois dans de l'eau bouillante salée pendant 5 minutes. Égouttez-les et passez-les sous l'eau froide.

Mettez les petits pois dans le blender. Ajoutez le yaourt, le lait de soja, le basilic, le persil, trois pincées de sel et une pincée de poivre.

Mixez le tout jusqu'à l'obtention d'un mélange homogène et servez aussitôt avec un peu de paprika.

Saint-Jacques gratinées

Préparation : 30 minutes • Cuisson : 20 minutes
Difficulté : ★ Budget : ★★★

Pour 6 personnes

1 échalote ✥ 40 g de beurre ✥ 8 cl de vin blanc ✥ 20 cl de crème liquide entière ✥ 80 g de crevettes (petites) ✥ ½ citron ✥ 12 noix de Saint-Jacques (petites) ✥ 5 brins de ciboulette ✥ Sel et poivre

Préchauffez le four à 200 °C (th. 6-7).

Faites revenir l'échalote hachée dans un peu de beurre, elle ne doit pas trop colorer.

Ajoutez le vin, laissez mijoter 5 minutes puis ajoutez la crème, les crevettes, 2 cuil. à soupe de jus de citron, salez et poivrez. Laissez cuire 5 minutes puis placez cette sauce dans des petites coquilles et placez au centre 1 noix de Saint-Jacques.

Mettez les coquilles 10 minutes au four.

Saupoudrez de ciboulette ciselée et servez aussitôt.

Salade de poulpe

Préparation : 20 minutes • Repos : 1 heure
Cuisson : 15 minutes • Difficulté : ★ Budget : ★★

Pour 4 personnes

2 poulpes ✥ 20 cl de vinaigre de vin ✥ 1 poivron vert ✥ 3 tomates ✥ 200 g d'olives vertes dénoyautées ✥ ½ bouquet de persil ✥ 4 cuil. à soupe d'huile d'olive ✥ 10 cl de vin blanc ✥ Le jus de 1 citron ✥ 4 gousses d'ail ✥ 1 cuil. à café de cumin en poudre ✥ 1 cuil. à café de mélange cinq baies ✥ Sel

Enlevez le bec et les yeux des poulpes. Lavez-les soigneusement sous un jet d'eau froide. Remplissez une cocotte-minute d'eau, ajoutez le vinaigre, le poulpe et salez. Fermez et laissez cuire 15 minutes à partir de la rotation de la soupape.

Pendant ce temps, découpez le poivron et les tomates en dés, les olives en rondelles. Hachez le persil. Réservez.

Lorsque le poulpe est bien tendre, égouttez. Découpez-le en petits morceaux et arrosez aussitôt d'huile d'olive et de vin blanc. Ajoutez le jus du citron, les dés de légumes, les olives, l'ail pressé, le cumin et les baies. Mélangez le tout. Placez au réfrigérateur 1 heure avant de servir.

Samoussas de thon

Préparation : 30 minutes • Cuisson : 10 minutes
Difficulté : ★★ Budget : ★

Pour 20 pièces

300 g de thon au naturel en boîte ✥ 100 g de fromage à tartiner (type St Môret) ✥ 100 g de fromage fondu (type Vache qui rit) ✥ 1 oignon ✥ 1 cuil. à soupe de ciboulette ✥ 10 feuilles de brick ✥ Huile pour friture

Mélangez le thon et les fromages, ajoutez l'oignon haché et la ciboulette ciselée.

Coupez les feuilles de brick en deux. Placez 1 cuil. à café de préparation sur le bord d'une feuille de brick, pliez-la en deux. Formez un triangle avec la farce puis rabattez ce triangle sur lui-même. Fermez le triangle en glissant l'extrémité de la feuille de brick dans l'ouverture d'un des côtés. Vous pouvez vous aider en suivant les schémas présents sur l'emballage des feuilles de brick.

Réalisez tous les samoussas puis chauffez le bain de friture et mettez les samoussas à dorer. Posez-les ensuite sur du papier absorbant afin qu'il absorbe l'excès d'huile. Servez chaud.

Soupe de courgettes

Préparation : 20 minutes • Cuisson : 20 minutes
Difficulté : ★ Budget : ★

Pour 4 personnes

5 courgettes ✥ 150 g de brocciu ✥ 1 cuil. à soupe d'huile d'olive ✥ 1 bouquet de basilic ✥ Sel et poivre

Épluchez les courgettes et coupez-les grossièrement. Placez-les dans une grande casserole d'eau bouillante salée. Faites-les cuire 20 minutes à feu moyen.

Mixez les courgettes avec le brocciu, l'huile d'olive et les feuilles de basilic (réservez quelques feuilles pour la décoration). Salez et poivrez. Utilisez de préférence un blender pour un résultat mousseux.

Servez tiède ou froid dans des verrines en plaçant une feuille de basilic en décoration.

Scones au cheddar

Préparation : 20 minutes • Repos : 30 minutes • Cuisson : 15 minutes • Difficulté : ★ Budget : ★

Pour 30 pièces

Pour la pâte : 130 g de farine ✥ ½ cuil. à café de levure chimique ✥ ¼ cuil. à café de sel ✥ 20 g de beurre ✥ 20 g de cheddar ✥ 8 cl de lait ✥ Poivre

1 cuil. à soupe de lait ✥ 10 g de cheddar ✥ 2 cuil. à soupe de fromage blanc ✥ 1 cuil. à soupe de moutarde à l'ancienne

Mélangez la farine, la levure, le sel et le poivre. Ajoutez le beurre coupé en petits morceaux et mélangez avec les doigts. Ajoutez le cheddar râpé puis le lait, mélangez rapidement sans trop travailler la pâte qui doit rester un peu collante. Farinez-vous les mains puis formez un disque de pâte de 1 cm d'épaisseur sur une feuille de papier sulfurisé. Placez au frais 30 minutes.

Préchauffez le four à 200 °C (th. 6-7).

Découpez à l'aide d'un emporte-pièce de 3 cm de diamètre des disques de pâte. Placez-les sur une feuille de papier de cuisson, badigeonnez-les avec un peu de lait et saupoudrez de fromage.

Mettez au four 15 minutes, puis laissez refroidir sur une grille.

Servez accompagné d'une sauce préparée avec le fromage blanc et la moutarde à l'ancienne.

Saumon en gelée

Préparation : 30 minutes • Repos : 3 heures • Cuisson : 20 minutes • Difficulté : ★ Budget : ★★

Pour 6 verrines

1 cube de bouillon de légumes ✤ Persil ✤ 1 oignon ✤ 3 pavés de saumon ✤ 1 sachet de gelée au madère ✤ 12 asperges vertes ✤ 6 tranches de saumon fumé ✤ 1 citron ✤ Aneth ✤ Sel et poivre

Portez à ébullition une grande casserole d'eau avec le cube de bouillon, quelques brins de persil et l'oignon haché. Pochez les pavés de saumon 10 minutes. Égouttez-les et laissez-les refroidir. Préparez la gelée en suivant les instructions, puis réservez.

Épluchez les asperges et faites-les cuire 10 minutes dans de l'eau bouillante, les pointes hors de l'eau. Égouttez-les, réservez les pointes et coupez les tiges en tronçons.

Coupez les tranches de saumon fumé en deux et plaquez-les sur les parois des verrines (conservez un petit morceau à chaque fois pour le décor).

Coupez les pavés de saumon en dés, placez-les dans les verrines avec les tronçons d'asperges, puis déposez 2 pointes d'asperge sur le dessus. Salez, poivrez, versez la gelée et laissez reposer au frais 3 heures.

Au moment de servir, décorez d'une rondelle de citron, d'un petit morceau de saumon fumé et d'un brin d'aneth.

Soufflés glacés d'avocat et de saumon

Préparation : 30 minutes • Repos : 30 minutes • Cuisson : 2 minutes • Congélation : 2 heures • Difficulté : ★
Budget : ★★

Pour 6 verrines

Le jus de 1 citron ✤ 1 g d'agar-agar ✤ 4 avocats bien mûrs ✤ Piment de Cayenne ✤ 15 cl de crème liquide entière ✤ 180 g de saumon fumé en dés ✤ 6 tomates cerise ✤ 100 g de tarama ✤ 100 g d'œufs de saumon ✤ Ciboulette ✤ Sel

Portez à ébullition le jus de citron avec l'agar-agar.

Prélevez la chair des avocats et mixez-la avec le jus de citron. Salez et ajoutez une pincée de piment de Cayenne. Fouettez la crème en chantilly et incorporez-la à la purée d'avocats.

Rehaussez les verrines avec une bande de rhodoïd que vous fixerez avec du ruban adhésif.

Répartissez la moitié de la mousse dans les verrines. Placez au centre les dés de saumon. Couvrez du restant de mousse et placez au congélateur 2 heures. Sortez les verrines 30 minutes avant de servir.

Retirez la bande de rhodoïd, décorez d'une tomate cerise, d'un peu de tarama, d'œufs de saumon et de quelques brins de ciboulette. Placez au frais 30 minutes et servez.

Sucettes de chèvre frais

Préparation : 15 minutes • Cuisson : 5 minutes
Difficulté : ★ Budget : ★★

Pour 6 personnes

25 g de pistaches (salées) ✣ 12 petits chèvres frais ✣ 25 g de noisettes

Mixez les pistaches. Enrobez 6 petits fromages de chèvre frais de poudre de pistaches, placez-les sur une brochette en bois et réservez au frais sur une assiette.

Pour réaliser 6 sucettes aux noisettes, faites torréfier les noisettes 5 minutes au four à 210 °C (th. 7), puis mixez-les. Enrobez les 6 chèvres frais restants de cette poudre de noisettes, puis placez-les sur une brochette en bois et réservez au frais sur une assiette.

Au moment de servir, remplissez un verre de pistaches ou de noisettes et plantez-y les sucettes, servez.

Soupe au pistou

Préparation : 40 minutes • Repos : 3 heures
Cuisson : 1 heure • Difficulté : ★ Budget : ★★

Pour 4 personnes

100 g de haricots blancs ✣ 100 g de haricots rouges ✣ 2 courgettes ✣ 3 carottes ✣ 3 pommes de terre ✣ 1 oignon ✣ 100 g de haricots verts ✣ 30 g de vermicelles ✣ 50 g de parmesan ✣ Sel et poivre
Pour le pistou : 2 tomates ✣ 3 gousses d'ail ✣ 1 bouquet de basilic ✣ 20 cuil. à soupe d'huile d'olive

Faites tremper au préalable les haricots blancs et rouges pendant 3 heures dans de l'eau froide.

Coupez tous les légumes en petits morceaux et les haricots verts en tronçons. Mettez le tout dans une casserole avec les haricots, salez, poivrez et couvrez d'eau. Laissez cuire 50 minutes.

Préparez le pistou. Plongez les tomates 30 secondes dans de l'eau bouillante, puis épluchez-les et épépinez-les. Mixez-les avec l'ail, le basilic et l'huile d'olive.

Ajoutez le pistou aux légumes ainsi que le vermicelle, portez à ébullition puis arrêtez le feu. Laissez reposer.

Soupe fraîche de concombre

Préparation : 20 minutes • Repos : 2 heures
Difficulté : ★ Budget : ★★

Pour 6 verrines

300 g de concombres ✤ 8 yaourts grecs ✤ 2 gousses d'ail ✤ 1 cuil. à soupe de sauce soja ✤ Ciboulette ✤ 30 gambas (décortiquées) ✤ 1 cuil. à soupe de paprika ✤ Sel et poivre

Épluchez et mixez le concombre avec les yaourts et l'ail. Ajoutez la sauce soja et 1 cuil. à soupe de ciboulette ciselée. Salez, poivrez et réservez au frais 2 heures.

Versez la soupe de concombre dans les verrines, déposez des gambas décortiquées dessus, saupoudrez d'un peu de paprika et décorez de brins de ciboulette.

Servez très frais.

Sucettes de Morteau et caviar de lentilles

Préparation : 15 minutes • Cuisson : 30 minutes
Difficulté : ★ Budget : ★

Pour 6 personnes

500 g de lentilles vertes du Puy ✤ 2 gousses d'ail ✤ 1 oignon ✤ 1 feuille de laurier ✤ 1 saucisse de Morteau ✤ 2 cuil. à soupe d'huile d'olive ✤ Sel et poivre

Préparez le caviar de lentilles : dans une casserole, versez 25 cl d'eau, les lentilles, la feuille de laurier, les gousses d'ail et l'oignon pelé et émincé. Portez à ébullition et laissez cuire doucement pendant 20 minutes environ. Ôtez la feuille de laurier et passez au mixer en ajoutant l'huile d'olive.

Coupez la saucisse de Morteau en rondelles.

Faites revenir ces rondelles sur les deux faces, dans une poêle, jusqu'à ce qu'elles soient bien dorées. Piquez-les ensuite dans de petites piques en bois.

Servez ces sucettes accompagnées du caviar de lentilles.

Tapenade

Préparation : 20 minutes • Difficulté : ★ Budget : ★

Pour 6 personnes

30 olives noires ✤ 3 filets d'anchois ✤ 6 câpres ✤ 1 cuil. à soupe d'huile d'olive

Dénoyautez les olives. Mixez-les avec les anchois et les câpres.

Ajoutez l'huile d'olive en mélangeant vigoureusement pour obtenir une belle pommade.

Dégustez la tapenade sur des croûtons ou avec des dips de légumes.

Tartare de Saint-Jacques

Préparation : 20 minutes • Repos : 1 heure
Difficulté : ★ Budget : ★★

Pour 12 pièces

8 noix de Saint-Jacques ✤ 1 citron vert non traité ✤ 2 cuil. à café de baies roses ✤ 1 avocat bien mûr ✤ Piment de Cayenne ✤ Sel

Coupez les noix de Saint-Jacques en petits dés, ajoutez la moitié du jus de citron ainsi que le zeste. Salez, ajoutez les baies roses et laissez reposer 1 heure après avoir recouvert le tout d'un film alimentaire.

Récupérez la chair de l'avocat, placez-la dans le bol d'un mixeur avec l'autre moitié du jus de citron, une pincée de piment et de sel. Mixez le tout afin d'obtenir une purée fine. Placez un peu de purée d'avocat dans les cuillères à mise en bouche puis répartissez le tartare de Saint-Jacques. Conservez au frais jusqu'au moment de servir.

Tartare de saumon et grenade

Préparation : 30 minutes • Repos : 1 heure
Difficulté : ★ Budget : ★★

Pour 6 personnes

250 g de pavés de saumon ✤ 1 cuil. à soupe d'huile ✤ 1 citron ✤ 5 brins de ciboulette ✤ 1 grenade ✤ Sel et poivre

Coupez le saumon en petits dés et placez-le dans un saladier. Versez l'huile d'olive, 1 cuil. à soupe de jus de citron, la ciboulette ciselée, salez et poivrez. Mélangez bien.

Épluchez la grenade, réservez 3 cuil. à soupe de graines puis pressez une moitié pour récolter 3 cuil. à soupe de jus. Ajoutez le tout au tartare et laissez reposer au frais 1 heure. Au moment de servir, répartissez le tartare dans des cuillères à mise en bouche.

Tarte aux courgettes et au roquefort

Préparation : 20 minutes • Cuisson : 21 minutes
Difficulté : ★ Budget : ★

Pour 6 personnes

2 courgettes ✤ Beurre ✤ 1 pâte feuilletée ✤ 100 g de roquefort

Lavez et coupez les courgettes en fines rondelles, laissez la peau. Passez-les au four à micro-ondes 1 minute et laissez-les refroidir. Beurrez 6 mini tourtières et placez-y des disques de pâte feuilletée. Piquez le fond avec une fourchette puis disposez les rondelles de courgettes. Placez au four et laissez cuire 15 minutes à 180 °C (th. 6).

Coupez le roquefort en petits morceaux et déposez-les sur les courgettes. Laissez cuire encore 5 minutes, le temps que le fromage fonde mais ne roussisse pas.

Taboulé

Préparation : 20 minutes • Repos : 1 h 15
Difficulté : ★ Budget : ★

Pour 6-8 verrines

½ botte de persil ✤ ½ botte de coriandre ✤ ½ botte de menthe ✤ 4 oignons blancs ✤ 3 tomates ✤ 2 citrons ✤ 150 g de boulgour ✤ 10 cl d'huile d'olive ✤ Cannelle en poudre ✤ Sel et poivre

Lavez le persil, la coriandre et la menthe. Ciselez-les finement. Épluchez et émincez les oignons finement. Mondez les tomates : entaillez-les d'une croix et plongez-les quelques secondes dans l'eau bouillante, puis rafraîchissez-les sous l'eau froide afin de retirer la peau plus facilement. Éliminez les pépins, puis taillez les tomates en petits cubes. Pressez les citrons. Préparez le boulgour : faites chauffer 15 cl d'eau salée. Versez le boulgour dans un saladier et recouvrez-le avec l'eau bouillante. Laissez gonfler 15 minutes.

Ajoutez les herbes, les tomates et les oignons. Versez le jus de citron et l'huile d'olive. Salez, poivrez et saupoudrez d'une pincée de cannelle. Placez au frais au moins 1 heure. Disposez le taboulé dans des verrines, décorez d'un peu de menthe et dégustez.

Tagliatelle de concombre et mousses de jambon

Préparation : 30 minutes • Repos : 1 heure
Difficulté : ★ Budget : ★★

Pour 6 personnes

160 g de jambon blanc fumé ✤ 60 g de fromage frais ✤ 5 cl de crème liquide ✤ ½ cuil. à café de paprika ✤ Piment d'Espelette en poudre ✤ 1 concombre ✤ Ciboulette ✤ Huile d'olive ✤ Vinaigre balsamique ✤ Sel et poivre

Coupez le jambon en morceaux, mixez-le avec le fromage frais et ajoutez la crème petit à petit pour obtenir un mélange mousseux.

Ajoutez le paprika, une pincée de piment, mélangez et répartissez dans les verrines. Laissez reposer 1 heure.

Lavez le concombre, coupez-le en deux et, avec un couteau économe, réalisez des tagliatelle.

Déposez celles-ci sur les mousses de jambon, parsemez de ciboulette ciselée et servez accompagné d'une vinaigrette réalisée à base d'huile d'olive, de vinaigre balsamique, de sel et de poivre.

Tapenade d'olives et magret fumé

Préparation : 10 minutes • Difficulté : ★ Budget : ★★

Pour 6 verrines

25 g de filets d'anchois ✤ 100 g d'olives noires ✤ 2 cuil. à soupe de câpres ✤ ½ gousse d'ail ✤ 1 cuil. à café de jus de citron ✤ 1 cuil. à soupe d'huile d'olive ✤ 2 tranches de pain de mie ✤ 12 tranches de magrets de canard fumé

Rincez les filets d'anchois et les olives pour les dessaler un peu. Mixez ensemble les olives, les anchois, les câpres et l'ail. Ajoutez ensuite le citron et l'huile d'olive.

Mixez le tout jusqu'à obtenir quasiment la consistance d'une purée. Coupez les bords du pain de mie et toastez-le.

Sur le pain de mie toasté, disposez 2 tranches de magret fumé en les faisant se chevaucher par le petit côté. Coupez le côté comportant le gras et retaillez les petits côtés afin d'obtenir une mouillette bien rectangulaire.

Mettez un peu de tapenade au fond de chaque verrine et disposez la mouillette sur le dessus du verre.

Tartare de haddock

Préparation : 20 minutes • Difficulté : ★ Budget : ★★

Pour 6 verrines

300 g de fromage blanc ✤ Le jus de 1 citron ✤ 80 g de concombre ✤ 60 g d'œufs de truite ✤ 1 pamplemousse ✤ 100 g de filets de haddock ✤ Coriandre ✤ Sel

Mélangez le fromage blanc avec le jus de citron, le concombre coupé en petits dés et les œufs de truite. Salez légèrement et répartissez ce mélange dans les verrines.

Épluchez à vif le pamplemousse, coupez-le en petits morceaux ainsi que le haddock.

Mélangez les morceaux de pamplemousse et de haddock. Ajoutez 1 cuil. à soupe de coriandre hachée et placez ce tartare sur le fromage blanc.

Placez au frais jusqu'au moment de servir.

Tartare de légumes

Préparation : 20 minutes • Repos : 2 heures • Difficulté : ★ Budget : ★

Pour 6 verrines

1 courgette ✤ 1 carotte ✤ 1 tomate ✤ 1 concombre ✤ 100 g de petits pois (surgelés) ✤ 50 g de haricots verts (surgelés) ✤ 10 brins de ciboulette ✤ 2 cuil. à soupe d'huile d'olive ✤ Le jus de 1 citron ✤ Sel et poivre

Lavez les légumes et séchez-les. Faites décongeler les petits pois et les haricots verts séparément.

Pelez le concombre et la carotte puis taillez-les en tout petits dés. Faites de même avec la courgette non pelée.

Émincez les haricots verts en fines rondelles.

Enlevez le pédoncule de la tomate, coupez-la en quatre. Ôtez la pulpe, puis taillez la chair en tout petits dés.

Ciselez la ciboulette (conservez quelques brins pour la décoration).

Mélangez tous les légumes en les salant et en les poivrant. Ajoutez l'huile d'olive et le citron pressé. Mélangez à nouveau. Placez au réfrigérateur pendant 2 heures au minimum.

Au moment de servir, versez un peu de préparation dans chaque verrine et décorez avec quelques brins de ciboulette.

Tartare de Saint-Jacques et pistaches grillées

Préparation : 15 minutes • Difficulté : ★ Budget : ★★

Pour 2 à 4 verrines

½ bouquet d'aneth ✤ ½ échalote ✤ 1 cm de gingembre frais ✤ Piment rouge doux frais ✤ Wasabi ✤ 12 noix de Saint-Jacques ✤ Coriandre en grains ✤ 1 cuil. à soupe d'huile d'argan ✤ 2 cuil. à soupe d'huile de pépins de raisin ✤ Le jus de ½ citron vert ✤ Pistaches concassées ✤ 1 galette de sarrasin ✤ Fleur de sel ✤ Poivre du moulin

Lavez et ciselez l'aneth. Épluchez et taillez l'échalote finement. Pelez et taillez le gingembre en petits dés ainsi qu'un petit morceau de piment.

Disposez le tout dans un saladier et mélangez avec une pointe de wasabi.

Taillez les noix de Saint-Jacques en petits cubes et ajoutez-les au saladier. Versez le jus de citron. Assaisonnez d'un peu de fleur de sel et incorporez le poivre noir et 6 grains de coriandre écrasés. Versez enfin les huiles et mélangez le tout délicatement.

Disposez le tartare de Saint-Jacques dans les verrines, filmez-les et déposez-les au réfrigérateur 30 minutes minimum. Au moment de servir, parsemez les tartares de Saint-Jacques de quelques pistaches concassées et accompagnez de morceaux de galette de sarrasin tièdes.

Tartare de veau

Préparation : 15 minutes • Difficulté : ★ Budget : ★★

Pour 4 verrines

250 g de viande de veau (noix) ✤ ½ citron non traité ✤ 1 cuil. à café d'huile d'argan ✤ ½ bouquet de coriandre ✤ ¼ botte de ciboulette ✤ 1 oignon vert (petit) ✤ 1 cm de gingembre frais ✤ 1 cuil. à soupe de poivron rouge (en dés) ✤ 1 cuil. à café de piment doux (en dés) ✤ 1 cuil. à café d'huile de pépins de raisin

Préparez le veau : détaillez-le en petits dés ou hachez-le au hachoir à viande. Disposez le veau dans une assiette creuse et arrosez-le de jus de citron. Ajoutez un trait d'huile d'argan et assaisonnez de fleur de sel et de poivre du moulin. Laissez mariner au réfrigérateur.

Pendant ce temps, lavez et ciselez la coriandre et la ciboulette. Épluchez et taillez finement l'oignon vert. Épluchez et râpez le gingembre.

Dans un saladier, mélangez l'oignon, la coriandre, la ciboulette, les dés de poivron et de piment ainsi que le gingembre.

Incorporez délicatement le veau haché au saladier et versez un filet d'huile de pépins de raisins. goûtez et rectifiez l'assaisonnement si nécessaire. Dressez le tartare de veau dans les verrines puis filmez-les et déposez-les au réfrigérateur, 10 minutes environ. Au moment de servir, assaisonnez vos verrines d'un tour de moulin à poivre et d'un peu de fleur de sel. Parsemez d'herbes fraîches.

Tartare de thon aux lentilles corail

Préparation : 20 minutes • Repos : 1 heure
Cuisson : 10 minutes • Difficulté : ★ Budget : ★★★

Pour 6 verrines

450 g de thon cru ✤ 3 cuil. à soupe d'huile d'olive ✤ 1 cuil. à soupe de vinaigre balsamique ✤ Coriandre ✤ 3 échalotes ✤ 180 g de lentilles corail ✤ 1 citron non traité ✤ Sel et poivre

Coupez le thon en petits dés.

Arrosez-le de 2 cuil. à soupe d'huile d'olive et de vinaigre. Salez, poivrez, ajoutez 1 cuil. à soupe de coriandre ciselée et les échalotes hachées. Mélangez bien et réservez au frais 1 heure.

Faites cuire les lentilles dans une casserole d'eau bouillante, pendant 10 minutes : elles doivent rester légèrement croquantes. Égouttez-les, puis arrosez-les de 1 cuil. à soupe d'huile d'olive, salez et réservez.

Répartissez les lentilles dans les verrines et déposez dessus le tartare de thon. Arrosez d'un filet de jus de citron, décorez de zestes de citron et servez.

Tartares de saumon et d'avocat

Préparation : 20 minutes • Cuisson : 5 minutes
Difficulté : ★ Budget : ★★

Pour 4 verrines

1 avocat bien mûr ✤ 180 g de saumon fumé en dés ✤ 1 cuil. à soupe de crème fraîche épaisse ✤ Aneth ✤ 2 tomates ✤ 1 cuil. à café de pignons de pin ✤ 1 cuil. à soupe d'huile d'olive ✤ 2 cuil. à café de vinaigre balsamique

Épluchez l'avocat et coupez-le en cubes.

Mélangez-le aux dés de saumon, à la crème épaisse et ajoutez l'aneth frais ciselé.

Répartissez dans les verrines.

Coupez les tomates en cubes, retirez les pépins et placez les cubes sur le tartare de saumon.

Faites griller les pignons à sec dans une poêle et répartissez-les dans les verrines.

Préparez une vinaigrette avec l'huile et le vinaigre balsamique et versez-la sur les tomates.

Tchoutchouka

Préparation : 20 minutes • Cuisson : 33 minutes
Difficulté : ★ Budget : ★

Pour 4 verrines

2 oignons ✤ Huile d'olive ✤ 1 poivron rouge ✤ 1 poivron vert ✤ 2 tomates ✤ ½ cuil. à café de cumin en poudre ✤ 3 œufs ✤ Sel

Épluchez et émincez les oignons. Faites-les blondir dans de l'huile d'olive.

Pendant ce temps, épépinez les poivrons et coupez-les en lamelles, puis ajoutez-les aux oignons.

Salez, versez ½ verre d'eau et laissez mijoter à couvert 15 à 20 minutes.

Ajoutez les tomates coupées en dés et le cumin. Laissez mijoter encore 5 minutes. Il ne doit plus rester beaucoup de liquide ; si ce n'est pas le cas, laissez encore sur le feu pendant 5 minutes à découvert. Battez les œufs en omelette et versez-les sur les légumes, mélangez et laissez cuire 3 minutes. Servez avec des toasts grillés.

Thon sur fromage aux herbes

Préparation : 15 minutes • Difficulté : ★ Budget : ★

Pour 4 verrines

400 g de faisselle ✤ 2 cuil. à soupe d'huile d'olive ✤ Ciboulette ✤ Basilic ✤ 8 olives vertes dénoyautées ✤ 140 g de thon au naturel en boîte ✤ 1 tomate ✤ 2 tomates cerise ✤ Sel et poivre

Égouttez la faisselle, ajoutez 1 cuil. à soupe d'huile d'olive, un peu de ciboulette ciselée et de basilic haché et les olives coupées en morceaux. Salez et poivrez. Réservez.

Égouttez le thon, ajoutez 1 cuil. à soupe d'huile d'olive, de la ciboulette et du basilic ciselés.

Versez le fromage aux herbes dans les verrines. Déposez sur le fromage 1 rondelle de tomate puis le thon.

Décorez avec la moitié d'1 tomate cerise, 1 olive et 1 petite feuille de basilic. Servez bien frais.

Tarte fine tomates-mozzarella

Préparation : 20 minutes • Cuisson : 30 minutes
Difficulté : ★ Budget : ★

Pour 6 personnes

4 tomates ✣ 250 g de mozzarella ✣ 1 pâte feuilletée ✣ 3 cuil. à soupe d'huile d'olive ✣ 2 cuil. à soupe de basilic ✣ Roquette ✣ Sel

Coupez les tomates et la mozzarella en fines rondelles à l'aide d'une mandoline. Coupez la pâte feuilletée en 6 rectangles, et mettez-les sur une plaque de cuisson recouverte de papier sulfurisé. Placez, au milieu, les rondelles de tomates et de mozzarella en alternance. Arrosez d'un filet d'huile d'olive, salez et saupoudrez de basilic haché.

Mettez au four 30 minutes à 180 °C (th. 6). Placez quelques feuilles de roquette sur le dessus, juste avant de servir.

Terrine de veau aux bettes

Préparation : 20 minutes • Cuisson : 1 heure
Difficulté : ★ Budget : ★★

Pour 8 personnes

1 botte de bettes ✣ ½ bouquet de persil plat ✣ Beurre ✣ 180 g de pâte brisée ✣ 4 escalopes de veau ✣ 100 g de mie de pain rassis ✣ 20 cl de lait ✣ 3 œufs ✣ Noix de muscade ✣ 4 tranches de jambon cuit (sans gras) ✣ 100 g de pignons de pin ✣ Sel et poivre

Lavez les feuilles des bettes et le persil. Préchauffez le four à 180 °C (th. 6). Beurrez un moule à cake et tapissez-le avec la pâte brisée. Hachez le veau avec la mie de pain trempée dans le lait et essorée et le persil. Ajoutez les œufs, du sel, du poivre et un peu de muscade. Incorporez le jambon coupé en lanières, les bettes ciselées et les pignons de pin. Tassez la préparation dans le moule, lissez la surface. Placez la terrine au bain-marie dans un grand plat rempli d'eau bouillante. Faites cuire 1 heure. Faites refroidir avant de démouler.

Toasts grillés et tartare de légumes

Préparation : 20 minutes • Cuisson : 5 minutes
Difficulté : ★ Budget : ★

Pour 6 personnes

2 tomates ✣ 1 avocat ✣ 2 cuil. à soupe de jus de citron ✣ 5 cuil. à soupe d'huile d'olive ✣ 1 cuil. à café de basilic ✣ 1 baguette ✣ 1 gousse d'ail ✣ Fleur de sel et poivre

Lavez les tomates, épépinez-les et coupez-les en petits dés. Coupez l'avocat en dés, arrosez-le de jus de citron puis ajoutez les tomates, 2 cuil. à soupe d'huile et le basilic. Réservez au frais. Coupez la baguette en tronçons. Épluchez la gousse d'ail, réduisez-la en purée et mélangez-la à l'huile restante. Avec un pinceau, badigeonnez 1 face des toasts et mettez-les à griller sur cette face. Dès que le pain est bien doré, retournez-le et faites griller l'autre côté. Laissez refroidir les toasts 5 minutes puis déposez le tartare de tomate et d'avocat. Saupoudrez de fleur de sel, poivrez et servez aussitôt.

Tomates cocktail aux crevettes

Préparation : 30 minutes • Difficulté : ★ Budget : ★

Pour 6 personnes

25 tomates cocktail ✣ 1 cuil. à soupe de mayonnaise ✣ 1 jaune d'œuf ✣ 150 g de crevettes grises ✣ Persil plat

Lavez les tomates soigneusement pour ne pas perdre la queue. Ouvrez-les aux deux tiers et évidez-les. Vous pouvez également couper une fine pastille sous les tomates pour les aider à tenir droit sur le plat.

Travaillez la mayonnaise avec le jaune d'œuf, ajoutez les crevettes et 1 cuil. à soupe de persil ciselé. Remplissez les tomates cocktail de cette préparation, placez 1 feuille de persil et refermez les tomates. Réservez au frais.

Tartelettes bicolores aux tomates cerises

Préparation : 20 minutes • Cuisson : 15 minutes
Difficulté : ★ Budget : ★

Pour 6 personnes

1 pâte feuilletée ✤ 100 g de chèvre frais ✤ 250 g de tomates cerise ✤ Pesto rosso ✤ Origan séché

Préchauffez le four à 200 °C (th. 6-7).

Déroulez la pâte feuilletée. À l'aide d'un verre de 4 ou 5 cm de diamètre, découpez des cercles. Placez ces cercles de pâte dans les alvéoles d'un moule à mini tartelettes. Piquez-les à l'aide d'une fourchette.

Répartissez dans la moitié des fonds de pâte, 1 cuil. à café de chèvre frais et dans le reste 1 cuil. à café de pesto rosso. Enfoncez à la surface de chaque tartelette une moitié de tomate cerise.

Saupoudrez d'origan et faites cuire 10 à 15 minutes.

Tartelettes mangues et crevettes

Préparation : 25 minutes • Cuisson : 15 minutes
Difficulté : ★★ Budget : ★★

Pour 5 personnes

1 pâte sablée
Pour la garniture : ✤ 2 mangues ✤ Huile d'olive ✤ 2 cuil. à café de paprika ✤ 10 crevettes (cuites et décortiquées) ✤ 2 cuil. à café de sucre ✤ 1 cuil. à soupe de persil (ciselé) ✤ Sel et poivre

Préchauffez le four à 180 °C (th. 6). Piquez la pâte sablée avec les dents d'une fourchette. Foncez les moules à tartelette avec la pâte sablée puis enfournez 15 minutes.

Détaillez les mangues en dés, faites-les dorer à feu vif dans une poêle contenant un filet d'huile d'olive. Saupoudrez de paprika, salez et poivrez puis réservez.

Dans la même poêle versez un filet d'huile d'olive puis ajoutez les crevettes. Saupoudrez avec le sucre en poudre et laissez caraméliser légèrement. Salez et poivrez.

Disposez 1 cuil. à soupe de mangue rôtie dans chaque fond des tartelettes, ajoutez 1 crevette puis saupoudrez de persil.

Tatins d'oignons rouges et balsamique

Préparation : 30 minutes • Cuisson : 30 minutes
Difficulté : ★★ Budget : ★

Pour 6 personnes

4 oignons rouges ✤ 1 cuil. à soupe d'huile d'olive ✤ 1 cuil. à café d'origan ✤ 1 cuil. à soupe de sucre ✤ 2 cuil. à soupe de vinaigre balsamique ✤ 1 pâte feuilletée ✤ Sel et poivre

Épluchez et émincez les oignons, faites-les revenir dans l'huile d'olive pour qu'ils dorent légèrement. Laissez-les fondre sur feu doux pendant 10 minutes. Salez, poivrez et ajoutez l'origan. Laissez tiédir.

Préchauffez le four à 180 °C (th. 6). Mettez une pincée de sucre dans 12 empreintes à tartelette en silicone, puis versez quelques gouttes de vinaigre balsamique. Répartissez les oignons cuits puis découpez des disques de pâte feuilletée de la taille des empreintes, piquez-les avec une fourchette puis placez-les sur les oignons.

Mettez au four pour 20 minutes. À la sortie du four, attendez 10 minutes puis retournez-les une à une sur une spatule. Servez chaud ou froid.

Terrine de foies de volaille aux noisettes

Préparation : 20 minutes • Repos : 15 heures
Cuisson : 50 minutes • Difficulté : ★ Budget : ★★

Pour 4 personnes

50 g de noisettes ✤ 300 g de foies de volaille ✤ 300 g de viande de porc hachée ✤ 2 cuil. à soupe de persil haché ✤ 1 feuille de laurier ✤ 1 cuil. à soupe d'huile de noisette ✤ 2 gousses d'ail ✤ 1 échalote ✤ 1 œuf ✤ 10 cl de crème liquide ✤ Sel et poivre

Torréfiez les noisettes dans un four à 220 °C (th. 7-8) pendant 5 minutes, réservez. Mixez les foies de volaille. Mélangez-les à la viande de porc hachée, ajoutez le persil, la feuille de laurier, l'huile de noisette, l'ail et l'échalote hachés. Couvrez d'un film alimentaire et laissez reposer 3 heures au frais.

Retirez la feuille de laurier et incorporez l'œuf et la crème, salez et poivrez. Ajoutez les noisettes et remplissez les cocottes. Mettez-les à cuire 45 minutes à 180 °C (th. 6) dans un bain-marie. À la sortie du four, laissez refroidir à température ambiante puis placez au frais 12 heures.

Servez accompagné de salade et de pain de campagne.

Tempuras

Préparation : 20 minutes • Repos : 1 heure • Cuisson : 15 minutes • Difficulté : ★ Budget : ★

Pour 6 personnes

230 g de farine ✤ 2 jaunes d'œufs ✤ 12 crevettes (grosses et crues) ✤ 1 courgette (petite) ✤ 1 oignon rouge ✤ 1 brocoli (petit) ✤ Huile pour friture ✤ 1 cuil. à soupe de sauce soja ✤ 1 cuil. à soupe d'huile de sésame

Réservez 3 cuil. à soupe de farine. Mélangez les jaunes d'œufs et 34 cl d'eau puis ajoutez la farine petit à petit en mélangeant en même temps. Placez au frais 1 heure.

Équeutez les crevettes en laissant l'extrémité des queues. Coupez la courgette en rondelles sans l'éplucher. Épluchez et coupez l'oignon en rondelles, séparez chaque anneau d'oignon. Séparez le brocoli en petits bouquets, lavez-les et séchez-les.

Mettez le bain de friture à chauffer. Farinez chaque ingrédient avant de les tremper dans la pâte à tempura puis plongez-les dans le bain de friture pendant 2 ou 3 minutes, les tempuras doivent rester pâles. Ils ne doivent pas dorer. Égouttez-les et déposez-les 5 minutes sur du papier absorbant.

Servez aussitôt accompagné d'une sauce composée de 1 cuil. à soupe de sauce soja et de 1 cuil. à soupe d'huile de sésame.

Tiramisu à l'armoricaine

Préparation : 20 minutes • Repos : 2 heures • Difficulté : ★ Budget : ★★

Pour 4 personnes

250 g de mascarpone ✣ 2 cuil. à soupe de concentré de tomates ✣ 1 échalote ✣ 1 bouquet de ciboulette ✣ Ail en poudre ✣ 4 blancs d'œufs ✣ 200 g de queues d'écrevisse cuites ✣ 200 g de chair de crabe ✣ Sel et poivre

Ajoutez au mascarpone le concentré de tomate, l'échalote finement émincée et le bouquet de ciboulette ciselé. Mélangez l'ensemble. Parsemez de sel, poivre et d'un peu d'ail en poudre.

Montez les blancs d'œufs en neige bien fermes.

Incorporez-les à la préparation au mascarpone et mélangez délicatement.

Répartissez au fond de 4 verrines les queues d'écrevisses et déposez ensuite la préparation mousseuse au mascarpone. Recouvrez le dessus avec la chair de crabe.

Placez au moins 2 heures au réfrigérateur avant de déguster.

Toast de foie gras au figue sur lit de confit d'oignon

Préparation : 30 minutes • Cuisson : 30 minutes • Difficulté : ★ Budget : ★★★

Pour 6 personnes

Pour le confit : ✥ 500 g d'oignons rouges ✥ 2 cuil. à soupe d'huile d'olive ✥ 2 cuil. à soupe de sucre de canne ✥ 5 cl de vinaigre de framboise ✥ Sel et poivre
1 baguette ✥ 200 g de foie gras ✥ 3 figues

Coupez les oignons en fines lamelles. Faites chauffer de l'huile d'olive dans une sauteuse et faites-y blondir les oignons à feu doux.

Saupoudrez de sucre de canne, mélangez puis ajoutez le vinaigre. Salez, poivrez et laissez compoter 30 minutes à feu très doux en mélangeant de temps en temps. Le confit prend une belle couleur brune.

Conservez le confit dans un bocal à confiture, laissez refroidir.

Coupez la baguette en tronçons, en biseau, et faites-les griller. Coupez le foie gras en tranches puis les tranches en 3 ou 4 morceaux. Déposez du confit d'oignons sur le pain, puis un morceau de foie gras et décorez d'une tranche épaisse de figue.

Tomates séchées

Préparation : 30 minutes • Cuisson : 6 heures
Difficulté : ★ Budget : ★

Pour 1 bocal

1,5 kg de tomates roma ✤ 2 cuil. à café de sucre ✤ 1 cuil. à café de romarin ✤ 1 branche de thym ✤ 15 cl d'huile d'olive ✤ 2 cuil. à café de sel

Préchauffez le four à 100 °C (th. 3-4).

Lavez les tomates, coupez-les en deux et épépinez-les. Salez-les légèrement puis saupoudrez-les de sucre. Placez-les, côté coupé en bas, sur une plaque de cuisson, recouvertes de papier sulfurisé. Mettez-les à sécher dans un four pendant 5 à 6 heures à 100 °C (th. 3-4). Laissez-les refroidir.

Placez les tomates dans un bocal avec les herbes, puis couvrez-les d'huile d'olive et fermez hermétiquement.

Torsades au parmesan

Préparation : 30 minutes • Cuisson : 15 minutes
Difficulté : ★ Budget : ★

Pour 12 pièces

1 pâte feuilletée ✤ 1 jaune d'œuf ✤ 2 cuil. à soupe de parmesan râpé

Coupez la pâte en deux en son milieu. Badigeonnez d'œuf et superposez les 2 moitiés. Coupez des bandes de 1,5 cm de large sur 15 cm de long. Badigeonnez-les de jaune d'œuf dilué avec 1 cuil. à café d'eau.

Préchauffez le four à 200 °C (th. 6-7).

Tournez la bande de pâte sur elle-même pour former une torsade, déposez-la sur une plaque de cuisson recouverte d'une feuille de papier sulfurisé. Saupoudrez-les de parmesan puis mettez au four pour 15 minutes.

Dégustez chaud ou froid.

Tortillas chips

Préparation : 30 minutes • Cuisson : 12 minutes
Difficulté : ★ Budget : ★

Pour 6 personnes

120 g de farine de blé ✤ 100 g de farine de maïs ✤ 1 cuil. à café de sel ✤ 2 cuil. à soupe d'huile d'olive ✤ 1 cuil. à café de paprika ✤ ½ cuil. à café de piment d'Espelette en poudre

Préchauffez le four à 180 °C (th. 6).

Mélangez les farines, ½ cuil. à café de sel puis versez 9 cl d'eau mélangée à l'huile d'olive. Mélangez jusqu'à l'obtention d'une boule de pâte homogène non collante.

Étalez la pâte très finement sur un plan de travail légèrement fariné.

Découpez des triangles et déposez-les sur une plaque de cuisson recouverte de papier sulfurisé. Mélangez le paprika, le piment d'Espelette et ½ cuil. à café de sel, saupoudrez ce mélange sur les triangles de pâte. Mettez-les au four pendant 12 minutes à 180 °C (th. 6). Puis laissez refroidir dans le four éteint et entrouvert. Servez avec du guacamole ou une sauce chili.

Verrines à la japonaise

Préparation : 30 minutes • Cuisson : 30 minutes
Difficulté : ★★ Budget : ★★

Pour 12 verrines

50 g de riz rond ✤ 1 cuil. à soupe de vinaigre de riz ✤ 2 cuil. à café de sucre ✤ 2 feuilles de nori ✤ 100 g de saumon fumé ✤ ½ avocat ✤ Wasabi ✤ Sauce soja ✤ Sel

Lavez le riz dans l'eau froide et égouttez-le bien. Mettez-le dans une casserole avec 2 fois son volume en eau salée. Portez à ébullition et laissez bouillir 2 minutes. Baissez le feu, couvrez et laissez cuire pendant 20 à 30 minutes. Le riz doit avoir absorbé l'eau et être collant.

Dans une tasse, mélangez le vinaigre de riz et le sucre puis ajoutez-les au riz. Coupez les feuilles de nori ainsi que le saumon à la dimension de vos verrines. Épluchez et taillez l'avocat en bâtonnets.

Alternez dans vos verrines une couche de riz, une couche de saumon, une couche d'avocat, les feuilles de nori et du wasabi (juste une petite pointe). Couvrez avec du film alimentaire et placez au frais. Servez accompagné de sauce soja qu'il suffira de verser sur la verrine selon ses goûts.

Terrine des alpages

Préparation : 30 minutes • Cuisson : 1 heure
Difficulté : ★ Budget : ★

Pour 4 personnes

600 g de pommes de terre ✤ 3 œufs ✤ 20 cl de crème liquide ✤ 150 g de fromage à raclette ✤ 2 tranches de jambon blanc ✤ Sel et poivre

Préchauffez le four à 210 °C (th. 7). Faites cuire les pommes de terre 30 minutes à la vapeur. Pelez-les, puis coupez-les en rondelles. Dans un bol, battez les œufs avec la crème fraîche. Salez et poivrez.

Remplissez une terrine ou un moule à cake de couches alternées de pommes de terre, de fromage à raclette et de jambon coupé en lamelles. Versez entre chaque couche un peu de mélange de crème fraîche et d'œufs. Terminez par le fromage et arrosez du reste de préparation à la crème. Faites cuire environ 30 minutes. La crème doit être absorbée et le dessus de la terrine bien doré.

Tuiles au parmesan

Préparation : 10 minutes • Cuisson : 1 minute
Difficulté : ★ Budget : ★★

Pour 6 personnes

200 g de parmesan ✤ 1 cuil. à soupe de graines de pavot ✤ 1 cuil. à soupe de graines de cumin

Râpez le parmesan. Faites chauffer une poêle antiadhésive et déposez de petits tas de parmesan à l'aide d'une cuillère à café, étalez-les.

Lorsque le fromage commence à fondre, saupoudrez d'un peu de graines de pavot ou de graines de cumin.

Dès que les tuiles commencent à dorer, retirez-les à l'aide d'une spatule et déposez-les sur une plaque de cuisson recouverte de papier sulfurisé ou sur un rouleau à pâtisserie pour les courber légèrement. Laissez durcir.

Wraps de poulet

Préparation : 20 minutes • Difficulté : ★ Budget : ★★

Pour 4 verrines

2 carottes ✤ 1 concombre ✤ 1 avocat ✤ 1 laitue ✤ 2 blancs de poulet rôti ✤ 200 g de tome jeune ✤ 8 tortilla (crêpes) ✤ Ciboulette ✤ Sauce soja ✤ Sauce aigre-douce

Épluchez les carottes, le concombre et l'avocat, et coupez-les en bâtonnets. Lavez et effeuillez la laitue. Coupez les blancs de poulet et le fromage en lamelles.

Disposez une galette sur une assiette, déposez-y une feuille de laitue, quelques brins de ciboulette puis quelques lamelles de crudités et de poulet en son milieu. Roulez la galette en rabattant les bords afin d'obtenir un rouleau fermé de chaque côté. Coupez-la en biais en son milieu. Déposez les 2 demi-rouleaux dans une verrine. Servez les wraps accompagnés de sauce soja ou aigre-douce.

Verrines de crabe et guacamole

Préparation : 30 minutes • Difficulté : ★ Budget : ★★★

Pour 6 verrines

3 avocats bien mûrs ✤ 1 cuil. à soupe de crème fraîche épaisse ✤ 1 citron ✤ Piment en poudre ✤ 200 g de chair de crabe ✤ 2 cuil. à soupe de mayonnaise ✤ 6 radis ✤ Sel

Placez la chair des avocats dans un bol mixeur avec la crème, le jus d'un demi-citron, une petite pincée de piment et mixez le tout jusqu'à l'obtention d'une purée bien lisse. Salez et remplissez la moitié de chaque verrine de cette purée.

Égouttez la chair de crabe, mélangez-la au jus de citron restant et à la mayonnaise. Déposez ce mélange sur le guacamole et réservez au frais.

Au moment de servir, décorez de rondelles de radis.

Thon mi-cuit en robe croquante

Préparation : 20 minutes • Repos : 1 heure
Cuisson : 2 minutes • Difficulté : ★ Budget : ★★★

Pour 12 cuillères

150 g de pavés de thon ✤ 50 g de pignons de pin ✤ 1 cuil. à soupe de sauce soja ✤ 1 cuil. à soupe de sauce chinoise légèrement pimentée ✤ Margarine

Coupez le thon en cubes. Concassez les pignons de pin dans un petit robot mixeur.

Placez les cubes de thon dans un plat et ajoutez la sauce soja et la sauce chinoise pimentée. Mélangez et laissez mariner 1 heure. Ensuite, passez-les sur le concassé de pignons de pin, sur 2 faces uniquement.

Faites chauffer un peu de margarine dans une poêle et faites cuire le thon 1 minute sur chaque face. Le centre doit rester rouge.

Surveillez la cuisson afin de ne pas brûler les pignons. Placez 1 morceau de thon par cuillère et déposez quelques gouttes de sauce pimentée légère. Servez aussitôt.

Verrines de crevettes marinées au guacamole

Préparation : 20 minutes • Marinade : 20 minutes
Difficulté : ★ Budget : ★

Pour 6 personnes

250 g de crevettes roses ✤ 2 avocats bien mûrs ✤ 2 citrons ✤ 2 cuil. à soupe d'huile d'olive ✤ Persil ✤ Paprika ✤ Piment d'Espelette en poudre ✤ Sel et poivre

Décortiquez les crevettes.

Dans un saladier, mélangez-les délicatement avec le zeste et le jus de 1 citron, l'huile d'olive et quelques brins de persil ciselé. Salez et poivrez légèrement.

Laissez les crevettes mariner une vingtaine de minutes.

Préparez le guacamole : pelez les avocats, coupez-les en dés et citronnez-les avec le jus de l'autre citron. Écrasez à la fourchette. Salez, poivrez et ajoutez une pincée de piment d'Espelette et de paprika.

Préparez les verrines : déposez une couche de guacamole au fond de chaque verrine. Ajoutez au-dessus quelques crevettes et décorez d'un brin de persil.

Verrines de farfalle crevettes et mangue

Préparation : 15 minutes • Cuisson : 8 minutes
Difficulté : ★ Budget : ★★

Pour 4 personnes

80 g de farfalle ✣ 1 cuil. à soupe d'huile d'olive ✣ 1 cuil. à soupe de vinaigre balsamique ✣ ½ mangue bien mûre ✣ 16 crevettes cuites ✣ Sel et poivre

Faites bouillir 1 l d'eau salée dans une casserole et faites-y cuire les farfalle al dente (elles doivent rester un peu croquantes). Stoppez la cuisson et refroidissez-les en les passant sous l'eau froide dans une passoire, puis versez-les dans un bol et assaisonnez-les avec l'huile, le vinaigre, le sel et le poivre.

Pelez la mangue et prélevez-en une belle tranche dans laquelle vous découperez des allumettes. Décortiquez les crevettes en laissant la queue attachée à la chair.

Répartissez les pâtes, les crevettes et les allumettes de mangue dans les verrines. Réservez au réfrigérateur jusqu'au moment de servir.

Verrines de fèves en salade et feta

Préparation : 10 minutes • Cuisson : 5 minutes
Difficulté : ★ Budget : ★

Pour 6 personnes

300 g de fèves (écossées, surgelées) ✣ ½ botte d'oignons cébettes ✣ 2 cuil. à soupe d'huile d'olive ✣ 1 cuil. à soupe de vinaigre balsamique ✣ 100 g de feta ✣ Sel et poivre

Plongez les fèves dans une grande casserole d'eau bouillante salée et faites-les cuire 5 minutes environ à partir de l'ébullition. Égouttez-les et réservez.

Dans un saladier, mélangez l'huile, le vinaigre, du sel et du poivre. Ajoutez les cébettes épluchées et hachées. Mélangez avec les fèves.

Répartissez dans chaque verrine quelques cuillères de salade de fèves et ajoutez au-dessus des dés de feta.

Whoopies tapenade-chèvre

Préparation : 20 minutes • Cuisson : 20 minutes • Difficulté : ★ Budget : ★

Pour 15 whoopies

100 g de beurre mou ✣ 1 œuf ✣ 250 g de farine ✣ ½ sachet de levure chimique ✣ 3 cuil. à soupe de tapenade noire ✣ 3 chèvres demi-sec

Fouettez le beurre avec l'œuf pour obtenir une pâte lisse. Ajoutez la farine et la levure tamisées. Mélangez l'ensemble. Déposez la tapenade et mélangez de nouveau.

Préchauffez le four à 180 °C (th. 6).

Recouvrez 2 plaques de cuisson de papier sulfurisé.

Formez à l'aide d'une poche à douille lisse, une trentaine de tas de pâte.

Enfournez chaque plaque pour 10 minutes de cuisson. Laissez refroidir dès la sortie du four.

Découpez des petites tranches de chèvre et intercalez-les entre 2 biscuits à la tapenade. Servez à température ambiante à l'apéritif.

Whoopies tomate séchée-crème de parmesan

Préparation : 20 minutes • Cuisson : 20 minutes • Difficulté : ★ Budget : ★

Pour 15 whoopies

Pour la base : 1 œuf ✤ 100 g de beurre mou ✤ 250 g de farine ✤ ½ sachet de levure chimique ✤ 10 cl de lait ✤ 75 g de caviar de tomates séchées ✤ Sel

Pour la crème de parmesan : 250 g de mascarpone ✤ 75 g de parmesan râpé ✤ 5 feuilles de basilic

Battez l'œuf en omelette et ajoutez le beurre. Fouettez l'ensemble afin d'obtenir un mélange lisse. Ajoutez la farine et la levure tamisées puis mélangez en versant le lait. Ajoutez pour finir le caviar de tomates séchées. Salez si nécessaire.

Préchauffez le four à 180 °C (th. 6).

Chemisez 2 plaques de cuisson avec du papier sulfurisé. Déposez la pâte à whoopies dans une poche avec une douille lisse. Réalisez une trentaine de tas réguliers. Enfournez les plaques l'une après l'autre. Faites-les cuire chacune 10 minutes. Laissez refroidir dès la sortie du four.

Préparez la crème de parmesan. Mélangez délicatement le mascarpone avec le parmesan râpé et les feuilles de basilic très finement ciselées. Déposez une cuil. à café de crème de parmesan sur un whoopie, déposez-en un second sur le dessus et soudez les 2 parties en pressant légèrement l'ensemble. Réalisez ainsi une quinzaine de whoopies salés. Dégustez.

Verrines de foie gras au miel de fruits secs

Préparation : 10 minutes • Cuisson : 10 minutes • Difficulté : ★ Budget : ★★

Pour 4 personnes

50 g de foie gras (canard ou oie au choix) ✤ Fruits secs entiers mélangés (cerneaux de noix, figues, pistaches, abricots) ✤ 3 cuil. à soupe de miel de châtaignier (ou miel de mille fleurs) ✤ 1 cuil. à soupe de jus de citron ✤ 2 tranches de pain d'épices

Coupez les figues et les abricots secs en petits cubes. Concassez grossièrement les noix et les pistaches.

Versez le miel dans une casserole et faites-le chauffer sur feu doux. Dès qu'il commence à mousser, ajouter les fruits secs et mélangez 5 minutes. Ajoutez le jus de citron, remuez et retirez du feu. Laissez refroidir.

Dressez les verrines : déposez une couche de miel de fruits secs dans le fond de chaque verrine et recouvrez de copeaux de foie gras.

Accompagnez ces verrines de pain d'épices toasté coupé en petits bâtonnets.

Verrines de gaspacho

Préparation : 15 minutes • Difficulté : ★ Budget : ★

Pour 4 personnes

4 tomates ✤ 1 concombre ✤ ½ poivron rouge ✤ 1 gousse d'ail ✤ 1 oignon (moyen) ✤ 2 tranches de baguette (de pain rassis) ✤ 6 cuil. à soupe d'huile d'olive ✤ 3 cuil. à soupe de vinaigre de vin ✤ Persil ✤ Sel et poivre

Mettez dans le bol du mixeur le concombre épluché et coupé en morceaux, les tomates pelées, l'oignon, le poivron, l'ail et le pain. Mixez jusqu'à l'obtention d'une soupe. Ajoutez l'huile et le vinaigre. Salez et poivrez. Mixez à nouveau.

Versez le gaspacho ainsi obtenu dans un saladier recouvert d'un film étirable et entreposez-le au réfrigérateur durant 1 heure minimum.

Versez le gaspacho dans les verrines et décorez avec un brin de persil. Servez très frais.

Verrines fraîcheur aux filets de canard fumé

Préparation : 20 minutes • Difficulté : ★ Budget : ★★

Pour 6 verrines

1 tomate ✤ ¼ de concombre ✤ ¼ de poivron jaune ✤ 1 cuil. à soupe d'huile d'olive ✤ 1 cuil. à café de basilic ✤ 150 g de chèvre frais ✤ 100 g de ricotta ✤ 1 cuil. à café d'herbes de Provence ✤ 30 filets de canard fumé ✤ graines germées ✤ Sel et poivre

Épépinez et coupez la chair de la tomate en petits dés. Faites la même chose pour le concombre et le poivron. Arrosez-les d'huile d'olive, salez, saupoudrez de basilic et répartissez-les dans 6 petites verrines.

Mélangez le fromage de chèvre et la ricotta. Ajoutez les herbes de Provence, poivrez, puis déposez le fromage sur les légumes.

Roulez les filets de canard fumé sur eux-mêmes et placez-les dans les verrines.

Décorez de graines germées et réservez au frais.

Verrines océanes

Préparation : 30 minutes • Cuisson : 6 minutes
Difficulté : ★ Budget : ★★

Pour 4 verrines

120 g de pâtes perles (petites) ✤ 10 cl de crème liquide allégée ✤ 2 cuil. à soupe de mayonnaise ✤ 2 branches d'aneth ✤ 3 tomates ✤ 1 cuil. à soupe d'huile d'olive ✤ ½ cuil. à café de vinaigre balsamique ✤ 100 g de crevettes roses (petites) ✤ 2 tranches de saumon fumé ✤ 1 filet de hareng fumé ✤ Sel et poivre

Faites cuire les petites pâtes al dente 6 minutes dans de l'eau bouillante salée. Une fois égouttées, passez-les sous l'eau froide afin de les refroidir. Versez les pâtes dans un plat, ajoutez la crème, la mayonnaise, la moitié de l'aneth ciselé, salez, poivrez et mélangez.

Répartissez les pâtes dans les verrines. Épépinez les tomates et coupez leur chair en dés. Assaisonnez-les avec l'huile et le vinaigre. Répartissez les tomates dans les verrines.

Mélangez les crevettes, le saumon et le hareng coupés en morceaux et la seconde moitié d'aneth ciselé. Placez le tout dans les verrines. Décorez d'un peu d'aneth et de quelques billes de pâtes.

Verrines rouge carmine

Préparation : 20 minutes • Difficulté : ★ Budget : ★

Pour 4 verrines

3 carmines ✤ 1 betterave cuite (petite) ✤ 100 g de crevettes (petites) ✤ 2 tranches de saumon fumé ✤ 3 cuil. à soupe d'huile d'olive ✤ 1 cuil. à soupe de vinaigre balsamique ✤ 10 brins de ciboulette ✤ 10 noisettes ✤ Sel et poivre

Effeuillez les carmines, coupez les extrémités de plusieurs feuilles bien rouges à la hauteur des verrines et placez-les sur les bords. Émincez finement les autres feuilles.

Coupez la betterave en petits morceaux, mélangez-la aux feuilles de carmine, aux crevettes et au saumon coupé en morceaux. Arrosez d'huile d'olive et de vinaigre balsamique. Salez, poivrez puis placez la salade dans les verrines.

Ciselez la ciboulette, hachez grossièrement les noisettes et saupoudrez-en les verrines. Servez aussitôt.

Verrines de fèves et saumon

Préparation : 20 minutes • Cuisson : 3 minutes
Difficulté : ★ Budget : ★★

Pour 6 verrines

1 kg de fèves fraîches ✤ 3 cuil. à soupe d'huile d'olive ✤ 1 cuil. à soupe de jus de citron ✤ 2 cuil. à soupe de sauce soja ✤ Coriandre ✤ 400 g de pavés de saumon ✤ Sel et poivre

Écossez les fèves et plongez-les 2 minutes dans une casserole d'eau bouillante puis retirez leur peau.

Mélangez les fèves avec l'huile, le jus de citron, la sauce soja, de la coriandre ciselée, salez et poivrez.

Poêlez le saumon coupé en dés 1 minute dans un peu d'huile. Il doit rester cru au centre.

Salez et poivrez, puis ajoutez-le aux fèves froides et répartissez le tout dans les verrines. Servez aussitôt.

Verrines de mousse de courgettes au basilic

Préparation : 15 minutes • Cuisson : 15 minutes
Difficulté : ★ Budget : ★

Pour 4 personnes

700 g de courgettes ✤ 2 gousses d'ail ✤ Basilic ✤ 4 feuilles de gélatine ✤ 2 cuil. à soupe de jus de citron ✤ Sel et poivre

Épluchez les courgettes et coupez-les en gros dés. Pelez l'ail et retirez le germe. Faites cuire les courgettes et l'ail haché 15 minutes à la vapeur. Lavez et hachez le basilic.

Dans un blender ou un robot, versez les courgettes cuites avec l'ail et le basilic. Mixez. Ajoutez la gélatine, préalablement trempée dans l'eau et égouttée. Mixez à nouveau. Ajoutez le jus de citron, le sel, le poivre et mélangez. Versez dans les verrines et laissez refroidir avant de mettre au frais.

Verrines scandinaves

Préparation : 20 minutes • Difficulté : ★ Budget : ★★

Pour 4 verrines

1 pamplemousse ✤ 1 avocat ✤ 200 g de saumon fumé en dés ✤ Aneth ✤ Mâche ✤ 200 g de crevettes roses ✤ 1 cuil. à soupe de vinaigre de framboise ✤ 2 cuil. à soupe d'huile d'olive ✤ Baies roses

Épluchez le pamplemousse à vif afin de récolter la pulpe. Épluchez et coupez l'avocat en morceaux. Mélangez le saumon avec de l'aneth ciselé, en conservant quelques brins pour le décor.

Alternez dans les verrines, la mâche, l'avocat, le pamplemousse, le saumon et les crevettes.

Assaisonnez avec le vinaigre et l'huile et décorez les verrines avec quelques baies roses et de l'aneth.

Vermicelle de riz au surimi

Préparation : 20 minutes • Cuisson : 3 minutes
Difficulté : ★ Budget : ★

Pour 4 verrines

80 g de vermicelles de riz ✤ 200 g de surimi râpé ✤ 1 échalote ✤ Ciboulette ✤ 2 cuil. à soupe d'huile d'arachide ✤ 1 cuil. à soupe de sauce soja ✤ 16 tomates cerise ✤ Sel

Faites bouillir une casserole d'eau salée. Lorsque l'eau bout, arrêtez le feu et plongez le vermicelle de riz. Retirez-le après 3 minutes. Égouttez-le et passez-le sous l'eau froide. Essorez le vermicelle en le pressant à la main puis mettez-le dans un bol et, à l'aide de ciseaux, coupez-le en petits morceaux. Ajoutez le surimi râpé, l'échalote et la ciboulette ciselées, l'huile et la sauce soja. Salez. Coupez les tomates cerise en quatre. Répartissez la salade de vermicelle dans les verrines et ajoutez les tomates cerise. Placez au frais.

Verrines de saumons aux pommes

Préparation : 20 minutes • Difficulté : ★ Budget : ★★

Pour 6 verrines

200 g de saumon cru ✤ 200 g de saumon fumé ✤ 3 cuil. à soupe de jus de citron ✤ 1 cuil. à soupe d'huile de noisette ✤ 2 cuil. à soupe de ciboulette ✤ 2 pommes granny-smith ✤ 20 cl de crème entière à 35 % de matière grasse ✤ Œufs de saumon ✤ Sel et poivre

Coupez le saumon cru et le saumon fumé en petits dés. Arrosez-les avec 2 cuil. à soupe de jus de citron et l'huile de noisette. Ajoutez la ciboulette, poivrez légèrement et mélangez. Pelez et évidez les pommes, coupez-les en petits dés et arrosez-les avec le jus de citron restant. Montez la crème fraîche à l'aide d'un fouet pour obtenir une crème fouettée, salez et poivrez. Ajoutez les œufs de saumon en prenant soin d'en garder quelques-uns pour la décoration.

Dans les verres, disposez une couche de pomme, puis une couche de préparation au saumon, à nouveau des dés de pomme et le saumon. Terminez par 1 cuil. à soupe de crème fouettée sur le dessus. Disposez sur la crème fouettée quelques œufs de saumon et de la ciboulette pour décorer les verrines. Servez bien frais.

Tomates cerise farcies au guacamole

Préparation : 20 minutes • Difficulté : ★ Budget : ★

Pour 20 tomates

20 tomates cerise ✤ 2 avocats ✤ 1 échalote ✤ 2 citrons verts ✤ 1 piment ✤ 1 cuil. à soupe de crème fraîche épaisse ✤ Sel et poivre

Évidez les tomates, salez l'intérieur et retournez pour les laisser dégorger.

Préparez un guacamole : pelez les avocats et mixez grossièrement la chair avec l'échalote, le jus des citrons et le piment écrasé.

Ajoutez la crème en soulevant la masse. Salez, poivrez.

Garnissez l'intérieur des tomates avec la préparation aux avocats.

Abricots à la meringue et à la crème

Préparation : 25 minutes • Cuisson : 20 minutes
Difficulté : ★ Budget : ★

Pour 4 personnes

55 cl de lait d'amande ✤ 1 cuil. à café de vanille en poudre ✤ 3 œufs ✤ 125 g de sucre ✤ 50 g de farine ✤ 8 abricots ✤ Sel

Préchauffez le four à 160 °C (th. 5-6).

Faites bouillir le lait avec la vanille. Séparez les blancs des jaunes d'œufs. Fouettez les jaunes d'œufs avec 75 g de sucre puis ajoutez la farine. Versez le lait en remuant puis remettez sur le feu. Faites épaissir la crème sans cesser de remuer jusqu'aux premiers bouillons. Coupez les abricots en deux puis ôtez les noyaux.

Montez les blancs d'œufs en neige avec 2 pincées de sel puis incorporez le sucre restant en continuant de fouetter.

Dans un moule, versez la crème, placez les abricots côté peau sur le dessous puis recouvrez des blancs d'œufs. Enfournez pour 10 à 15 minutes jusqu'à coloration de la meringue. Dégustez.

Allumettes chocolatées

Préparation : 20 minutes • Cuisson : 25 minutes
Difficulté : ★ Budget : ★★

Pour 30 biscuits

50 g de chocolat noir ✤ 120 g de pâte d'amandes ✤ 60 g de sucre glace ✤ 100 g de poudre d'amandes ✤ 1 cuil. à soupe de cacao en poudre ✤ 50 g de farine Pour la finition : 1 jaune d'œuf ✤ 100 g de chocolat noir de couverture

Faites fondre le chocolat au bain-marie puis ajoutez la pâte d'amandes coupée en morceaux. Placez le tout dans le bol d'un robot muni d'un crochet pétrisseur et ajoutez tous les autres ingrédients. Mettez le robot à pétrir en vitesse lente jusqu'à l'obtention d'une boule de pâte homogène.

Préchauffez le four à 150 °C (th. 6). Divisez la pâte en 4 parts et, sur le plan de travail fariné, formez des rouleaux de 2 cm de diamètre, puis coupez des boudins de 5 cm de long. Déposez les boudins sur une plaque de cuisson recouverte de papier sulfurisé, badigeonnez-les de jaune d'œuf dilué avec 1 cuil. à café d'eau et mettez au four pour 15 minutes. Laissez refroidir sur une grille. Faites fondre le chocolat au bain-marie, puis trempez-y l'extrémité des biscuits et laissez-les durcir sur une feuille de papier sulfurisé.

Assiette de fromages et son chutney de figues

Préparation : 20 minutes • Cuisson : 40 minutes • Difficulté : ★ Budget : ★

Pour 4 personnes

1 camembert ✣ 1 petit chèvre frais ✣ 1 roquefort ✣ 1 beaufort ✣ 1 grappe de raisin ✣ 1 cuil. à soupe de noisette ✣ 1 cuil. à soupe de noix ✣ 4 pains aux céréales (ou noix)

Pour le chutney de figues : 300 g de figues ✣ 1 oignon rouge (petit) ✣ 60 g de sucre roux ✣ 8 cl de vinaigre de cidre ✣ 2 g de sel

Pour le chutney, lavez et coupez les figues en morceaux. Pelez et hachez finement l'oignon.

Placez le tout dans une casserole, ajoutez le sucre, le vinaigre, salez, mélangez bien et laissez cuire 30 à 40 minutes sur feu doux, en mélangeant régulièrement. Laissez refroidir et réservez dans un pot.

Dressez les ardoises, disposez un morceau de chaque fromage, du raisin, quelques noisettes et noix, servez avec une coupelle de chutney et un petit pain.

Baba au rhum

Préparation : 30 minutes • Cuisson : 30 minutes • Difficulté : ★ Budget : ★★

Pour 6 personnes

Pour la crème : 20 cl de lait ✣ 2 jaunes d'œufs ✣ 100 g de sucre ✣ 30 g de Maïzena ✣ 100 g de beurre

Pour les savarins : 2 œufs ✣ 2 cuil. à soupe de lait ✣ 120 g de farine ✣ 60 g de sucre ✣ 1 cuil. à café de levure chimique ✣ 20 g de beurre

Pour le sirop : 200 g de sucre ✣ 6 cuil. à soupe de rhum

Préparez la crème : portez le lait à ébullition. Fouettez les jaunes d'œufs et le sucre, puis ajoutez la Maïzena. Versez le lait chaud sur les œufs puis remettez le tout à épaissir à feu doux. Ajoutez à la fin la moitié du beurre. Filmez au contact et laissez refroidir à température ambiante.

Préchauffez le four à 180 °C (th. 6). Préparez les savarins : battez les œufs et le sucre jusqu'à ce que le mélange blanchisse. Ajoutez le lait, le beurre fondu puis la farine mélangée à la levure. Versez cette pâte dans 6 petits moules à savarin beurrés ou en silicone. Mettez à cuire pour 20 minutes. Laissez refroidir sur une grille.

Préparez le sirop en portant à ébullition 30 cl d'eau, le rhum et le sucre. Laissez-le tiédir et trempez-y les savarins afin qu'ils soient bien imbibés. Placez-les sur de petites assiettes un peu creuses. Fouettez la crème avec le restant de beurre tempéré jusqu'à l'obtention d'une crème mousseuse. Déposez une rosace de crème au milieu des savarins et décorez de fruits frais, par exemple de groseilles et de tranches de kiwi.

Baklava royale

Préparation : 30 minutes • Repos : 2h20 • Cuisson : 35 minutes • Difficulté : ★★ Budget : ★

Pour 6 personnes

400 g de noisettes ✤ 3 cuil. à soupe de sucre ✤ 1 cuil. à soupe de cannelle en poudre ✤ 17 feuilles de pâte filo

Pour le sirop : 300 g de sucre ✤ 3 cuil. à soupe de miel ✤ 2 cuil. à soupe de jus de citron

Préparez la garniture de fruits secs. Concassez les noisettes et mélangez-les avec le sucre et la cannelle.

Beurrez au pinceau le moule de cuisson et déposez une feuille de pâte à filo bien dépliée. Beurrez-la au pinceau. Répétez cette opération cinq fois puis ajoutez le tiers de la garniture de noisettes. Empilez encore 2 feuilles de filo beurrées, un autre tiers de noisettes, 3 nouvelles feuilles de pâte, le reste de la garniture et 6 nouvelles feuilles.

Pratiquez quelques incisions sur la pâte du dessus à l'aide d'un couteau bien aiguisé.

Découpez la pâte en losanges à l'aide d'un couteau bien tranchant. Humectez le gâteau avec un peu d'eau et placez au four à 200 °C (th. 6-7) pour 30 minutes.

Préparez le sirop. Faites bouillir le sucre, 30 cl d'eau, le miel et le jus de citron pendant 10 secondes. Retirez du feu et laissez reposer pendant 20 minutes. Versez ensuite le sirop sur le baklava chaud puis laissez-le refroidir pendant 2 heures avant de déguster.

Amaretti

Préparation : 20 minutes • Cuisson : 20 minutes
Difficulté : ★ Budget : ★

Pour 20 amaretti

200 g de sucre glace ✤ 180 g de poudre d'amandes ✤ 2 blancs d'œufs ✤ Extrait d'amande amère

Préchauffez le four à 150 °C (th. 5).

Mélangez 150 g de sucre glace et la poudre d'amandes. Ajoutez les blancs d'œufs sans les avoir battus et quelques gouttes d'extrait d'amande amère. Puis mélangez jusqu'à obtenir une pâte homogène mais toujours légèrement collante.

Formez des petites boules de pâte, roulez-les dans le sucre glace restant et placez-les sur une plaque de cuisson recouverte d'une feuille de papier sulfurisé.

Mettez au four 20 minutes. À la sortie du four, les amaretti sont encore très mous, attendez qu'ils soient totalement refroidis pour les retirer de la plaque.

Ananas vanillé sur lit de coco

Préparation : 20 minutes • Cuisson : 30 minutes
Difficulté : ★ Budget : ★★

Pour 6 verrines

40 cl de lait de coco ✤ 10 cl de crème liquide allégée ✤ 15 cl de lait ✤ 80 g de tapioca ✤ 50 g de sucre ✤ 6 tranches d'ananas ✤ 50 g de beurre ✤ 1 gousse de vanille

Faites bouillir le lait de coco, la crème et le lait. Ajoutez le tapioca et le sucre. Laissez cuire à feu doux en remuant de temps en temps pendant 20 minutes environ. Versez le tapioca dans les verrines et laissez refroidir.

Coupez les tranches d'ananas en petits morceaux. Faites chauffer une noix de beurre dans une poêle et faites dorer l'ananas.

Coupez la gousse de vanille dans le sens de la longueur et récupérez les graines à l'aide d'un couteau. Ajoutez-les à l'ananas.

Répartissez l'ananas dans les verrines et décorez-les d'une feuille d'ananas.

Aspic à la fraise

Préparation : 15 minutes • Repos : 1 heure
Cuisson : 3 minutes • Difficulté : ★ Budget : ★

Pour 6 verrines

400 g de fraises ✣ 2 cuil. à café d'agar-agar ✣ 20 cl de jus de fraise ✣ 20 g de sucre ✣ 25 cl de crème fleurette ✣ 20 g de sucre glace

Lavez les fraises et placez-les au fond des verrines.

Délayez l'agar-agar dans le jus de fraise et faites chauffer. Maintenez 1 minute à ébullition et retirez du feu. Ajoutez le sucre et mélangez. Versez sur les fraises et placez au frais pendant 1 heure.

Montez la crème avec le sucre glace en chantilly.

Coiffez les aspics de chantilly.

Avoine aux fruits rouges

Préparation : 15 minutes • Difficulté : ★ Budget : ★

Pour 6 verrines

20 g de framboises ✣ 25 cl de crème fleurette ✣ 20 g de sucre ✣ 20 g de cassis au sirop ✣ 100 g de flocons d'avoine

Mixez les framboises. Fouettez la crème avec le sucre en chantilly.

Incorporez délicatement le coulis à la chantilly.

Mélangez les cassis à l'avoine et remplissez les verrines.

Couvrez avec la crème fouettée et décorez avec 1 ou 2 framboises.

Billes d'amande

Préparation : 20 minutes • Cuisson : 20 minutes
Difficulté : ★ Budget : ★★

Pour 20 biscuits

2 blancs d'œufs ✤ 150 g de sucre ✤ 175 g de poudre d'amandes ✤ Extrait d'amande amère

Préchauffez le four à 160 °C (th. 5-6).

Montez les blancs d'œufs en neige ferme. Ajoutez le sucre et fouettez à nouveau 2 minutes. Ajoutez délicatement la poudre d'amandes et quelques gouttes d'extrait d'amande amère à la spatule.

À l'aide d'une poche à douille, déposez des noix de pâte sur une plaque de cuisson recouverte de papier sulfurisé. Aplatissez légèrement la surface avec un pinceau humide puis mettez au four 20 minutes pour des billes moelleuses.

Biscuits à la cuillère

Préparation : 10 minutes • Cuisson : 20 minutes
Difficulté : ★ Budget : ★

Pour 10 biscuits

3 œufs ✤ 125 g de sucre ✤ 70 g de farine

Cassez les œufs et séparez les blancs des jaunes. Dans un saladier, mélangez fermement les jaunes d'œufs avec le sucre en poudre jusqu'à ce que le mélange blanchisse. Ajoutez la farine et mélangez.

Montez les blancs d'œufs en neige et incorporez-les délicatement à la préparation. Faites préchauffer le four à 180 °C (th. 6).

Remplissez une poche à douille avec la pâte. Avec la poche à douille, déposez des boudins de pâte sur une feuille de papier sulfurisé en les espaçant bien.

Enfournez et laissez cuire pendant 20 minutes.

Billes de melon et de pastèque

Préparation : 15 minutes • Difficulté : ★ Budget : ★

Pour 4 personnes

2 melons ✤ 1 pastèque ✤ 30 g de sucre

Avec une cuillère, prélevez dans 1 melon et la moitié de la pastèque des billes et réservez-les au frais.

Dans le reste des fruits, découpez de gros morceaux et mixez-les pour obtenir du jus et de la pulpe. Réservez au frais.

Dans un plat, déposez les billes de pastèque et de melon. Versez dessus le jus et la pulpe. Saupoudrez de sucre.

Biscuits secs au citron

Préparation : 15 minutes • Cuisson : 20 minutes
Difficulté : ★ Budget : ★

Pour 4 personnes

300 g de farine ✤ 170 g de beurre ✤ 200 g de sucre ✤ 1 citron (non traité) ✤ 4 œufs

Préchauffez le four à 150 °C (th. 5).

Avec les doigts, mélangez la farine, le beurre, le sucre et le zeste du citron.

Battez les œufs avec le jus du citron et ajoutez au mélange précédent. Mélangez bien.

Déposez des tas de pâte avec une cuillère à café sur une plaque de four antiadhésive en les espaçant bien.

Enfournez pour 20 minutes. Dégustez.

Biscuits aux flocons d'avoine

Préparation : 15 minutes • Cuisson : 15 minutes
Difficulté : ★ Budget : ★

Pour 15 biscuits

120 g de farine ✤ 90 g de flocons d'avoine ✤ 70 g de sucre roux ✤ 1 sachet de sucre vanillé ✤ ½ cuil. à café de bicarbonate de soude ✤ 1 jaune d'œuf ✤ 100 g de beurre

Préchauffez le four à 150 °C (th. 5). Mélangez la farine, les flocons d'avoine, les sucres et le bicarbonate. Ajoutez le jaune d'œuf, mélangez brièvement, puis ajoutez le beurre tempéré coupé en dés. Mélangez jusqu'à l'obtention d'une pâte homogène souple et non collante.

Formez des petites boules que vous déposerez sur une plaque recouverte de papier sulfurisé. Écrasez-les légèrement à l'aide d'une fourchette.

Faites cuire les biscuits 15 minutes. À la sortie du four, ils sont encore mous mais ils vont durcir en refroidissant tout en restant moelleux à cœur. Attendez 10 minutes avant de les détacher de la plaque et laissez refroidir totalement sur une grille. Conservez-les dans une boîte hermétique métallique.

Bouchées à la framboise

Préparation : 5 minutes • Cuisson : 20 minutes
Difficulté : ★ Budget : ★★

Pour 4 personnes

80 g de framboises ✤ 15 cl de crème liquide allégée ✤ 1 cuil. à soupe de fructose ✤ 25 g de semoule de blé dur fine

Lavez les framboises. Mettez-les dans le blender avec la crème et mixez jusqu'à ce que ce soit lisse.

Ajoutez le fructose et la semoule.

Laissez gonfler un moment, le temps de préchauffer le four à 180 °C (th. 6).

Versez dans des petits moules en silicone individuels et mettez au four pendant 20 minutes.

Laissez refroidir puis démoulez.

Bouchées Mississippi

Préparation : 1 heure • Repos : 2 h 30
Cuisson : 5 minutes • Difficulté : ★ Budget : ★

Pour 30 pièces

Pour la base biscuitée : 200 g de biscuits secs chocolatés ✤ 80 g de beurre (fondu) ✤ 4 cuil. à soupe de beurre de cacahuètes ✤ 80 g de noix de pécan
Pour la ganache : 12 cl de lait ✤ 30 cl de crème liquide entière ✤ 300 g de chocolat

Préparez la base. Réduisez les biscuits en miettes et ajoutez le beurre fondu. Étalez ce mélange dans un cadre de 23 x 16 cm habillé de papier sulfurisé. Tassez et lissez la surface. Placez 30 minutes au frais. Nappez la base de beurre de cacahuètes puis répartissez les noix de pécan (gardez quelques noix de pécan pour le décor).

Préparez la ganache. Portez le lait et la crème à ébullition et versez en trois fois sur le chocolat en mélangeant bien entre deux. Lorsque le mélange est fluide et homogène, versez-le sur le fond de biscuits. Laissez refroidir puis placez au frais pendant 2 heures. Retirez le cadre et coupez des petits carrés le plus nettement possible à l'aide d'un bon couteau que vous prendrez soin d'essuyer entre chaque coupe. Placez 1 noix de pécan sur chaque carré et réservez au frais.

Boules de coco

Préparation : 30 minutes • Cuisson : 15 minutes
Difficulté : ★ Budget : ★

Pour 6 personnes

100 g de beurre mou ✤ 125 g de sucre ✤ 1 sachet de sucre vanillé ✤ 1 œuf ✤ 200 g de farine ✤ 1 cuil. à café de levure chimique
Pour la finition : 100 g de confiture d'abricots ✤ 150 g de noix de coco râpée

Préchauffez le four à 180 °C (th. 6).

Travaillez le beurre en pommade avec le sucre et le sucre vanillé jusqu'à l'obtention d'un mélange onctueux.

Ajoutez l'œuf puis la farine mélangée à la levure chimique. Mélangez le tout pour obtenir une pâte homogène. Réalisez des boules de pâte et déposez-les sur une plaque de cuisson recouverte de papier sulfurisé.

Mettez-les au four pour 15 minutes.

Laissez-les refroidir, puis badigeonnez-les de confiture avant de les passer dans la noix de coco.

Bouchées au chocolat

Préparation : 10 minutes • Cuisson : 30 minutes • Difficulté : ★ Budget : ★

Pour 6 personnes

Pour le biscuit : 2 œufs ✥ 100 g de sucre ✥ 80 g de chocolat noir ✥ 75 g de beurre ✥ 120 g de farine ✥ 40 g de pralin en poudre

Pour la crème : 2 jaunes d'œufs ✥ 40 g de sucre ✥ 17 cl de lait concentré non sucré ✥ 12 cl de crème liquide entière ✥ 125 g de chocolat noir à 60 % de cacao ✥ 2 cuil. à café de Cointreau ✥ 1 cuil. à café d'agar-agar

Pour le décor : Cacao amer en poudre

Préparez le biscuit. Fouettez les œufs avec le sucre jusqu'à ce que le mélange blanchisse. Faites fondre le chocolat avec le beurre. Ajoutez le mélange œufs-sucre, la farine et le pralin en poudre en mélangeant énergiquement. Sur une plaque recouverte de papier sulfurisé, versez la pâte et enfournez à 175 °C (th. 5-6) pour 13 à 15 minutes. Laissez refroidir puis décoller le papier. Réservez.

Préparez la crème. Blanchissez les jaunes avec le sucre, faites chauffer le lait et la crème. Délayez le mélange œufs-sucre avec un peu de crème puis verser le reste et laissez cuire quelques minutes sans cesser de remuer. Faites fondre le chocolat et incorporez-le à la crème anglaise chaude, ajoutez le cointreau ainsi que l'agar-agar dissout dans un peu d'eau. Mélangez.

Découpez le biscuit en bandes de 10 cm. Superposez en alternant un biscuit avec une couche de crème au chocolat. Répétez l'opération 2 fois. Saupoudrez de cacao amer et découpez des petits cubes de 2 cm de côté.

Café croquant

Préparation : 20 minutes • Repos : 2 heures • Cuisson : 10 minutes • Difficulté : ★ Budget : ★

Pour 6 verrines

40 cl de lait ✤ 4 jaunes d'œufs ✤ 80 g de sucre ✤ 30 g de Maïzena ✤ 2 cuil. à soupe de café soluble ✤ 100 g de beurre mou ✤ 300 g de billes chocolatées

Portez le lait à ébullition. Dans un saladier, fouettez les jaunes et le sucre pour que le mélange blanchisse et double de volume, puis ajoutez la Maïzena.

Retirez le lait du feu et ajoutez le café puis versez le tout sur le mélange précédent. Remettez le tout dans la casserole et faites épaissir sur feu doux.

Mettez la crème obtenue dans un saladier, placez un film alimentaire dessus et laissez refroidir à température ambiante.

Battez le beurre tempéré au fouet électrique et ajoutez petit à petit la crème au café. Placez 3 ou 4 billes chocolatées au fond des verrines puis à l'aide d'une poche à douille, remplissez les verrines par petites touches en intercalant de temps en temps une bille.

Placez au frais jusqu'au moment de servir.

Cake balls made in Belgium

Préparation : 30 minutes • Repos : 1 heure • Cuisson : 20 minutes • Difficulté : ★ Budget : ★

Pour 30 cake balls

Pour la base : 200 g de chocolat noir ✣ 125 g de beurre ✣ 3 œufs ✣ 75 g de sucre ✣ 100 g de farine ✣ 1 sachet de levure chimique

150 g de pâté à spéculoos ✣ 10 spéculoos

Préchauffez le four à 180 °C (th. 6). Préparez le gâteau au chocolat qui servira de base aux cake balls.

Faites fondre le chocolat au bain-marie, ajoutez le beurre dès que le chocolat a bien fondu.

Dans un saladier, mélangez les œufs avec le sucre puis ajoutez la farine et la levure, puis le mélange chocolat-beurre. Mélangez bien l'ensemble pour éviter les grumeaux. Versez la préparation dans un moule antiadhésif. Enfournez pour 20 minutes. Dès la sortie du four, démoulez puis laissez refroidir complètement.

Mixez le gâteau pour le réduire en miettes. Ajoutez la pâte de spéculoos et mélangez délicatement pour obtenir une pâte homogène.

Réalisez avec vos mains des petites boulettes, roulez-les ensuite dans les spéculoos mixés et aussi réduits en miettes. Déposez alors un petit pic sur le dessus. Placez-les au minimum 1 heure au réfrigérateur avant de servir.

Brownie

Préparation : 15 minutes • Cuisson : 20 minutes
Difficulté : ★ Budget : ★

Pour 4 personnes

2 œufs ✤ 150 g de sucre ✤ 50 g de farine ✤ 200 g de chocolat noir ✤ 150 g de beurre ✤ 50 g de noix de pécan

Préchauffez le four à 200 °C (th. 6-7).

Dans un saladier, battez les œufs avec le sucre et la farine.

Dans une casserole, faites fondre à feu doux le chocolat noir cassé en morceaux et le beurre. Versez ce mélange dans le saladier et mélangez.

Écrasez grossièrement les noix de pécan et ajoutez-les à la pâte. Versez cette préparation dans un plat beurré et fariné.

Placez au four et laissez cuire 20 minutes.

Brownie au chocolat blanc

Préparation : 15 minutes • Cuisson : 35 minutes
Difficulté : ★ Budget : ★

Pour 6 personnes

150 g de chocolat noir ✤ 100 g de beurre ✤ 100 g de sucre ✤ 2 œufs ✤ 90 g de farine ✤ 200 g de chocolat blanc ✤ 100 g de cerneaux de noix

Préchauffez le four à 180 °C (th. 6).

Dans une casserole, faites fondre à feu doux le chocolat noir cassé en morceaux et le beurre. Remuez jusqu'à obtenir un mélange bien homogène. Ajoutez alors le sucre en poudre et laissez chauffer 1 minute de plus en remuant bien. Ôtez la casserole du feu.

Ajoutez les 2 œufs en mélangeant fermement. Versez-y la farine et mélangez de nouveau pour obtenir une préparation bien lisse.

Coupez le chocolat blanc en gros morceaux et ajoutez-les à la préparation, tout comme les cerneaux de noix écrasés. Mélangez bien pour fluidifier la pâte et versez-la dans un moule beurré et fariné. Placez au four et laissez cuire 30 minutes.

Canistrelli au goût de clémentine

Préparation : 20 minutes • Cuisson : 30 minutes
Difficulté : ★ Budget : ★

Pour 6 personnes

300 g de farine de blé ✤ 200 g de farine de châtaigne ✤ 300 g de sucre ✤ 1 sachet de levure chimique ✤ 10 cl d'huile de tournesol ✤ 25 cl de jus de clémentine ✤ Le zeste de 1 orange non traitée

Préchauffez le four à 180 °C (th. 6).

Mélangez les farines avec le sucre et la levure. Creusez un puits au centre et versez l'huile et le jus de clémentine. Malaxez bien l'ensemble avec les doigts. Ajoutez les zestes d'orange finement émincés et mélangez de nouveau.

Étalez la pâte sur une feuille de papier sulfurisé, déposez une seconde feuille sur le dessus et aplatissez l'ensemble avec un rouleau à pâtisserie. Découpez des carrés réguliers et pas trop épais.

Enfournez et laissez cuire 30 minutes. Laissez refroidir avant de déguster.

Cannelés

Préparation : 15 minutes • Repos : 12 heures
Cuisson : 1 h 10 • Difficulté : ★ Budget : ★

Pour 30 petites pièces

100 g de beurre ✤ 1 l de lait ✤ 1 gousse de vanille ✤ 4 œufs ✤ 4 jaunes d'œufs ✤ 500 g de sucre ✤ 200 g de farine ✤ 2 cuil. à soupe de rhum

Faites fondre le beurre et réservez. Faites bouillir le lait avec la gousse de vanille fendue en deux.

Fouettez les œufs, les jaunes d'œufs et le sucre jusqu'à ce que le mélange blanchisse. Ajoutez la farine, puis le lait (en ayant récupéré les graines de vanille et retiré la gousse), le rhum et enfin le beurre tiédi. Couvrez et laissez reposer une nuit au réfrigérateur.

Le lendemain préchauffez le four à 270 °C (th. 9). Versez la pâte dans des moules à cannelé en les remplissant aux deux tiers et enfournez pour 10 minutes à 270 °C (th. 9) puis 50 minutes à 180 °C (th. 6). Démoulez rapidement.

Cerises à l'eau-de-vie

Préparation : 15 minutes • Repos : 2 mois
Difficulté : ★ Budget : ★

Pour 1 bocal

500 g de griottes ✥ 100 g de sucre ✥ Alcool à 45°

Lavez et équeutez les cerises.

Mettez-les dans un bocal et couvrez-les avec le sucre puis avec l'alcool.

Fermez bien le pot et laissez macérer pendant 2 mois minimum avant de les déguster.

Compote de pommes à la cannelle

Préparation : 10 minutes • Cuisson : 15 minutes
Difficulté : ★ Budget : ★

Pour 4 verrines

2 pommes reinette ✥ 10 g de pralin en poudre ✥ 10 g de cannelle en poudre

Épluchez les pommes et coupez-les en petits morceaux.

Versez-les dans une casserole, ajoutez un peu d'eau et laissez cuire 15 minutes à feu moyen.

Laissez refroidir les morceaux de pomme puis placez-les dans des petites verrines. Saupoudrez de pralin et de cannelle. Servez tiède ou froid.

Cookies à la noix de coco

Préparation : 10 minutes • Cuisson : 20 minutes
Difficulté : ★ Budget : ★

Pour 30 cookies

250 g de farine ✥ 100 g de sucre ✥ 1 cuil. à café de vanille en poudre ✥ ½ sachet de levure chimique ✥ 1 œuf ✥ 125 g de beurre ✥ 1 cuil. à soupe de miel ✥ 80 g de noix de coco râpée

Préchauffez le four à 200 °C (th. 6-7). Mélangez la farine, le sucre, la vanille et la levure dans un saladier. Dans un autre saladier, mélangez l'œuf battu en omelette, le beurre fondu et le miel. Ajoutez ce mélange au premier et remuez puis ajoutez la noix de coco. Terminez de mélanger avec les mains et façonnez des cookies d'environ 5 cm de diamètre. Pour cela, prenez de la pâte dans les mains et roulez-la entre les paumes. Posez sur une plaque de four antiadhésive et écrasez un peu les boules. Enfournez pour 20 minutes en surveillant.

Cookies aux noisettes

Préparation : 10 minutes • Repos : 1 heure
Cuisson : 10 minutes • Difficulté : ★ Budget : ★

Pour 4 personnes

115 g de beurre mou ✥ 150 g de sucre ✥ 125 g de farine de blé ✥ 125 g de farine d'épeautre ✥ 1 sachet de levure chimique ✥ 100 g de praliné ✥ 125 g de noisettes ✥ ½ cuil. à café d'extrait de vanille liquide ✥ Sel

Travaillez le beurre en pommade et ajoutez le sucre, les farines, la levure, le pralin, les noisettes concassées, la vanille liquide et une pincée de sel. Réservez au frais 1 heure minimum.

Préchauffez le four à 160 °C (th. 5-6).

Placez des petites boules de pâte sur la plaque en les aplatissant. Faites cuire au four 10 minutes.

Carrés au sésame

Préparation : 30 minutes • Repos : 1 heure
Cuisson : 12 à 15 minutes • Difficulté : ★ Budget : ★★

Pour 20 sablés

250 g de farine ❖ 90 g de graines de sésame ❖ 110 g de sucre roux ❖ 130 g de beurre ❖ 2 jaunes d'œufs ❖ 2 cuil. à soupe de miel ❖ Sel

Préchauffez le four à 180 °C (th. 6). Mélangez la farine, 50 g de graines de sésame, le sucre et une pincée de sel. Ajoutez le beurre tempéré coupé en dés et travaillez la pâte à l'aide d'une fourchette pour former un gros sable.

Ajoutez les jaunes d'œufs battus et pétrissez jusqu'à l'obtention d'une pâte homogène. Enveloppez-la dans du film alimentaire et réservez au frais pendant au minimum 1 heure.

Étalez la pâte sur un plan de travail fariné et découpez des carrés à l'aide d'une roulette à pâte crantée ou à l'emporte-pièce. Placez les sablés sur une plaque de cuisson recouverte de papier sulfurisé. Badigeonnez-les de miel et saupoudrez-les de graines de sésame. Mettez les sablés à cuire 12 à 15 minutes. Les sablés doivent dorer légèrement.

Cappuccino

Préparation : 30 minutes • Cuisson : 25 minutes
Difficulté : ★ Budget : ★★

Pour 12 cuillères

6 cl de lait concentré non sucré ❖ 80 g de crème fraîche épaisse ❖ 2 jaunes d'œufs ❖ 20 g de sucre ❖ 1 cuil. à soupe de café soluble ❖ 90 g de crème liquide ❖ 45 g de chocolat blanc de couverture ❖ Cacao en poudre

Mélangez le lait et 1,5 cl d'eau, puis portez à ébullition. Ajoutez le café soluble. Fouettez légèrement les jaunes d'œufs avec le sucre et ajoutez la crème fraîche. Versez le lait chaud sur ce mélange.

Versez la crème obtenue dans un ramequin et mettez au four 25 minutes à 160° C (th. 5-6) dans un bain-marie. Laissez refroidir et placez au frais.

Fouettez la crème liquide en chantilly pas trop ferme. Réservez-la au frais. Faites fondre le chocolat au bain-marie puis ajoutez délicatement la chantilly. Laissez prendre au frais.

Remplissez vos cuillères assez creuses de crème au café. Recouvrez de mousse à l'aide d'une poche à douille cannelée et saupoudrez de cacao.

Cake à l'orange

Préparation : 20 minutes • Cuisson : 45 minutes
Difficulté : ★ Budget : ★

Pour 6 personnes

50 g de beurre ✣ 150 g de sucre ✣ 170 g de farine ✣ 1 sachet de levure chimique ✣ 3 œufs ✣ 1 orange

Préchauffez votre four à 180 °C (th. 6).

Beurrez et farinez un moule à cake. Frottez bien l'orange sous l'eau, séchez-la. Prélevez des zestes de 1 à 2 cm à l'aide d'un zesteur. Pressez-la.

Battez énergiquement au fouet le sucre avec les œufs en les ajoutant un à un.

Ajoutez la farine mélangée à la levure puis le beurre complètement fondu, et enfin le jus d'orange et les zestes.

Versez la pâte dans le moule et laissez cuire pour 45 minutes.

Cake au café

Préparation : 20 minutes • Cuisson : 45 minutes
Difficulté : ★★★ Budget : ★★

Pour 6 personnes

Beurre ✣ 170 g de farine ✣ 10 cl de crème liquide ✣ 20 g de chocolat pâtissier ✣ 3 cuil. à soupe d'extrait naturel de café ✣ 3 œufs ✣ 180 g de sucre ✣ 6 cl d'huile de tournesol ✣ 1 yaourt nature ✣ ½ sachet de levure chimique

Préchauffez votre four à 180 °C (th. 6). Beurrez et farinez un moule à cake.

Portez la crème à ébullition, baissez le feu et ajoutez le chocolat cassé en morceaux et l'extrait de café, mélangez doucement pour obtenir un mélange bien homogène.

Battez énergiquement au fouet les œufs et le sucre jusqu'à ce qu'ils blanchissent.

Ajoutez l'huile, le mélange chocolat et café, le yaourt, puis la farine et la levure, remuez bien au fouet.

Versez dans le moule. Mettez au four et laissez cuire 45 minutes.

Cake pops à la fraise

Préparation : 20 minutes • Cuisson : 30 minutes • Congélation : 10 minutes • Difficulté : ★ Budget : ★

Pour 30 cake pops environ

Pour la base : 100 g de beurre ✣ 2 œufs ✣ 100 g de sucre ✣ 1 yaourt nature ✣ 10 cl de lait ✣ 180 g de farine ✣ ½ sachet de levure chimique
100 g de fraises ✣ 100 g de mascarpone ✣ 100 g de barbe à papa

Préchauffez le four à 180 °C (th. 6). Réalisez une base de gâteau moelleux. Faites fondre le beurre. Fouettez les œufs avec le sucre puis ajoutez le beurre fondu. Mélangez bien. Ajoutez ensuite le yaourt nature et le lait, puis versez la farine et la levure. Mélangez bien l'ensemble pour obtenir une pâte bien lisse.

Versez la pâte à gâteau dans un moule antiadhésif et enfournez pour 30 minutes. Sortez le gâteau du four et laissez-le refroidir après l'avoir démoulé.

Mixez les fraises grossièrement puis ajoutez le mascarpone. Mélangez délicatement l'ensemble.

Émiettez le gâteau et ajoutez-le progressivement au mélange fraises-mascarpone. La pâte ne doit pas être liquide afin de former des boulettes. Façonnez des cakes pops en réalisant avec vos mains des petites boulettes. Placez-les au congélateur 10 minutes pour les faire durcir. À la sortie du congélateur, placez les petits cakes pops sur des pics en bois et recouvrez-les de barbe à papa. Servez aussitôt.

Cake pops façon tarte au citron

Préparation : 20 minutes • Cuisson : 25 minutes • Congélation : 10 minutes • Difficulté : ★ Budget : ★

Pour 30 cake pops environ

Pour la base : 1 yaourt nature ✤ 2 pots de farine ✤ 1 pot de sucre ✤ ½ pot d'huile ✤ 3 œufs 200 g de lemon curd ✤ 3 blancs d'œufs ✤ 100 g de sucre glace

Préchauffez le four à 180 °C (th. 6). Préparez la base des cake pops avec un gâteau simple au yaourt. Dans un saladier, déposez le yaourt nature puis dans l'ordre la farine, le sucre, l'huile et les œufs. Mélangez bien l'ensemble afin d'éviter les grumeaux. Enfournez pour 25 minutes.

À la sortie du four, démoulez le gâteau au yaourt puis émiettez-le. Ajoutez le lemon curd et mélangez délicatement l'ensemble.

Façonnez les cake pops en réalisant des boulettes avec vos mains. Placez-les 10 minutes au congélateur après y avoir planté un bâton à sucette.

Pendant ce temps, préparez la meringue en fouettant les blancs d'œufs avec le sucre. Essayez d'obtenir une meringue bien ferme et lisse.

Enveloppez chaque cake pop de meringue et passez un coup rapide de chalumeau. Placez au frais avant de déguster.

Cake pops tiramisu

Préparation : 20 minutes • Repos : 1 heure • Cuisson : 40 minutes • Difficulté : ★ Budget : ★

Pour 30 cake pops environ

Pour la base : 3 œufs ✣ 120 g de sucre ✣ 120 g de beurre ✣ 120 g de farine ✣ ½ sachet de levure chimique

150 g de mascarpone ✣ 2 cuil. à soupe de café fort ✣ Cacao en poudre

Préchauffez le four à 180 °C (th. 6).

Réalisez un quatre-quarts, fouettez les œufs puis ajoutez le sucre. Mélangez bien pour que cela devienne mousseux et plus clair. Faites fondre le beurre et versez-le sur le mélange œufs-sucre puis ajoutez la farine et la levure. Mélangez bien l'ensemble pour éviter les grumeaux.

Versez la préparation dans un moule antiadhésif. Enfournez pour 40 minutes.

À la sortie du four, démoulez le quatre-quarts et faites le refroidir complètement.

Émiettez la moitié du gâteau, ajoutez le mascarpone et versez le café noir. Mélangez délicatement et façonnez les cake pops en réalisant des petites boules avec vos mains. Réservez-les au frais au moins 1 heure.

Versez le cacao dans une assiette creuse. Roulez-y les cake pops sortis du réfrigérateur et placez-les sur des petits pics à brochette. Placez de nouveau les cake pops au frais avant de servir.

Cake au citron

Préparation : 20 minutes • Cuisson : 45 minutes
Difficulté : ★ Budget : ★

Pour 6 personnes

50 g de beurre ✤ 170 g de farine ✤ 2 citrons ✤ 150 g de sucre ✤ 3 œufs ✤ 1 cuil. à café de levure chimique

Préchauffez votre four à 180 °C (th. 6).

Beurrez et farinez un moule à cake. Frottez bien les citrons sous l'eau, séchez-les.

Prélevez des zestes d'une longueur de 1 à 2 cm à l'aide d'un zesteur.

Pressez ensuite le jus des citrons.

Battez énergiquement au fouet le sucre avec les œufs en les ajoutant un à un.

Ajoutez la farine mêlée à la levure puis le beurre complètement fondu, et enfin le jus et les zestes des citrons. Mélangez l'ensemble.

Versez la pâte dans le moule et laissez cuire 45 minutes.

Cake au miel

Préparation : 10 minutes • Cuisson : 45 minutes
Difficulté : ★ Budget : ★

Pour 6 personnes

250 g de beurre ✤ 50 g de sucre ✤ 200 g de miel liquide ✤ 4 œufs ✤ 250 g de farine ✤ 1 sachet de levure chimique ✤ Sel

Préchauffez le four à 200 °C (th. 6-7).

Dans un saladier, battez le beurre pour qu'il devienne mousseux, puis ajoutez le sucre. Mélangez pour obtenir une consistance crémeuse.

Ajoutez alors le miel liquide et mélangez énergiquement.

Battez les œufs et incorporez-les au mélange.

Ajoutez pour finir la farine tamisée, la levure et une pincée de sel.

Versez la pâte dans un moule à cake beurré et fariné et enfournez pour 45 minutes.

Cake aux amandes et aux abricots

Préparation : 15 minutes • Cuisson : 45 minutes
Difficulté : ★ Budget : ★

Pour 6 personnes

60 g de beurre ✣ 170 g de farine ✣ 300 g d'oreillons d'abricot ✣ 150 g de sucre ✣ 3 œufs ✣ 20 g de Amandin ✣ ½ sachet de levure chimique ✣ 1 cuil. à soupe d'extrait de vanille liquide ✣ 2 cuil. à soupe de rhum ✣ 20 g d'amandes effilées

Préchauffez votre four à 180 °C (th. 6). Beurrez et farinez un moule à cake. Égouttez et séchez les oreillons d'abricot puis coupez chacun en six morceaux. Battez vigoureusement au fouet le sucre et les œufs ajoutés un à un. Ajoutez le sucre ramolli, puis la farine mélangée à l'Amandin et à la levure. Incorporez la vanille et le rhum. Battez encore.

Versez dans le moule, parsemez le dessus du cake avec les amandes effilées. Mettez au four et laissez cuire 45 minutes.

Surveillez bien la cuisson car les amandes risquent de brunir. Si c'est le cas, couvrez votre cake avec une feuille d'aluminium.

Cake aux cerises

Préparation : 25 minutes • Cuisson : 40 minutes
Difficulté : ★ Budget : ★★

Pour 4 personnes

400 g de cerises ✣ 150 g de farine ✣ ½ sachet de levure chimique ✣ 2 œufs ✣ 1 jaune d'œuf ✣ 10 g de beurre ✣ 10 cl de crème fraîche liquide allégée ✣ 40 g de sucre ✣ Sel

Préchauffez le four à 180 °C (th. 6).

Lavez et dénoyautez les cerises. Mélangez la farine, la levure, les jaunes d'œufs, le beurre fondu, la crème fraîche et le sucre.

Montez les blancs en neige avec une pincée de sel. Ajoutez-les à la préparation délicatement.

Ajoutez ensuite les cerises.

Mettez dans un moule au four pour 40 minutes.

Cake aux fruits rouges

Préparation : 15 minutes • Cuisson : 45 minutes
Difficulté : ★ Budget : ★

Pour 6 personnes

60 g de beurre ✤ 170 g de farine ✤ 150 g de sucre de canne blond ✤ 2 sachets de sucre vanillé ✤ 3 œufs ✤ ½ sachet de levure chimique ✤ 300 g de fruits rouges frais

Préchauffez votre four à 180 °C (th. 6). Beurrez et farinez un moule à cake.

Battez au fouet le sucre de canne blond et les deux sachets de sucre vanillé avec les œufs ajoutés un à un.

Ajoutez ensuite le beurre ramolli puis la farine mêlée à la levure. Mélangez bien.

Incorporez délicatement les fruits rouges. Versez le tout dans un moule. Mettez au four et laissez cuire 45 minutes.

Cake aux noisettes

Préparation : 15 minutes • Cuisson : 45 minutes
Difficulté : ★ Budget : ★★

Pour 6 personnes

160 g de beurre ✤ 100 g de farine ✤ 60 g de noisettes ✤ 200 g de cassonade ✤ 3 œufs ✤ ½ sachet de levure chimique ✤ 120 g de pralin en poudre

Préchauffez votre four à 180 °C (th. 6). Beurrez et farinez un moule à cake.

Hachez les noisettes au mini-hachoir le plus finement possible. Mélangez au fouet la cassonade et le beurre ramolli.

Ajoutez les œufs un à un, puis la farine mêlée à la levure et continuez à bien battre au fouet. Incorporez ensuite les noisettes et 100 g de pralin. Versez le tout dans le moule et mettez au four 45 minutes.

Cake aux pépites de chocolat

Préparation : 20 minutes • Cuisson : 45 minutes
Difficulté : ★★ Budget : ★

Pour 6 personnes

10 g de beurre ✤ 170 g de farine ✤ 3 œufs ✤ 125 g de sucre de canne blond ✤ 6 cl d'huile de tournesol ✤ 8 cl de lait concentré non sucré ✤ ½ sachet de levure chimique ✤ 150 g de pépites de chocolat ✤ Sel

Préchauffez votre four à 180 °C (th. 6). Beurrez et farinez un moule à cake. Séparez les blancs des jaunes d'œufs. Mélangez au fouet le sucre et les jaunes d'œufs, puis l'huile, le lait concentré, la farine et la levure. Ajoutez les blancs battus en neige avec une pincée de sel en soulevant le mélange avec le fouet afin d'éviter qu'ils ne retombent, puis incorporez les pépites de chocolat. Versez la pâte dans le moule et mettez au four. Laissez cuire 45 minutes.

Cake aux pêches et aux poires

Préparation : 15 minutes • Cuisson : 30 minutes
Difficulté : ★★ Budget : ★

Pour 6 personnes

130 g de beurre ✤ 170 g de farine ✤ 120 g de sucre ✤ 2 œufs ✤ ½ sachet de levure chimique ✤ 1 cuil. à soupe d'extrait de vanille liquide ✤ 150 g de poires au sirop ✤ 150 g de pêches au sirop

Préchauffez votre four à 180 °C (th. 6). Beurrez et farinez un moule à cake. Battez au fouet le beurre et le sucre en pommade, puis ajoutez les œufs un à un, la farine mêlée à la levure et la vanille liquide. Mélangez bien le tout. Coupez les fruits en lanières de 1 cm minimum d'épaisseur. Versez un tiers de la pâte dans le moule. Disposez les poires. Versez une nouvelle couche de pâte. Disposez les pêches. Recouvrez avec le restant de pâte. Mettez au four, baissez le thermostat à 160 °C (th. 5), et laissez cuire 30 minutes.

Choco-croque

Préparation : 40 minutes • Repos : 1 heure
Cuisson : 30 minutes • Difficulté : ★ Budget : ★

Pour 30 sablés

180 g de beurre ✤ 80 g de sucre ✤ 1 jaune d'œuf ✤ 200 g de farine ✤ 60 g de poudre d'amandes ✤ 2 cuil. à soupe de cacao en poudre ✤ 150 g de chocolat noir de couverture

Travaillez le beurre en pommade avec le sucre, puis ajoutez le jaune d'œuf. Ajoutez la farine mélangée à la poudre d'amandes et au cacao et mélangez jusqu'à l'obtention d'une pâte homogène mais souple.

Étalez la pâte sur 1 cm d'épaisseur et découpez des disques de 5 cm de diamètre. Placez-les sur une plaque recouverte d'une feuille de papier de cuisson et laissez reposer 1 heure au frais.

Mettez à cuire dans un four à 150 °C (th. 5) pendant 30 minutes, laissez refroidir.

Faites fondre le chocolat au bain-marie, puis trempez-y la surface des sablés. Égouttez-les sans chercher à rendre la surface uniforme et placez-les sur une feuille de papier sulfurisé jusqu'à ce que le chocolat durcisse.

Chouquettes

Préparation : 30 minutes • Cuisson : 40 minutes
Difficulté : ★★ Budget : ★

Pour 40 pièces

12,5 cl de lait ✤ 80 g de beurre ✤ ½ cuil. à café de sel ✤ 150 g de farine ✤ ½ cuil. à café de levure chimique ✤ 4 œufs ✤ 200 g de sucre perlé

Préchauffez le four à 210 °C (th. 7). Faites bouillir le lait et 12,5 cl d'eau avec le beurre coupé en dés et le sel. Quand le beurre a totalement fondu, ajoutez, en une seule fois, la farine et la levure hors du feu. Mélangez bien, remettez sur feu doux et mélangez pendant 1 minute pour sécher la pâte. Versez la pâte dans le bol d'un robot et ajoutez les œufs un à un en mélangeant bien à chaque fois.

Remplissez une poche à douille lisse et faites de petits tas de 3,5 cm de diamètre sur une plaque de cuisson recouverte d'une feuille de papier sulfurisé. Rabattez les petites pointes de pâte avec le dos d'une cuillère.

Parsemez largement les choux de sucre perlé et secouez votre plaque pour qu'il adhère sur tout le tour des choux. Mettez au four pour 30 minutes sans ouvrir le four pendant les 20 premières minutes.

Clafoutis aux pistaches et aux cerises

Préparation : 30 minutes • Cuisson : 30 minutes
Difficulté : ★ Budget : ★★

Pour 6 personnes

80 g de pistaches fraîches ✤ 80 g de sucre ✤ 50 g de Maïzena ✤ 3 œufs ✤ 20 cl de lait ✤ 20 cl de crème liquide ✤ 400 g de cerises ✤ Sel

Préchauffez le four à 180 °C (th. 6).

Hachez finement les pistaches et le sucre dans un robot mixeur. Mélangez cette poudre verte à la Maïzena. Une fois que le mélange est bien homogène, ajoutez une pincée de sel et les œufs un à un.

Versez progressivement le lait et la crème. Vous devez obtenir une pâte assez liquide et sans grumeaux.

Disposez les cerises dénoyautées dans des verrines pouvant aller au four et versez dessus la préparation à la pistache. Placez 3 cerises entières au centre des verrines.

Mettez au four pour 30 minutes à 180 °C (th. 6) au bain-marie. À la sortie du four, laissez refroidir puis placez au frais.

Arlequins

Préparation : 30 minutes • Repos : 1 h 30
Cuisson : 15 minutes • Difficulté : ★★ Budget : ★★

Pour 20 sablés

170 g de farine ✤ 50 g de sucre ✤ 1 sachet de sucre vanillé ✤ 100 g de beurre tempéré ✤ 1 jaune d'œuf ✤ 200 g de fruits confits

Mélangez la farine, le sucre et le sucre vanillé. Faites un puits et placez au centre le beurre coupé en dés. Travaillez la pâte entre les mains jusqu'à l'obtention d'un gros sable, ajoutez le jaune d'œuf, puis pétrissez la pâte jusqu'à la formation d'une boule et laissez-la reposer 1 heure au frais enveloppée dans du film alimentaire. Abaissez la pâte sur 0,5 cm d'épaisseur pour former un carré, puis répartissez les fruits confits coupés en petits dés. Roulez la pâte, puis placez-la au frais 30 minutes.

Préchauffez le four à 180 °C (th. 6).

Coupez des disques de pâte de 1 cm d'épaisseur et déposez-les sur une plaque recouverte d'une feuille de papier sulfurisé. Enfournez-les pour 15 minutes. Les biscuits doivent à peine dorer. Laissez refroidir sur la plaque.

Bonshommes en pain d'épices

Préparation : 1 heure • Repos : 2 à 3 heures • Cuisson : 17 minutes • Difficulté : ★★ Budget : ★

Pour 15 biscuits

50 g de beurre ✤ 60 g de miel ✤ 180 g de farine ✤ 1 cuil. à café de bicarbonate de soude ✤ 60 g de sucre roux ✤ 1 cuil. à café de quatre-épices ✤ 1 jaune d'œuf ✤ 3 cuil. à soupe de lait

Pour la finition : 100 g de sucre glace ✤ 1 blanc d'œuf ✤ Colorant alimentaire

Préchauffez le four à 180 °C (th. 6). Faites fondre le beurre et le miel. Mélangez la farine, le bicarbonate, le sucre et le quatre-épices, ajoutez le jaune d'œuf. Mélangez grossièrement, puis ajoutez le lait, le beurre et le miel. Travaillez la pâte jusqu'à ce qu'elle soit homogène et non collante.

Étalez la pâte sur un plan de travail légèrement fariné et découpez des bonshommes à l'aide d'un emporte-pièce, puis déposez-les sur une plaque recouverte d'une feuille de papier sulfurisé. Mettez au four 15 minutes à 180 °C (th. 6), puis laissez refroidir.

Mélangez le sucre glace et le blanc d'œuf afin d'obtenir une crème onctueuse. Divisez en quatre parts et colorez-les avec 1 ou 2 gouttes de colorant. Si le glaçage est trop sec, ajoutez quelques gouttes d'eau, s'il est trop liquide, ajoutez un peu de sucre glace. Formez des petits cônes de papier sulfurisé en découpant des triangles de papier et en les pliant plusieurs fois sur eux-mêmes. Remplissez-les de glaçage et décorez les bonshommes de pain d'épices. Laissez sécher 2 à 3 heures avant de les déguster.

Bretzels au chocolat

Préparation : 45 minutes • Cuisson : 20 minutes • Difficulté : ★★ Budget : ★

Pour 20 bretzels

250 g de farine ✤ 50 g de poudre de noisettes ✤ 70 g de sucre ✤ 1 sachet de sucre vanillé ✤ 50 g de cacao amer en poudre ✤ 120 g de beurre ✤ 2 œufs

Pour le glaçage : 150 g de chocolat noir

Préchauffez le four à 180 °C (th. 6).

Mélangez la farine, la poudre de noisettes, le sucre, le sucre vanillé et le cacao. Ajoutez le beurre en pommade coupé en dés. Mélangez le tout à la fourchette pour obtenir un sable grossier, puis versez les œufs battus et mélangez le tout pour obtenir une pâte homogène et souple.

Prélevez un peu de pâte, roulez-la sur le plan de travail en longs boudins et donnez-leur une forme de bretzel.

Placez les biscuits sur une plaque de cuisson recouverte de papier sulfurisé et mettez au four 15 minutes. Laissez refroidir.

Faites fondre dans un bol le chocolat au bain-marie, plongez-y chaque bretzel, sortez-les en les prenant avec une fourchette et tapotez le bord du bol pour lisser et retirer l'excès de chocolat, puis laissez durcir sur le papier sulfurisé.

Choco-menthe

Préparation : 40 minutes • Repos : 30 minutes • Cuisson : 15 minutes • Difficulté : ★★ Budget : ★

Pour 20 pièces

Pour les sablés : 180 g de farine ✣ 30 g de cacao en poudre ✣ 90 g de sucre ✣ 1 sachet de sucre vanillé ✣ 100 g de beurre ✣ 1 jaune d'œuf ✣ Sel

Pour la pâte à la menthe : 200 g de sucre glace ✣ 1 blanc d'œuf ✣ 5 gouttes d'alcool de menthe

Mélangez la farine, le cacao, le sucre, le sucre vanillé et une pincée de sel. Formez un puits au centre et déposez le beurre tempéré coupé en dés, travaillez à la fourchette, puis ajoutez le jaune d'œuf. Pétrissez jusqu'à l'obtention d'une pâte homogène.

Enveloppez la pâte dans du film alimentaire et laissez reposer au frais 30 minutes. Préchauffez le four à 180 °C (th. 6). Étalez la pâte sur un plan de travail légèrement fariné et découpez des sablés de 3-4 cm de diamètre à l'aide d'un emporte-pièce. Placez-les sur une plaque de cuisson recouverte de papier sulfurisé. Mettez au four 15 minutes à 180 °C (th. 6). Laissez refroidir.

Préparez la pâte à la menthe : mélangez avec un batteur électrique 100 g de sucre glace avec le blanc d'œuf et l'alcool de menthe, puis ajoutez petit à petit le sucre glace restant et mélangez jusqu'à ce que la pâte se forme. Pétrissez la boule de pâte sur un plan de travail saupoudré de sucre glace jusqu'à ce qu'elle ne soit plus collante et qu'elle devienne souple et malléable. Prélevez une petite quantité de pâte, formez une petite boule, aplatissez-la et placez-la entre deux biscuits, pressez légèrement.

Bâtonnets d'amande

Préparation : 20 minutes • Cuisson : 12 minutes
Difficulté : ★ Budget : ★★

Pour 30 biscuits

170 g de pâte d'amandes ✤ 60 g de sucre glace ✤ 100 g de poudre d'amandes ✤ 60 g de farine ✤ 1 œuf ✤ 1 cuil. à soupe de rhum
Pour la finition : 1 jaune d'œuf ✤ 30 amandes mondées

Coupez la pâte d'amandes en morceaux et assouplissez-la en la faisant chauffer 10 secondes au micro-ondes. Placez-la dans le bol d'un robot muni d'un crochet pétrisseur et ajoutez tous les autres ingrédients. Mettez le robot à pétrir en vitesse lente jusqu'à l'obtention d'une boule de pâte homogène. Préchauffez le four à 180 °C (th. 6).

Étalez cette pâte encore collante sur 0,5 cm d'épaisseur sur un plan de travail fariné, découpez des bâtonnets de 1 cm sur 5 cm en farinant le couteau pour éviter qu'il ne colle trop. Déposez-les sur une plaque de cuisson recouverte de papier sulfurisé, badigeonnez-les de jaune d'œuf dilué avec 1 cuil. à café d'eau puis déposez 1 amande à l'une des extrémités. Mettez au four 12 minutes. Laissez refroidir sur une grille, puis conservez-les dans une boîte métallique.

Biscuits à l'eau de fleur d'oranger

Préparation : 40 minutes • Cuisson : 12 minutes
Difficulté : ★ Budget : ★

Pour 20 biscuits

60 g de beurre ✤ 40 g de miel ✤ 180 g de farine ✤ 1 cuil. à café de levure chimique ✤ 60 g de sucre ✤ 1 orange (non traitée) ✤ 1 jaune d'œuf ✤ 3 cl d'eau de fleur d'oranger
Pour le glaçage : 40 g de sucre glace ✤ 1,5 cuil. à soupe de jus d'orange ✤ 1 cuil. à café d'eau de fleur d'oranger

Faites fondre le beurre et le miel. Mélangez la farine, la levure, le sucre et le zeste de l'orange, ajoutez le jaune d'œuf et l'eau de fleur d'oranger. Mélangez grossièrement, puis ajoutez le beurre et le miel. Travaillez la pâte jusqu'à ce qu'elle soit homogène et non collante.

Étalez la pâte sur un plan de travail légèrement fariné et découpez des biscuits à l'aide d'un emporte-pièce, puis déposez-les sur une plaque recouverte d'une feuille de cuisson. Mettez au four 10 minutes à 180 °C (th. 6), puis laissez refroidir. Pour le glaçage, mélangez le sucre glace, le jus d'orange et l'eau de fleur d'oranger, puis badigeonnez-en les biscuits et laissez sécher.

Biscuits pour le thé

Préparation : 30 minutes • Repos : 1 heure
Cuisson : 15 minutes • Difficulté : ★ Budget : ★

Pour une vingtaine de biscuits

200 g de farine ✤ 50 g de sucre ✤ 1 sachet de sucre vanillé ✤ ½ cuil. à café de levure chimique ✤ 60 g de beurre demi-sel ✤ 7 cl de lait ✤ 1 jaune d'œuf

Mélangez la farine, le sucre, le sucre vanillé et la levure. Ajoutez au centre le beurre en pommade coupé en dés et travaillez le tout à la fourchette jusqu'à l'obtention d'un sable grossier. Versez le lait et travaillez la pâte rapidement pour former une boule homogène.

Enveloppez de film alimentaire et laissez reposer 1 heure au frais.

Étalez la pâte sur un plan de travail fariné, découpez des biscuits à l'emporte-pièce ou avec une roulette crantée. Déposez-les sur une plaque recouverte de papier sulfurisé, dorez-les avec le jaune d'œuf dilué avec 2 cuil. à café d'eau.

Mettez au four 15 minutes à 180 °C (th. 6) puis conservez les biscuits, refroidis, dans une boîte métallique.

Bredele à l'anis

Préparation : 30 minutes • Repos : 6 heures
Cuisson : 10 minutes • Difficulté : ★★ Budget : ★

Pour 6 personnes

2 œufs ✤ 170 g de sucre ✤ 10 g de poudre d'anis ✤ 180 g de farine

Fouettez au robot ou au batteur électrique les œufs avec le sucre pendant 10 minutes.

Ajoutez l'anis puis la farine, mélangez rapidement.

À l'aide d'une poche munie d'une douille de 8 mm, dressez des petits tas de 2 cm de diamètre sur une plaque recouverte de papier de cuisson.

Laissez sécher jusqu'à ce qu'il y ait formation d'une croûte, cela prend environ 6 heures mais le mieux est de laisser reposer une nuit dans le four éteint.

Mettez au four 10 minutes à 180 °C (th. 6).

Conservez dans une boîte métallique.

Brunslis

Préparation : 20 minutes • Repos : 1 heure
Cuisson : 10 minutes • Difficulté : ★ Budget : ★

Pour 20 biscuits

250 g de noisettes ✤ 100 g de chocolat noir ✤ 225 g de sucre ✤ 50 g de poudre d'amandes ✤ ½ cuil. à café de cannelle en poudre ✤ 1 œuf

Torréfiez les noisettes sous le gril pendant 5 minutes, laissez-les refroidir, puis mixez-les grossièrement.

Faites fondre le chocolat au bain-marie, lorsqu'il est totalement fondu et fluide, ajoutez les noisettes mixées, le sucre, la poudre d'amandes, la cannelle puis l'œuf. Mélangez jusqu'à l'obtention d'une pâte homogène, étalez-la sur une feuille de papier de cuisson et placez au frais 1 heure.

Découpez des gâteaux à l'emporte-pièce, placez-les sur une plaque recouverte de papier de cuisson et mettez au four 10 minutes à 180 °C (th. 6).

Cigarettes russes

Préparation : 20 minutes • Cuisson : 8 minutes
Difficulté : ★★ Budget : ★

Pour 20 biscuits

180 g de sucre glace ✤ 1 sachet de sucre vanillé ✤ 120 g de farine ✤ 4 blancs d'œufs ✤ 1 cuil. à soupe de lait ✤ 80 g de beurre (fondu)

Préchauffez le four à 200 °C (th. 6-7).

Mélangez le sucre glace, le sucre vanillé et la farine. Ajoutez les blancs d'œufs, le lait puis le beurre fondu. Mélangez jusqu'à l'obtention d'une pâte lisse.

À l'aide d'une cuillère à soupe, déposez un peu de pâte sur une plaque de cuisson recouverte de papier sulfurisé, formez des disques espacés et mettez au four pendant 8 minutes. À la sortie du four, enroulez-les rapidement autour d'un manche de cuillère en bois et laissez durcir. Ces biscuits se conservent 3-4 semaines dans une boîte en fer.

Croquants

Préparation : 15 minutes • Cuisson : 15 minutes
Difficulté : ★ Budget : ★

Pour 100 croquants

250 g de sucre ✤ 250 g de farine ✤ 2 œufs ✤ 250 g d'amandes mondées ✤ 1 jaune d'œuf

Préchauffez le four à 200 °C (th. 6-7).

Mélangez le sucre, la farine et les œufs jusqu'à obtenir un mélange homogène. Ajoutez les amandes. Disposez en forme de pain sur une plaque de four couverte de papier sulfurisé.

Enfournez pendant 15 minutes, jusqu'à ce que les biscuits soient dorés. Sortez-les du four et badigeonnez-les avec un jaune d'œuf. Laissez tiédir et coupez-les en tranches de 1 cm.

Croquants aux amandes

Préparation : 1 heure • Cuisson : 40 minutes
Difficulté : ★★ Budget : ★

Pour 6 personnes

4 œufs ✤ 320 g de sucre ✤ 500 g de farine ✤ 1 cuil. à soupe d'eau de fleur d'oranger ✤ 300 g d'amandes (non mondées)

Fouettez les œufs et le sucre jusqu'à ce que le mélange blanchisse. Ajoutez la farine, l'eau de fleur d'oranger, mélangez jusqu'à l'obtention d'une pâte compacte et légèrement collante. Ajoutez les amandes. Versez la pâte sur un plan de travail fariné. Formez 4 pains de 4 cm de large et disposez-les sur une plaque recouverte de papier sulfurisé. Espacez-les bien car ils vont s'étaler à la cuisson. Faites cuire à 170 °C (th. 5-6) pendant 30 minutes. Laissez refroidir sur une grille et coupez des tranches en diagonale. Disposez-les sur la plaque et remettez-les 10 minutes au four pour finir la cuisson. Les croquants doivent être légèrement dorés.

Cookies cranberries et chocolat blanc

Préparation : 20 minutes • Repos : 35 minutes
Cuisson : 25 minutes • Difficulté : ★★ Budget : ★

Pour 6 personnes

100 g de beurre mou ✤ 80 g de cranberries séchées ✤ 120 g de cassonade ✤ 1 œuf ✤ 220 g de farine ✤ ½ cuil. à café de bicarbonate de soude ✤ 2 sachets de sucre vanillé ✤ ¼ cuil. à café de sel ✤ 100 g de chocolat blanc

Fouettez le beurre en pommade avec le sucre et le sucre vanillé, puis ajoutez l'œuf. Mélangez la farine, le sel et le bicarbonate de soude, puis ajoutez-les au premier mélange. Incorporez le chocolat haché grossièrement et les cranberries. Laissez reposer 15 minutes au frais. Formez de petites boules que vous déposerez sur une plaque recouverte de papier de cuisson. Espacez-les bien car elles vont s'étaler à la cuisson. Inutile de les écraser. Placez les plaques dans le réfrigérateur 20 minutes.

Faites cuire les cookies 25 minutes à 150 °C (th. 5). À la sortie du four, ils sont encore mous mais ils vont durcir en refroidissant. Attendez 10 minutes avant de les détacher de la plaque et laissez refroidir totalement sur une grille. Conservez-les dans une boîte hermétique métallique.

Croquants de l'écureuil

Préparation : 30 minutes • Cuisson : 17 minutes
Difficulté : ★ Budget : ★

Pour 20 pièces

100 g de noisettes ✤ 180 g de poudre d'amandes ✤ 200 g de cassonade ✤ 2 sachets de sucre vanillé ✤ 80 g de farine complète ✤ 3 blancs d'œufs

Torréfiez les noisettes dans un four préchauffé à 210 °C (th. 7) pendant 5 minutes. Laissez-les refroidir, puis frottez-les entre les mains pour retirer la peau. Mixez-les grossièrement et réservez-en 2 cuil. à soupe.

Mélangez les noisettes hachées à la poudre d'amandes, aux sucres et à la farine. Ajoutez les blancs d'œufs et mélangez jusqu'à l'obtention d'une pâte homogène et toujours collante.

Placez des petits tas de pâte à l'aide d'une cuillère à café sur une plaque de cuisson recouverte de papier sulfurisé, déposez sur le dessus quelques morceaux de noisettes, mettez au four 12 minutes à 180 °C (th. 6). Laissez refroidir sur la grille.

Ananas aux épices

Préparation : 20 minutes • Cuisson : 15 minutes
Difficulté : ★ Budget : ★★

Pour 6 personnes

1 ananas ✤ 30 g de beurre ✤ 2 sachets de sucre vanillé ✤ 1 cuil. à café de cannelle en poudre ✤ 1 cuil. à café de poudre d'anis ✤ 2 doses de safran en poudre ✤ 6 bâtons de cannelle ✤ 6 étoiles de badiane

Épluchez et coupez l'ananas en dés. Faites-le caraméliser dans le beurre et le sucre vanillé.

Ajoutez la cannelle, l'anis, couvrez et laissez cuire 10 minutes à feu doux.

Hors du feu, ajoutez le safran.

Répartissez l'ananas dans les verrines, décorez avec un bâton de cannelle et une étoile de badiane.

Bavarois framboise

Préparation : 25 minutes • Repos : 6 heures
Cuisson : 5 minutes • Difficulté : ★ Budget : ★

Pour 10 verrines

7 cl de lait ✤ 50 g de sucre ✤ 1 g d'agar-agar ✤ 300 g de framboises ✤ 25 cl de crème liquide entière ✤ Coulis de framboises

Portez le lait et le sucre à ébullition. Ajoutez l'agar-agar et faites chauffer à nouveau 2 à 3 minutes. Réservez hors du feu. Conservez quelques framboises pour la décoration. Réduisez le reste en purée puis passez-la au chinois afin de retirer tous les pépins. Montez la crème en chantilly ferme. Ajoutez la purée de framboises au mélange lait-sucre tiédi et mélangez bien. À l'aide d'une spatule, incorporez délicatement la crème Chantilly et mélangez jusqu'à ce que la préparation soit homogène.

À l'aide d'une poche munie d'une douille, dressez la crème dans les verrines. Filmez et disposez les bavarois au réfrigérateur au minimum 6 heures. À la sortie du réfrigérateur, ajoutez un peu de coulis de framboises et/ou de crème Chantilly sur les bavarois et décorez vos verrines d'une framboise. Servez et dégustez.

Cornets gourmands

Préparation : 30 minutes • Repos : 2 heures • Cuisson : 10 minutes • Difficulté : ★★ Budget : ★

Pour 12 pièces

80 g de chocolat blanc à pâtisser ✤ 10 cl de crème liquide ✤ 60 g de beurre ✤ 50 g de sucre ✤ 70 g de farine ✤ 2 blancs d'œufs ✤ 2 cuil. à soupe de pistaches fraîches ✤ 100 g de fraises ✤ 100 g de framboises

Faites fondre le chocolat blanc avec la crème, 3 fois 30 secondes au four à micro-ondes en mélangeant bien à chaque fois. Réservez cette ganache au frais 2 heures.

Travaillez le beurre en pommade et mélangez-le avec le sucre. Ajoutez la farine puis les blancs d'œufs.

Étalez la pâte pour former des disques de 8 cm de diamètre, en couche très fine sur une plaque de cuisson recouverte d'une feuille de papier sulfurisé. Saupoudrez de pistaches hachées et mettez au four 10 minutes à 150 °C (th. 5).

Dès la sortie du four, décollez les biscuits un à un et roulez-les pour former des cornets. Ne faites cuire que 5 disques à la fois car ils durcissent très vite à la sortie du four.

Montez la ganache au batteur électrique. Équeutez et coupez les fraises en petits morceaux et remplissez les cornets de ganache montée et de fruits. Servez aussitôt.

Blanc-manger aux framboises

Préparation : 40 minutes • Repos : 5 heures • Cuisson : 10 minutes • Difficulté : ★ Budget : ★★

Pour 6 verrines

Pour le coulis : 80 g de coulis de framboises ✤ 80 g de sucre ✤ 1 feuille de gélatine

Pour l'entremets : 8 feuilles de gélatine ✤ 30 cl de lait de coco ✤ 20 cl de lait entier ✤ 150 g de sucre ✤ 20 cl de crème liquide entière

Pour le nappage : 250 g de framboises ✤ 2 sachets de nappage pour tarte ✤ Colorant rouge

Préparez le coulis : chauffez le coulis de framboises avec le sucre, ajoutez la gélatine préalablement ramollie dans de l'eau froide et versez-le dans le fond des verrines. Laissez prendre 1 heure.

Préparez l'entremets : mettez les 8 feuilles de gélatine à ramollir dans un peu d'eau froide.

Mélangez dans une casserole le lait de coco avec le lait et le sucre, puis ajoutez les feuilles de gélatine et laissez tiédir.

Montez la crème liquide en chantilly et ajoutez-la au mélange précédent. Versez cette préparation dans les verrines et placez-les au frais au minimum 4 heures.

Déposez les framboises sur les entremets. Préparez le nappage comme indiqué sur le paquet, avec 20 cl d'eau (ou de jus de fruits), et ajoutez 2 gouttes de colorant rouge. Nappez les framboises et remettez au frais.

Café frappé

Préparation : 10 minutes • Repos : 1 heure • Difficulté : ★ Budget : ★

Pour 6 verrines

50 g de sucre glace ✤ 1 blanc d'œuf ✤ 100 g de fromage blanc ✤ 1,5 cuil. à soupe de crème fraîche épaisse ✤ 5 cl de lait ✤ 75 cl de café liquide froid ✤ 6 bâtonnets de sucre roux

Mélangez le sucre glace et le blanc d'œuf. Ajoutez le fromage blanc et la crème, puis diluez petit à petit avec le lait et 15 cl de café.

Filtrez ce mélange et versez-le dans le siphon. Fermez-le et vissez une cartouche de gaz. Secouez le siphon et placez-le au frais pendant 1 heure.

Environ 10 minutes avant de servir, placez le reste de café au congélateur.

Versez le café glacé dans les tasses, sortez le siphon, secouez-le, mettez-le tête en bas et placez la mousse de café sur le café.

Servez aussitôt accompagné de bâtonnets de sucre.

Dacquoises aux trois fruits

Préparation : 30 minutes • Repos : 15 minutes
Cuisson : 15 minutes • Difficulté : ★ Budget : ★★

Pour 40 pièces

25 g de poudre d'amandes ✤ 25 g de poudre de noisettes ✤ 50 g de sucre glace ✤ 2 blancs d'œufs ✤ 25 g de sucre ✤ 2 cuil. à soupe d'amandes, noisettes et pistaches concassées

Mélangez la poudre d'amandes, la poudre de noisettes et le sucre glace. Montez les blancs d'œufs en neige et quand ils commencent à mousser, ajoutez le sucre.

Incorporez délicatement le mélange de poudres et de sucre glace, soulevez bien la masse afin de ne pas casser les blancs.

Sur une feuille de papier sulfurisé, faites des bandes de pâte à l'aide d'une poche à douille. Parsemez d'amandes, de noisettes et de pistaches grossièrement concassées et saupoudrez de sucre glace.

Préchauffez le four à 180 °C (th. 6). Attendez 15 minutes, puis mettez au four 15 minutes. Décollez les bandes une fois refroidies.

Diamants à la cannelle

Préparation : 20 minutes • Repos : 12 heures
Cuisson : 15 minutes • Difficulté : ★★ Budget : ★

Pour 30 sablés

180 g de beurre ✤ 90 g de sucre ✤ 250 g de farine ✤ 1 cuil. à café de cannelle en poudre ✤ 1 jaune d'œuf ✤ 100 g de sucre cristal ✤ Sel

Mélangez le beurre en pommade et le sucre. Mélangez la farine, une pincée de sel et la cannelle et incorporez le tout petit à petit. Divisez la pâte en trois parts égales et façonnez trois boudins de 3 cm de diamètre. Enveloppez-les individuellement dans un film alimentaire en prenant soin de garder la forme cylindrique et laissez une nuit au frais. Le lendemain, badigeonnez-les de jaune d'œuf battu et roulez-les dans le sucre cristal.

Coupez des tronçons de 1,5 cm d'épaisseur et disposez-les sur une plaque de cuisson recouverte d'une feuille de papier sulfurisé, en les espaçant bien.

Mettez au four 15 minutes à 180 °C (th. 6). Laissez refroidir sur la plaque puis conservez-les dans une boîte métallique.

Domino

Préparation : 20 minutes • Cuisson : 15 minutes
Difficulté : ★ Budget : ★★

Pour 30 biscuits

100 g de pâte d'amandes ✤ 50 g de beurre ✤ 60 g de sucre glace ✤ 100 g de poudre d'amandes ✤ 50 g de farine ✤ 1 œuf ✤ Le zeste de 1 orange non traitée ✤ Billes chocolatées

Coupez la pâte d'amandes en morceaux et assouplissez-la en la faisant chauffer 10 secondes au four à micro-ondes. Placez-la dans le bol d'un robot muni d'un crochet pétrisseur et ajoutez tous les autres ingrédients (sauf les billes chocolatées). Mettez le robot à pétrir en vitesse lente jusqu'à l'obtention d'une boule de pâte homogène.

Préchauffez le four à 150 °C (th. 6).

Étalez cette pâte encore collante sur 0,5 cm sur un plan de travail fariné, découpez des rectangles de 2 cm sur 4 cm en farinant le couteau pour éviter qu'il ne colle trop. Déposez les bâtonnets sur une plaque de cuisson recouverte de papier sulfurisé, marquez le milieu au couteau, puis placez les billes chocolatées pour imiter les dominos. Mettez au four 15 minutes. Laissez refroidir sur une grille, puis conservez-les dans une boîte métallique.

Douceurs au miel

Préparation : 20 minutes • Cuisson : 20 minutes
Difficulté : ★ Budget : ★

Pour 15 pièces

200 g de farine ✤ 50 g de poudre d'amandes ✤ 60 g de sucre ✤ 1 sachet de sucre vanillé ✤ 1 cuil. à café de levure boulangère déshydratée ✤ 60 g de beurre ✤ 1 œuf ✤ 2 cuil. à soupe de miel ✤ Sel

Préchauffez le four à 210 °C (th. 7).

Mélangez la farine, la poudre d'amandes, le sucre, le sucre vanillé, la levure et une pincée de sel.

Ajoutez le beurre en pommade, l'œuf et le miel, puis mélangez le tout jusqu'à l'obtention d'une pâte souple légèrement collante.

Formez des boules de pâte en farinant légèrement vos mains et posez-les sur une plaque recouverte de papier sulfurisé.

Mettez au four pour 20 minutes.

Conservez-les dans une boîte métallique.

Financiers à la fleur de sel

Préparation : 10 minutes • Cuisson : 14 minutes
Difficulté : ★ Budget : ★

Pour 9 financiers

3 blancs d'œufs ✤ 100 g de sucre ✤ 100 g de beurre (fondu) ✤ 40 g de farine ✤ 40 g de poudre d'amandes ✤ 1 cuil. à café de miel ✤ ½ cuil. à café de fleur de sel ✤ Sel

Préchauffez le four à 210 °C (th. 7). Fouettez ensemble les blancs d'œufs avec une pincée de sel et le sucre jusqu'à l'obtention d'une consistance mousseuse. Ajoutez le beurre fondu, la farine, la poudre d'amandes et le miel. Mélangez le tout 2 minutes.

Versez la pâte dans des moules en silicone et enfournez pour 7 minutes. Sortez les gâteaux et parsemez-les de fleur de sel. Remettez-les au four et prolongez la cuisson de 7 minutes.

Financiers au pralin

Préparation : 15 minutes • Cuisson : 15 minutes
Difficulté : ★ Budget : ★

Pour 20 pièces

120 g de beurre ✤ 120 g de poudre d'amandes ✤ 100 g de sucre glace ✤ 30 g de farine ✤ 4 blancs d'œufs ✤ 70 g de pralin en poudre

Faites fondre le beurre. Tamisez la poudre d'amandes, le sucre glace et la farine. Ajoutez les blancs d'œufs et mélangez jusqu'à l'obtention d'une pâte homogène. Incorporez le beurre fondu et 60 g de pralin.

Préchauffez le four à 180 °C (th. 6). Remplissez les moules beurrés ou en silicone à l'aide d'une cuillère à soupe. Parsemez du restant de pralin. Mettez au four 15 minutes. Attendez 10 minutes et démouler.

Cake aux fraises Tagada

Préparation : 20 minutes • Cuisson : 45 minutes
Difficulté : ★★ Budget : ★

Pour 6 personnes

Beurre ✤ 170 g de farine ✤ 250 g de fraises Tagada ✤ 6 cl de lait ✤ 3 œufs ✤ 125 g de sucre ✤ ½ sachet de levure chimique ✤ 1 yaourt nature ✤ 6 cl d'huile de tournesol ✤ Sel

Préchauffez votre four à 180 °C (th. 6). Beurrez et farinez un moule à cake. Dans une petite casserole faites fondre à feu doux les fraises Tagada dans le lait. Remuez doucement à l'aide d'une spatule jusqu'à obtention d'un mélange bien lisse. Séparez les blancs des jaunes d'œufs. Battez énergiquement au fouet les jaunes d'œufs et le sucre jusqu'à ce que le mélange blanchisse. Montez les blancs en neige avec une pincée de sel en les soulevant bien avec le fouet afin d'éviter qu'ils ne retombent. Ajoutez la farine et la levure, puis le yaourt et l'huile, les fraises fondues et les blancs montés en neige. Versez la pâte dans le moule et mettez au four pendant 45 minutes.

Cake aux raisins

Préparation : 15 minutes • Cuisson : 40 minutes
Difficulté : ★ Budget : ★

Pour 4 personnes

150 g de beurre ✤ 120 g de sucre ✤ 3 œufs ✤ 1 sachet de sucre vanillé ✤ 250 g de farine ✤ ½ sachet de levure chimique ✤ 1 cuil. à soupe de kirsch ✤ 150 g de raisins blancs ✤ 1 cuil. à soupe de sucre glace ✤ Sel

Préchauffez le four à 180 °C (th. 6). Dans un saladier, mélangez le beurre mou et le sucre jusqu'à ce qu'ils blanchissent. Ajoutez les œufs un à un, puis le sucre vanillé, une pincée de sel, la farine, la levure et le kirsch. Mélangez.

Rincez et égrappez le raisin. Roulez les grains dans le sucre glace. Gardez-en 10 et mélangez le reste à la pâte. Versez la pâte dans un moule à cake beurré. Répartissez les grains de raisin réservés en les enfonçant légèrement. Enfournez le cake 40 minutes. Laissez-le tiédir et démoulez. Servez froid.

Cookies au chocolat et fleur de sel

Préparation : 10 minutes • Cuisson : 10 minutes
Difficulté : ★ Budget : ★

Pour 20 cookies

100 g de beurre ✤ 75 g de cassonade ✤ 1 œuf ✤ 100 g de farine ✤ ½ sachet de levure chimique ✤ 100 g de poudre d'amandes ✤ 100 g de pépites de chocolat ✤ Fleur de sel de Guérande

Faites fondre le beurre. Mélangez-le ensuite à la cassonade.

Ajoutez l'œuf, la farine, la levure et la poudre d'amandes. Mélangez bien l'ensemble. La pâte à cookies va devenir collante. Déposez les pépites de chocolat et remuez délicatement.

Préchauffez le four à 180 °C (th. 6).

Formez des petites boules de pâte avec vos mains et déposez-les sur une plaque de cuisson. Écrasez les boules avec le dos d'une cuillère et saupoudrez les cookies de fleur de sel. Enfournez 10 minutes. Laissez refroidir les cookies avant de déguster.

Crème anglaise

Préparation : 10 minutes • Cuisson : 10 minutes
Difficulté : ★ Budget : ★

Pour 2 personnes

25 cl de lait de suite ✤ 1 gousse de vanille ✤ 3 œufs ✤ 50 g de sucre

Faites chauffer le lait de suite dans une casserole en y ajoutant la gousse de vanille fendue en deux. Ôtez du feu dès que le lait bout. Enlevez la gousse de vanille et réservez.

Cassez les œufs et ne conservez que les jaunes. Fouettez-les avec le sucre en poudre dans un saladier jusqu'à ce que le mélange blanchisse.

Remettez la préparation sur feu doux et remuez constamment avec une cuillère en bois, en formant des 8. Dès que la crème nappe la cuillère, ôtez-la du feu. Versez alors par-dessus le lait chaud en fouettant.

Versez dans 2 ramequins et laissez refroidir.

Cocottes glacées aux framboises

Préparation : 20 minutes • Congélation : 1 nuit
Difficulté : ★ Budget : ★

Pour 4 personnes

10 cl de crème liquide entière ✣ Huile de tournesol ✣ 250 g de framboises ✣ 1 blanc d'œuf ✣ 125 g de sucre ✣ Menthe ✣ Sel

Placez dans le congélateur la crème liquide, le saladier et les fouets du batteur, pour 15 minutes. Découpez des bandes de papier sulfurisé pour rehausser les bords des cocottes de 3 à 4 cm. Huilez-les au pinceau et tapissez le haut des parois intérieures des cocottes. Sortez la crème liquide du congélateur et montez-la en chantilly au batteur électrique. Mettez de côté 12 framboises et mixez les autres. Réservez au réfrigérateur.

Montez le blanc d'œuf en neige ferme avec une pincée de sel et versez petit à petit le sucre. Continuez à fouetter jusqu'à ce que le mélange devienne lisse et brillant. Incorporez délicatement le coulis de framboises et la chantilly. Versez la mousse de framboises dans les cocottes et entreposez au congélateur jusqu'au lendemain. Retirez délicatement les papiers. Avant de servir, décorez de framboises et de menthe.

Compotée de framboises à l'anis

Préparation : 30 minutes • Repos : 2 heures
Cuisson : 20 minutes • Difficulté : ★ Budget : ★

Pour 4 personnes

Pour la compotée : ✣ 300 g de framboises surgelées ✣ 50 g de sucre de canne ✣ 1 g d'agar-agar
Pour la crème anisée : ✣ 150 g de mascarpone ✣ 5 cl de crème liquide entière ✣ 1 cuil. à soupe de sirop d'anis ✣ 1 cuil. à soupe de sucre
Pour la décoration : ✣ 4 coques de macaron ✣ guimauve

Placez les framboises dans une casserole avec le sucre et laissez compoter 15 minutes en mélangeant régulièrement. Ajoutez l'agar agar et poursuivez la cuisson 2 minutes. Laissez tiédir puis répartissez la compote dans les verrines en réservant 4 cuil. à soupe.

Fouettez le mascarpone avec la crème, le sirop d'anis et le sucre jusqu'à l'obtention d'une crème onctueuse. Versez la crème dans les verrines, nappez du restant de compote et placez au frais 2 heures. Au moment de servir, décorez d'une coque de macaron et d'une petite brochette de framboise et guimauves.

Coupe d'été

Préparation : 45 minutes • Cuisson : 15 minutes • Difficulté : ★ Budget : ★★

Pour 4 personnes

Pour le biscuit : 1 œuf ✤ 90 g de sucre ✤ 100 g de farine ✤ 1 cuil. à soupe de sucre glace
4 pêches ✤ 150 g de sucre ✤ 80 g de confiture de groseilles ✤ 25 cl de crème liquide entière ✤ 2 sachets de sucre vanillé ✤ 200 g de groseilles

Fouettez le jaune d'œuf avec le sucre jusqu'à ce que le mélange blanchisse. Ajoutez la farine tamisée, doucement puis montez le blanc en neige ferme et incorporez-le délicatement. Étalez la pâte sur une plaque de cuisson recouverte d'une feuille de papier sulfurisé pour former un carré de 20 cm sur 20. Saupoudrez de sucre glace et placez au four 12 minutes à 180 °C (th. 6).

Plongez les pêches dans une grande casserole d'eau frémissante pendant 40 secondes. Retirez les pêches de l'eau et épluchez-les. Coupez-les en deux et retirez le noyau. Mettez la confiture à chauffer dans une casserole. Chauffez 70 c l d'eau avec le sucre et mettez les pêches à cuire 5 minutes. Retirez les pêches et passez-les dans la confiture chaude puis réservez-les. Versez la confiture restante dans le fond des verrines. Laissez refroidir.

Coupez les 4 demi-pêches en morceaux. Fouettez la crème très froide en chantilly avec le sucre vanillé. Découpez des disques de biscuits adaptés aux verrines. Placez un disque dans les verrines, répartissez les morceaux de pêches et les grains de groseille. Couvrez de chantilly, placez un second disque de biscuit plus petit et une demi-pêche au centre. Décorez avec le restant de chantilly et de groseilles.

Cornes de gazelle

Préparation : 1 heure • Cuisson : 15 minutes • Difficulté : ★★ Budget : ★

Pour 6 personnes

Pour la farce : 250 g d'amandes ✤ 80 g de sucre ✤ 30 g de beurre (fondu) ✤ 2 cuil. à soupe d'eau de fleur d'oranger

Pour la pâte : 250 g de farine ✤ 15 g de sucre ✤ 80 g de beurre ✤ 3 cuil. à soupe d'eau de fleur d'oranger ✤ Sel Pour la finition : 200 g de sucre glace

Mixez les amandes, mélangez-les au sucre, au beurre fondu et à l'eau de fleur d'oranger. Réservez cette farce au frais.

Préparez la pâte : mélangez la farine, le sucre et ajoutez une pincée de sel. Creusez un puits, placez-y le beurre mou coupé en dés. Mélangez le tout à la fourchette pour obtenir un sable grossier, puis versez 10 cl d'eau mélangée à l'eau de fleur d'oranger. Mélangez le tout pour obtenir une pâte homogène et souple, sans trop pétrir.

Préchauffez le four à 210 °C (th. 6). Étalez la pâte finement sur un plan de travail légèrement fariné. Découpez des triangles, placez une petite quantité de farce à la base des triangles, roulez-les comme pour des croissants et soudez le sommet et les deux extrémités avec un peu d'eau. Donnez-leur une forme de croissant et placez-les sur une plaque de cuisson recouverte de papier sulfurisé. Faites cuire 15 minutes à 210 °C (th. 7). À la sortie du four, plongez les cornes de gazelle dans du sucre glace, placez-les sur une assiette puis saupoudrez-les encore de sucre glace.

Cocottes façon tarte au citron

Préparation : 40 minutes • Repos : 2 h 30 • Cuisson : 45 minutes • Difficulté : ★★ Budget : ★

Pour 4 personnes

Pour la pâte sablée : 80 g de farine ❖ 50 g de sucre ❖ 20 g de poudre d'amandes ❖ 50 g de beurre mou ❖ Sel

Pour la crème au citron : 2 citrons non traités ❖ 100 g de sucre ❖ 1 œuf ❖ 15 g de Maïzena ❖ 60 g de beurre

Pour la meringue : 2 blancs d'œufs ❖ 50 g de sucre

Préchauffez le four à 180 °C (th. 6).

Pour la pâte sablée : mélangez la farine, le sucre, la poudre d'amandes et une pincée de sel. Faites un puits et placez au centre le beurre mou coupé en dés. Pétrissez jusqu'à ce que la pâte forme une boule homogène. Tassez la pâte au fond de 4 cocottes et placez au frais 30 minutes. Piquez la pâte avec une fourchette et mettez au four 20 minutes. Si la pâte gonfle trop pendant la cuisson, piquez-la de nouveau.

Pendant ce temps, versez dans une casserole le jus des 2 citrons ainsi que leur zeste, le sucre, l'œuf et la Maïzena. Faites épaissir au bain-marie en mélangeant constamment. Hors du feu ajoutez le beurre. Versez cette crème dans les cocottes et replacez au four 20 minutes à 150 °C (th. 5). À la sortie du four, laissez refroidir puis placez au frais 2 heures.

Au moment de servir, battez les blancs d'œufs en neige, lorsqu'ils commencent à mousser, ajoutez le sucre et continuez de battre jusqu'à l'obtention d'une meringue compacte et brillante. À l'aide d'une poche à douille, placez la meringue sur la tarte et caramélisez-la à l'aide d'un chalumeau.

Cheesecake aux fraises et amandes

Préparation : 20 minutes • Repos : 2 heures
Cuisson : 30 minutes • Difficulté : ★ Budget : ★

Pour 6 verrines

300 g de ricotta ✤ 40 g de sucre ✤ 1 cuil. à café de jus de citron ✤ 1 œuf ✤ 50 g de croquants aux amandes ✤ 200 g de fraises ✤ 10 cl de coulis de fraises ✤ ½ cuil. à café de nappage pour tarte

Fouettez la ricotta avec le sucre pour la rendre plus souple. Ajoutez le jus de citron et l'œuf. Versez la préparation dans des verrines allant au four. Faites cuire à feu doux 30 minutes à 150 °C (th. 5). Sortez du four et laissez refroidir complètement.

Cassez les croquants aux amandes en gros morceaux et recouvrez-en les cheesecakes.

Nettoyez et équeutez les fraises, puis placez-les entières sur les cheesecakes.

Faites bouillir le coulis avec la poudre à nappage. À l'aide d'un pinceau, nappez les fraises de ce coulis. Placez au frais 2 heures minimum.

Choco flakes

Préparation : 5 minutes • Cuisson : 5 minutes
Difficulté : ★ Budget : ★

Pour 4 à 6 verrines

15 cl de crème liquide ✤ 120 g de chocolat noir ✤ 10 g de beurre ✤ 120 g de corn flakes ✤ 30 g de sucre

Dans une casserole, portez la crème à ébullition.

Cassez le chocolat en petits morceaux et versez la crème dessus. Ajoutez le beurre.

Fouettez le mélange jusqu'à ce que le chocolat soit fondu.

Dans un saladier, mélangez les corn flakes avec le sucre.

Dressez les corn flakes dans des verrines et recouvrez de chocolat fondu. Dégustez.

Chocolat crémeux aux épices

Préparation : 20 minutes • Repos : 1 heure
Cuisson : 15 minutes • Difficulté : ★ Budget : ★

Pour 6 personnes

70 cl de lait ✤ 200 g de chocolat noir ✤ 1 cuil. à café de quatre-épices ✤ 40 cl de crème liquide ✤ 1 cuil. à soupe de cacao en poudre non sucré

Versez le lait dans une casserole, ajoutez le chocolat coupé en petits morceaux, les épices et mettez le tout sur feu doux pendant 15 minutes en remuant régulièrement.

Ajoutez 20 cl de crème et laissez cuire encore 1 minute.

Versez la préparation dans les verrines et laissez refroidir.

Fouettez la crème restante en chantilly et, à l'aide d'une poche à douille, déposez-la sur le chocolat. Placez les verrines au frais au minimum 1 heure. Saupoudrez la crème Chantilly de cacao et dégustez frais à la paille.

Clafoutis chocolat et banane

Préparation : 15 minutes • Cuisson : 20 minutes
Difficulté : ★ Budget : ★

Pour 6 personnes

100 g de chocolat noir ✤ 50 g de beurre ✤ 50 g de sucre ✤ 3 œufs (gros) ✤ 2 cuil. à soupe de Maïzena ✤ 18 cl de lait entier ✤ 3 bananes

Préchauffez le four à 180 °C (th. 6).

Faites fondre au bain-marie le chocolat puis ajoutez le beurre. Lorsque le mélange est homogène, ajoutez le sucre puis les œufs battus en omelette et en dernier, la Maïzena. Ajoutez le lait petit à petit et diluez la pâte.

Beurrez 6 moules individuels ou un plat à gratin, placez les bananes coupées en tronçons et versez la pâte.

Mettez au four 20 minutes (30 pour un grand plat).

Laissez refroidir, puis placez au frais.

Crème au café

Préparation : 5 minutes • Repos : 1 heure
Cuisson : 3 minutes • Difficulté : ★ Budget : ★

Pour 6 verrines

50 g de lait en poudre ✣ 50 cl de café soluble ✣ ½ cuil. à café d'agar-agar ✣ 40 g de sucre ✣ 10 cl de coulis de chocolat

Délayez le lait dans le café. Ajoutez l'agar-agar et mettez à chauffer. Maintenez à ébullition pendant 1 minute puis incorporez le sucre en remuant.

Remplissez les verrines et décorez avec un coulis de chocolat.

Placez au frais pour 1 heure.

Crème au caramel au beurre salé

Préparation : 10 minutes • Cuisson : 6 minutes
Difficulté : ★ Budget : ★

Pour 1 pot

Fleur de sel ✣ 100 g de sucre ✣ 20 cl de crème liquide entière ✣ 40 g de beurre salé

Faites fondre le sucre dans une poêle à fond antiadhésif, à feu moyen, jusqu'à l'obtention d'un caramel blond. Versez la crème liquide préalablement tiédie (pour éviter les projections) et mélangez à l'aide d'une spatule en silicone.

Ajoutez le beurre puis une pincée de fleur de sel et remuez 3 à 4 minutes à feu doux pour que le mélange épaississe. Transférez la crème dans un petit pot, laissez-la refroidir avant de mettre un couvercle et conservez au réfrigérateur.

Crème au citron

Préparation : 15 minutes • Repos : 2 heures
Cuisson : 2 minutes • Difficulté : ★ Budget : ★

Pour 4 verrines

2 citrons non traités ✣ 40 cl de lait écrémé ✣ ½ cuil. à café d'agar-agar ✣ 4 cuil. à soupe de sucre

Lavez les citrons et râpez leur peau pour récupérer les zestes. Pressez les citrons. Réservez.

Plongez les zestes dans le lait. Ajoutez l'agar-agar et faites chauffer. Maintenez l'ébullition pendant 1 minute.

Retirez du feu et ajoutez le jus de citron et le sucre.

Versez dans les verrines et réservez au frais pendant 2 heures avant de déguster.

Crème brûlée anisée

Préparation : 20 minutes • Cuisson : 1 heure
Difficulté : ★ Budget : ★

Pour 4 personnes

8 jaunes d'œufs ✣ 200 g de sucre ✣ 50 cl de lait ✣ 50 cl de crème fleurette ✣ 5 cl de pastis ✣ 20 g de cassonade ✣ 4 étoiles de badiane

Préchauffez le four à 100 °C (th. 3-4). Fouettez les jaunes d'œufs et versez doucement le sucre. Mélangez afin que le mélange blanchisse et devienne mousseux. Ajoutez le lait, la crème et le pastis. Mélangez bien l'ensemble. Remplissez 4 plats individuels à crème brûlée avec la préparation. Enfournez et laissez cuire pendant 1 heure.

Une fois les crèmes refroidies, parsemez le dessus avec la cassonade, et faites caraméliser avec l'aide d'un chalumeau de cuisine ou sous le gril du four. Servez aussitôt avec les étoiles de badiane en guise de décoration.

Croustillants au café

Préparation : 1 heure • Repos : 30 minutes
Cuisson : 3 minutes • Difficulté : ★ Budget : ★

Pour 20 pièces

70 g de chocolat blanc ✤ 60 g de crêpes dentelle ✤ 80 g de beurre mou ✤ 2 cuil. à soupe de café soluble ✤ 1 cuil. à soupe de sucre glace ✤ 70 cl de crème anglaise ✤ 20 grains de café au chocolat

Faites fondre le chocolat blanc au four à micro-ondes ou au bain-marie. Quand le chocolat est lisse et homogène, ajoutez les crêpes dentelle réduites en miettes. Mélangez le tout et à l'aide d'une cuillère à café, remplissez le fond de 20 moules à mini muffin, en silicone de préférence. Tassez bien et placez le tout au réfrigérateur 30 minutes.

Travaillez le beurre en pommade puis fouettez-le, au fouet électrique, avec le café soluble et le sucre glace. Ajoutez la crème anglaise tempérée petit à petit sans arrêter de battre jusqu'à obtention d'une crème onctueuse et homogène. Démoulez les fonds croustillants et garnissez-les de crème au café à l'aide d'une poche à douille munie d'un très petit embout, afin de créer une spirale. Décorez d'un grain de café en chocolat.

Crumble de fruits rouges

Préparation : 30 minutes • Cuisson : 12 minutes
Difficulté : ★ Budget : ★★

Pour 12 cuillères

20 g de beurre ✤ 20 g de sucre roux ✤ 20 g de poudre d'amandes ✤ 20 g de flocons d'avoine ✤ 100 g de fruits rouges ✤ 5 cl de crème anglaise ✤ Menthe

Réduisez le beurre en pommade, ajoutez le sucre, la poudre d'amandes et les flocons d'avoine. Mélangez à l'aide d'une fourchette pour former un sablé grossier. Placez-le au réfrigérateur 30 minutes puis étalez-le sur une plaque de cuisson recouverte de papier sulfurisé.

Préchauffez le four à 170 °C (th. 5-6) et placez-y le crumble 12 minutes.

À la sortie du four, laissez-le refroidir afin qu'il durcisse. Conservez-le dans une boîte hermétique.

Nettoyez et équeutez les fruits. Répartissez-les dans les 12 cuillères. Versez un peu de crème anglaise et saupoudrez de crumble. Décorez d'une petite feuille de menthe.

Crème brûlée au blé noir

Préparation : 20 minutes • Repos : 30 minutes
Cuisson : 40 minutes• Budget : ★

Pour 4 personnes

2 jaunes d'œufs ✤ 80 g de sucre ✤ 25 cl de crème liquide entière ✤ 20 cl de lait ✤ 50 g de farine de blé noir ✤ 3 cuil. à soupe de cassonade

Préchauffez le four à 100 °C (th. 3-4).

Fouettez ensemble les jaunes et le sucre. Versez la crème et le lait puis la farine et mélangez le tout.

Laissez reposer 30 minutes puis passez la préparation au tamis avant de répartir la crème dans des ramequins.

Faites cuire au four 40 minutes.

Laissez refroidir. Au moment de servir, saupoudrez de cassonade et faites caraméliser à l'aide d'un chalumeau.

Cupcakes aux cacahuètes

Préparation : 30 minutes • Cuisson : 20 minutes
Difficulté : ★ Budget : ★

Pour 6 cupcakes

60 g de beurre ✤ 110 g de sucre ✤ 1 sachet de sucre vanillé ✤ 1 œuf ✤ 150 g de farine ✤ ½ cuil. à café de levure chimique ✤ 50 g de cacahuètes
Pour la crème : 130 g de beurre ✤ 10 cl de crème anglaise ✤ 2 cuil. à soupe de beurre de cacahuètes
Pour le décor : 60 g de cacahuètes

Préchauffez le four à 180 °C (th. 6). Fouettez le beurre pommade avec les sucres jusqu'à l'obtention d'un mélange onctueux. Ajoutez l'œuf puis la farine mélangée à la levure et les cacahuètes grossièrement hachées, mélangez bien.

Remplissez aux deux tiers 6 moules à muffin garnis de caissettes en papier et mettez au four 20 minutes. Laissez refroidir sur une grille. Préparez la crème. Battez le beurre en pommade avec un fouet électrique et ajoutez petit à petit la crème anglaise tempérée puis le beurre de cacahuètes. Avec une spatule, déposez une couche de crème sur les cupcakes puis décorez de cacahuètes. Réservez au frais.

Chocolat et menthe poivrée

Préparation : 45 minutes • Repos : 2 heures • Cuisson : 10 minutes • Difficulté : ★ Budget : ★★

Pour 6 personnes

Pour la crème à la menthe : 30 cl de lait ✣ 2 œufs ✣ 40 g de sucre ✣ 30 g de Maïzena ✣ 10 feuilles de menthe ✣ Colorant vert ✣ 90 g de biscuits type Mikado

Pour la crème chocolatée : 10 feuilles de menthe ✣ 30 cl de lait ✣ 20 cl de crème liquide ✣ 3 jaunes d'œufs ✣ 50 g de sucre ✣ 150 g de chocolat

Préparez la crème à la menthe : faites macérer les feuilles de menthe dans le lait pendant 1 heure. Faites bouillir le lait avec les feuilles. Battez les œufs avec le sucre et la Maïzena puis versez le lait bouillant filtré. Ajoutez quelques gouttes de colorant vert. Remettez sur feu doux et faites épaissir. Versez cette crème dans les verrines et laissez refroidir.

Préparez la crème chocolatée : faites macérer les feuilles de menthe dans le lait pendant 1 heure. Mettez le lait avec les feuilles de menthe et la crème à bouillir dans une casserole. Battez les jaunes d'œufs avec le sucre.

Filtrez le lait pour retirer les feuilles de menthe, ajoutez le mélange œufs-sucre et faites épaissir sur feu doux puis ajoutez le chocolat. Mélangez jusqu'à ce que le chocolat soit totalement fondu.

Placez 4 Mikado de taille différente dans la crème à la menthe. Versez par-dessus la crème chocolatée. Placez au frais 2 heures. Décorez de feuilles de menthe avant de servir.

Cupcakes à la fraise et à la rhubarbe

Préparation : 30 minutes • Cuisson : 25 minutes • Difficulté : ★ Budget : ★

Pour 6 cupcakes

100 g de farine ✤ 1 cuil. à café de levure chimique ✤ 60 g de sucre ✤ 1 œuf ✤ 3 cuil. à soupe de crème fraîche épaisse ✤ 3 cl d'huile de pépins de raisin ✤ 60 g de fraises ✤ 60 g de rhubarbe ✤ Sel

Pour la crème : 2 fraises ✤ 40 g de rhubarbe ✤ 100 g de beurre ✤ 130 g de sucre glace

Préchauffez le four à 200 °C (th. 6-7). Mélangez la farine et la levure. Ajoutez le sucre et une pincée de sel.

Fouettez l'œuf et versez la crème et l'huile tout en continuant de fouetter. Ajoutez le mélange sec puis les fraises et la rhubarbe coupées en dés (si cette dernière est surgelée, utilisez-la encore congelée). Mélangez délicatement sans trop travailler la pâte.

Versez la pâte aux deux tiers dans 6 moules à muffin garnis de caissettes en papier. Mettez au four pendant 25 minutes environ (la croûte doit dorer). Contrôlez la cuisson avec la pointe d'un couteau (ou un cure-dent) qui doit ressortir sèche. Laissez refroidir sur une grille.

Préparez la crème. Mixez les fraises et la rhubarbe afin d'obtenir un coulis (3-4 cuil. à soupe). Mélangez le beurre mou avec le sucre glace afin d'obtenir un mélange crémeux puis ajoutez le coulis. Mettez la crème dans une poche à douille fermée. Sortez la crème 10 minutes avant de servir. Au dernier moment, garnissez les cupcakes à l'aide d'une poche à douille cannelée.

Cupcakes choco-pistache

Préparation : 30 minutes • Cuisson : 20 minutes • Difficulté : ★ Budget : ★★

Pour 6 cupcakes

100 g de beurre ✤ 120 g de sucre ✤ 2 œufs ✤ 120 g de farine ✤ ½ sachet de levure chimique ✤ 1 cuil. à soupe de cacao en poudre ✤ 50 g de pistaches fraîches

Pour le glaçage : 150 g de sucre glace ✤ 180 g de beurre ✤ 2 cuil. à soupe de pâte de pistaches

Préchauffez le four à 180 °C (th. 6).

Fouettez le beurre pommade avec le sucre jusqu'à l'obtention d'un mélange onctueux. Ajoutez les œufs un à un. Ajoutez la farine mélangée à la levure et au cacao, mélangez bien. Ajoutez les pistaches hachées grossièrement.

Remplissez aux deux tiers 6 caissettes papier (pour les caissettes plissées, placez dans des moules à muffin) et mettez au four 20 minutes à 180 °C (th. 6). Contrôlez la cuisson en plantant une pointe de couteau qui doit ressortir sèche. Laissez refroidir sur une grille.

Préparez le glaçage. Battez le beurre tempéré au batteur électrique jusqu'à ce qu'il se transforme en pommade, ajoutez petit à petit le sucre glace puis la pâte de pistache.

Garnissez les cupcakes à l'aide d'une poche à douille cannelée.

Faux œufs à la coque

Préparation : 45 minutes • Cuisson : 20 minutes
Difficulté : ★ Budget : ★

Pour 6 personnes

6 fruits de la passion ✤ 10 g de Maïzena ✤ 10 g de sucre ✤ 20 cl de lait ✤ 5 cl de crème liquide entière ✤ 30 g de chocolat noir

Pour la crème au chocolat : 3 cl de crème liquide ✤ 80 g de chocolat ✤ 20 g de beurre

Coupez les fruits de la passion aux deux tiers et videz-les de leur pulpe, puis filtrez-la pour retirer les pépins. Mélangez la Maïzena, le sucre et diluez avec 5 cl de lait froid.

Mélangez le restant de lait avec la crème, puis ajoutez le premier mélange. Portez le tout à ébullition et faites épaissir sans cesser de mélanger. Hors du feu, ajoutez le jus de passion puis le chocolat noir et mélangez jusqu'à ce qu'il soit totalement fondu. Versez cette crème dans les coques des fruits de la passion, puis placez au frais.

Préparez la crème au chocolat : faites bouillir la crème, versez-la sur le chocolat râpé et mélangez jusqu'à l'obtention d'une consistance homogène, ajoutez le beurre. Laissez refroidir et fouettez pour obtenir une belle mousse. Remplissez une poche munie d'une douille cannelée et déposez de la ganache sur chaque fruit.

Cookies so smart !

Préparation : 15 minutes • Cuisson : 12 minutes
Difficulté : ★ Budget : ★

Pour 6 personnes

150 g de beurre ✤ 75 g de cassonade ✤ 75 g de sucre ✤ 2 œufs ✤ 250 g de farine ✤ ½ cuil. à soupe de bicarbonate de soude ✤ 100 g de bonbons chocolatés type Smarties ✤ 50 g de pépites de chocolat ✤ 50 g de noix ✤ Sel

Préchauffez le four à 180 °C (th. 6).

Dans un bol, mélangez le beurre mou et les sucres jusqu'à ce que le mélange soit homogène. Ajoutez les œufs en mélangeant de nouveau. Tamisez la farine et le bicarbonate dans un autre bol, ajoutez-les, ainsi que le sel, au mélange précédent, puis mélangez à nouveau.

Ajoutez les trois quarts des Smarties, les pépites de chocolat et les noix concassées, en les incorporant délicatement au mélange. Recouvrez une grande plaque de cuisson de papier sulfurisé. À l'aide d'une cuillère à soupe, déposez des petits tas de pâte sur la plaque en laissant un espace suffisant entre chaque tas. Déposez, sur chaque cookie, 5 ou 6 Smarties de couleurs différentes. Enfournez 12 minutes.

Étoiles à la cannelle

Préparation : 40 minutes • Repos : 4 à 5 heures
Cuisson : 15 minutes • Difficulté : ★★ Budget : ★

Pour 20 étoiles

250 g d'amandes ✣ 180 g de sucre glace ✣ 2 cuil. à café de cannelle en poudre ✣ 2 blancs d'œufs
Pour le glaçage : 180 g de sucre glace ✣ 1 blanc d'œuf

Préchauffez le four à 180 °C (th. 6). Mixez les amandes, mélangez-les avec le sucre glace, la cannelle, puis ajoutez les blancs d'œufs.

Étalez la pâte sur un plan de travail recouvert de sucre glace, puis découpez des étoiles à l'aide d'un emporte-pièce. Placez-les sur une plaque de cuisson recouverte d'une feuille de papier sulfurisé. Mettez au four 15 minutes, puis laissez refroidir sur la plaque. Mélangez le sucre glace et le blanc d'œuf, vous devez obtenir une sorte de crème onctueuse filante. Glacez chaque étoile, retirez l'excès avec un couteau rond, puis déposez-les sur la plaque, le glaçage va finir par s'unifier en s'étalant. Si la consistance est parfaite, le glaçage ne va pas couler sur les côtés, s'il est trop coulant, ajoutez un peu de sucre glace. Laissez sécher à l'air libre 4 à 5 heures, le glaçage doit durcir.

Flan à la noix de coco et son nuage chocolaté

Préparation : 30 minutes • Repos : 1 nuit
Cuisson : 20 minutes • Difficulté : ★★ Budget : ★★

Pour 6 personnes

12 cl de lait concentré non sucré ✣ 26 cl de lait ✣ 2 œufs ✣ 60 g de sucre ✣ 60 g de noix de coco en poudre ✣ 50 g de chocolat au lait ✣ 20 cl de crème liquide entière ✣ Disques de chocolat

Préchauffez le four à 180 °C (th. 6). Mélangez le lait concentré, le lait et les jaunes d'œufs. Ajoutez le sucre et la noix de coco. Montez les blancs d'œufs en neige et incorporez-les au mélange précédent.

Versez la préparation dans 6 verrines pouvant aller au four. Placez-les dans un bain-marie puis au four à 180 °C (th. 6) pendant 20 minutes. Laissez refroidir et placez au frais.

Faites fondre le chocolat au lait avec la moitié de la crème. Lorsque le mélange est homogène, ajoutez le restant de crème. Couvrez et laissez reposer une nuit au réfrigérateur. Le lendemain, montez la crème chocolatée en chantilly et dressez-la sur les flans à l'aide d'une poche à douille.

Placez au frais et décorez d'un disque de chocolat.

Financier

Préparation : 45 minutes • Cuisson : 20 minutes
Difficulté : ★ Budget : ★

Pour 6 personnes

160 g de poudre d'amandes ✤ 120 g de sucre glace ✤ 30 g de farine ✤ 20 g de cacao en poudre ✤ 5 blancs d'œufs ✤ 140 g de beurre ✤ 30 g de pistaches fraîches

Préchauffez le four à ,180 °C (th. 6).

Tamisez la poudre d'amandes, le sucre glace, la farine et le cacao. Ajoutez les blancs d'œufs. Faites fondre le beurre et ajoutez-le au mélange.

Remplissez les empreintes à mini cake beurrées ou en silicone à l'aide d'une cuillère à soupe et décorez de pistaches hachées.

Mettez au four 15 minutes. Attendez 10 minutes et démoulez.

Gaufrettes

Préparation : 15 minutes • Repos : 4 heures • Cuisson : 30 secondes par gaufrette • Difficulté : ★★ Budget : ★

Pour 40 gaufrettes

125 g de beurre ✤ 250 g de farine ✤ 125 g de sucre ✤ 1 sachet de sucre vanillé ✤ 1 œuf ✤ Sel

Faites fondre le beurre et laissez-le refroidir. Mélangez la farine, le sucre, le sucre vanillé et une pincée de sel. Faites un puits, ajoutez l'œuf et commencez à mélanger, puis ajoutez le beurre fondu. Pétrissez jusqu'à l'obtention d'une boule de pâte homogène légèrement collante. Couvrez la pâte d'un film alimentaire et placez-la au frais 4 heures.

Formez de petites boules de pâte que vous aplatirez légèrement avant de les placer dans le gaufrier muni des plaques à gaufrettes. Laissez cuire 30 secondes, le temps peut varier selon le gaufrier. Retirez les gaufrettes à l'aide d'une spatule et laissez-les refroidir et durcir sur une plaque de cuisson recouverte de papier sulfurisé.

Langues de chat

Préparation : 15 minutes • Cuisson : 10 minutes
Difficulté : ★ Budget : ★

Pour 6 personnes

70 g de beurre ✤ 60 g de sucre glace ✤ 1 œuf ✤ 70 g de farine

Préchauffez le four à 190 °C (th. 6-7).

Travaillez le beurre en pommade à la fourchette avec le sucre glace. Ajoutez l'œuf, puis la farine et mélangez jusqu'à l'obtention d'une pâte homogène et souple.

Remplissez une poche à douille de cette pâte et déposez des bandes de pâte sur une plaque de cuisson recouverte de papier sulfurisé. Espacez-les bien car la pâte va s'étaler à la cuisson. Mettez au four 10 minutes. Les biscuits doivent être dorés sur les bords. Laissez-les refroidir sur la plaque avant de déguster.

Les panellets de Mumu

Préparation : 40 minutes • Repos : 4 heures
Cuisson : 12 minutes • Difficulté : ★ Budget : ★★

Pour 30 biscuits

125 g de patate douce cuite ✤ 250 g de sucre ✤ 250 g de poudre d'amandes ✤ 1 œuf ✤ Le zeste de 1 citron non traité ✤ 200 g de pignons de pin

Écrasez la patate douce en purée. Ajoutez le sucre, la poudre d'amandes, le jaune d'œuf et le zeste de citron. Laissez reposer 4 heures au frais (au mieux une nuit).

Préchauffez le four à 180 °C (th. 6). Formez des noix de pâte en vous farinant légèrement les mains. Battez légèrement le blanc d'œuf avec une fourchette et badigeonnez les boules de pâte avant de les recouvrir de pignons.

Placez-les sur une plaque de cuisson recouverte de papier sulfurisé et mettez-les à cuire 12 minutes au four avant de les déguster.

Galettes au beurre salé

Préparation : 30 minutes • Repos : 1 heure
Cuisson : 30 minutes • Difficulté : ★ Budget : ★

Pour 30 galettes

320 g de farine ✤ 120 g de sucre ✤ 1 sachet de sucre vanillé ✤ 2 jaunes d'œufs ✤ 180 g de beurre salé ✤ Le zeste de 1 citron non traité
Pour la finition : ✤ 1 jaune d'œuf ✤ Sucre glace

Mélangez la farine, le sucre et le sucre vanillé et faites un puits au centre pour y déposer les jaunes d'œufs.

Ajoutez le beurre tempéré coupé en morceaux et le zeste de citron. Pétrissez le tout et formez une boule de pâte, laissez reposer la pâte 1 heure au frais enveloppée dans du film alimentaire.

Préchauffez le four à 150 °C (th. 5).

Étalez la pâte entre 2 feuilles de cuisson sur 0,3 cm d'épaisseur. Découpez les galettes à l'emporte-pièce et disposez-les sur une plaque recouverte de papier de cuisson. Badigeonnez-les de jaune d'œuf battu avec 1 cuil. à café d'eau et saupoudrez de sucre glace.

Mettez au four pour 30 minutes, les galettes doivent être bien dorées. Laissez refroidir sur une grille.

Galettes croquantes

Préparation : 30 minutes • Repos : 1 heure
Cuisson : 12 minutes • Difficulté : ★ Budget : ★

Pour 20 sablés

260 g de farine ✤ 80 g de sucre glace ✤ 1 sachet de sucre vanillé ✤ 125 g de beurre ✤ 1 jaune d'œuf ✤ 2 cuil. à soupe de lait ✤ Sel
Pour la finition : 100 g de chocolat noir

Mélangez la farine, le sucre glace, le sucre vanillé et une pincée de sel. Ajoutez le beurre tempéré coupé en dés et travaillez la pâte pour former un gros sable. Ajoutez le jaune d'œuf battu avec le lait et pétrissez jusqu'à l'obtention d'une pâte homogène. Enveloppez-la dans du film alimentaire et réservez au frais pendant 1 heure.

Préchauffez le four à 180 °C (th. 6). Étalez la pâte sur un plan de travail fariné et découpez les sablés à l'aide d'un emporte-pièce. Placez les sablés sur une plaque de cuisson recouverte de papier sulfurisé.

Mettez les sablés à cuire 12 minutes. Les sablés doivent dorer légèrement. Laissez refroidir. Faites fondre au bain-marie le chocolat puis étalez une fine couche de chocolat sur le dessous des sablés et déposez-les sur une feuille de papier sulfurisé. Laissez durcir, puis décollez délicatement les sablés, conservez-les dans une boîte métallique.

Flûtes aux petits fruits rouges

Préparation : 20 minutes • Repos : 30 minutes
Difficulté : ★ Budget : ★

Pour 6 personnes

150 g de groseilles ✤ 150 g de cassis ✤ 500 g de framboises ✤ 3 blancs d'œufs ✤ 75 g de sucre glace ✤ Sel

Mettez 4 flûtes à champagne au réfrigérateur 2 heures avant de les remplir.

Lavez les cassis et les groseilles. Épongez-les avec du papier absorbant. Égrappez-les et gardez-les au frais.

Équeutez les framboises. Mixez-en 300 g et gardez les autres, entières, au frais.

Fouettez les blancs en neige ferme avec le sel. Incorporez les framboises écrasées. Continuez de fouetter en ajoutant peu à peu le sucre glace.

Remplissez les flûtes, en intercalant couches de groseilles, cassis et framboises entières et couche de mousse à la framboise. Mettez au frais 30 minutes et servez.

Confiture chocolat poires

Préparation : 25 minutes • Repos : 1 nuit
Cuisson : 20 minutes • Difficulté : ★ Budget : ★

Pour 10 à 12 verrines

1 kg de poires williams ✤ 1 citron ✤ 1 orange ✤ 1 cm de gingembre frais ✤ 1 gousse de vanille ✤ 500 g de sucre cristal ✤ 250 g de chocolat noir à 60 % de cacao ✤ Noix

Épluchez et découpez les poires en quartiers. Épépinez-les et taillez-les en gros cubes. Pressez le citron et l'orange. Épluchez et râpez le gingembre. Fendez la vanille en deux et récupérez les graines.

Dans une petite bassine à confiture, versez les poires, les jus de citron et d'orange, le gingembre et la vanille. Mélangez le tout avec le sucre. Couvrez d'un linge et laissez macérer toute une nuit. Le lendemain, portez la confiture à ébullition. Râpez le chocolat et ajoutez-le au mélange. Faites cuire le tout à feu moyen pendant 20 minutes environ. Disposez la confiture dans des verrines puis laissez refroidir.

Au moment de servir, parsemez la confiture de quelques noix hachées et servez accompagné de brioche. Dégustez.

Ch'tiramisu

Préparation : 30 minutes • Repos : 24 heures • Difficulté : ★ Budget : ★

Pour 6 verrines

3 œufs ✥ 70 g de sucre ✥ 300 g de mascarpone ✥ 2 cuil. à soupe de chicorée liquide ✥ 200 g de spéculoos

Séparez les jaunes d'œufs des blancs. Battez les jaunes avec le sucre jusqu'à ce que le mélange blanchisse, puis ajoutez le mascarpone et la chicorée et fouettez encore 2 minutes.

Montez les blancs en neige et incorporez-les à la préparation précédente.

Remplissez les verrines en alternant la crème et les spéculoos, en commençant par des biscuits et en finissant par de la crème. Les spéculoos n'ont pas besoin d'être humidifiés, ils le seront en étant au contact de la mousse pendant le repos au frais.

Laissez reposer 24 heures au réfrigérateur.

Au moment de servir, décorez à votre goût, avec des spéculoos réduits en miettes, des copeaux de chocolat ou, comme sur la photo, avec un macaron à la chicorée.

Charlotte au genièvre et pain d'épices

Préparation : 30 minutes • Repos : 4 heures • Cuisson : 10 minutes • Difficulté : ★★ Budget : ★★

Pour 4 verrines

15 cl de lait ✤ 1 jaune d'œuf ✤ 30 g de sucre ✤ 10 g de Maïzena ✤ 1,5 feuille de gélatine ✤ 2 cuil. à soupe de baies de genièvre ✤ 12 tranches de pain d'épices ✤ 15 cl de crème liquide entière

Faites chauffer le lait dans une casserole. Mélangez le jaune d'œuf et le sucre jusqu'à ce que le mélange blanchisse. Ajoutez la Maïzena et versez dessus le lait bouillant, remettez le tout dans une casserole et faites épaissir à feu doux.

Retirez du feu et ajoutez les feuilles de gélatine essorées et le genièvre, mélangez pour faire fondre la gélatine. Laissez tiédir.

Coupez les tranches de pain d'épices en trois, retirez les bords sombres puis coupez chaque morceau en deux dans le sens de l'épaisseur. Placez les rectangles fins de pain d'épices dans les verrines pas trop hautes mais larges, positionnez-les de façon à ce qu'ils se chevauchent. Placez un morceau de pain d'épices dans le fond.

Fouettez la crème liquide en chantilly et incorporez-la à la crème au genièvre. Versez la mousse dans les verrines. Placez au frais 4 heures avant de servir.

Cheese-cake fleuri

Préparation : 40 minutes • Cuisson : 1 heure • Difficulté : ★ Budget : ★

Pour 4 verrines

Pour le cheese-cake à la rose : 100 g de ricotta ✤ 80 g de fromage blanc ✤ 80 g de crème liquide entière ✤ 50 g de sucre ✤ 1 g d'agar-agar ✤ 2 cuil. à soupe d'eau de rose

Pour la mousse à la violette : 100 g de lait ✤ 30 g de sucre ✤ 1 œuf ✤ 2 cuil. à café de Maïzena ✤ 60 g de beurre ✤ 1 cuil. à soupe de sirop de violette ✤ Fleur de violette cristallisée ✤ Colorant bleu (ou une cuillère à café de gelée de cassis) ✤ Colorant rouge

Mélangez la ricotta et le fromage blanc ainsi que le sucre afin d'obtenir un mélange onctueux. Faites dissoudre l'agar-agar dans l'eau de rose (portez à ébullition 1 minute) et ajoutez au mélange précédent.

Donnez une jolie couleur rose avec quelques gouttes de colorant rouge. Montez la crème liquide en chantilly et incorporez-la délicatement. Versez cette préparation dans les verrines et réservez au frais au moins 1 heure.

Préparez la mousse. Battez l'œuf et le sucre, ajoutez la Maïzena. Versez dessus le lait bouillant additionné de sirop de violette et faites épaissir sur feu doux. Donnez une couleur violette avec une goutte de colorant bleu et une goutte de colorant rouge ou 1 cuil. à café de gelée de cassis. Filmez au contact à l'aide de film alimentaire et laissez refroidir. Ajoutez le beurre tempéré et fouettez au batteur électrique jusqu'à obtenir une crème mousseuse. À l'aide d'une poche à douille, déposez la crème à la violette sur le cheese-cake à la rose. Décorez de violettes cristallisées.

Cheesecake agrumes

Préparation : 20 minutes • Difficulté : ★ Budget : ★

Pour 4 à 6 verrines

Pour le fond de biscuit : 80 g de biscuits secs (spéculoos, petits beurre…) ✤ 20 g de beurre mou ✤ 20 g de caramels au beurre salé ✤ 1 cuil. à café de pâte de noisettes
Pour la crème : 200 g de fromages frais Philadelphia ✤ 10 cl de crème fleurette ✤ 2 cuil. à soupe de sucre glace ✤ ½ g d'agar-agar ✤ ½ citron ✤ 1 orange sanguine

Préparez le fond de biscuit : émiettez les biscuits puis incorporez le beurre pommade, le caramel et la pâte de noisettes. Mélangez jusqu'à l'obtention d'une pâte homogène. Tapissez le fond de vos verrines de la pâte à biscuit. Préparez la crème : disposez le fromage frais dans un saladier. Pressez le citron et l'orange. Dans une casserole, portez les jus à ébullition et ajoutez l'agar-agar. Maintenez sur feu vif 2 minutes. Réservez à température ambiante. Dès que le mélange est tiédi, incorporez-le au fromage frais. Montez la crème avec le sucre en chantilly puis incorporez-la au fromage frais. Répartissez la crème dans les verrines. Filmez et placez-les au réfrigérateur 3 heures. Au moment de servir, parsemez vos verrines de quelques miettes de biscuit et ajoutez un filet de caramel au beurre salé. Dégustez.

Clémentines à la mousse de banane

Préparation : 15 minutes • Repos : 30 minutes
Cuisson : 1 minute • Difficulté : ★ Budget : ★

Pour 6 verrines

3 bananes bien mûres ✤ Le jus de ½ citron ✤ ½ cuil. à café d'agar-agar ✤ 3 blancs d'œufs ✤ 3 clémentines

Épluchez et mixez les bananes avec le jus de citron. Délayez l'agar-agar dans 5 cl d'eau, faites chauffer et maintenez à ébullition pendant 1 minute. Mélangez aux bananes.

Battez les blancs d'œufs en neige et incorporez-les délicatement à la crème de bananes. Réservez.

Épluchez les clémentines.

Remplissez les verrines en alternant une couche de mousse de banane et une de quartiers de clémentines. Répétez l'opération jusqu'à remplir les verrines. Placez au frais pendant 30 minutes avant de déguster.

Couscous sucré

Préparation : 30 minutes • Cuisson : 2 minutes
Difficulté : ★ Budget : ★

Pour 6 personnes

160 g de semoule ✤ 120 g de fraises ✤ 3 sachets de sucre vanillé ✤ 2 cuil. à soupe d'eau de fleur d'oranger ✤ 40 g de pistaches fraîches ✤ 2 oranges ✤ 6 framboises ✤ 6 feuilles de menthe

Faites bouillir 30 cl d'eau et versez-la sur la semoule. Laissez-la gonfler, vérifiez la cuisson, ajoutez de l'eau si nécessaire et laissez refroidir.

Lavez et coupez quelques fraises en fines lamelles que vous placerez sur la paroi des verrines. Coupez le reste des fraises en petits morceaux, en mettant de côté quelques quartiers pour le décor.

Sucrez la semoule, ajoutez l'eau de fleur d'oranger, les fraises coupées en petits morceaux, les pistaches grossièrement hachées. Répartissez la semoule aux fruits dans les verrines et placez-les au frais. Pressez les oranges et conservez le jus au frais.

Au moment de servir, arrosez le couscous de jus d'orange et décorez de quartiers de fraises, d'une framboise et d'une petite feuille de menthe.

Crème à la réglisse

Préparation : 10 minutes • Cuisson : 45 minutes
Difficulté : ★ Budget : ★

Pour 6 verrines

1 bâton de réglisse ✤ 30 cl de lait ✤ 25 cl de crème liquide ✤ 100 g de sucre ✤ 3 œufs

Préchauffez le four à 160 °C (th. 5-6). Râpez le bâton de réglisse jusqu'à l'obtention d'une cuillère à café de poudre.

Dans une casserole, chauffez le lait avec la crème et la réglisse, sans ébullition. Dans un saladier, blanchissez le sucre avec les œufs. Versez le lait et la crème sur les œufs et fouettez vivement le mélange. Passez la préparation au tamis, puis répartissez la crème dans les verrines.

Déposez le tout dans un plat au bain-marie chaud et faites cuire à 160 °C (th. 5-6), 35 à 45 minutes environ. Ajustez le temps de cuisson en fonction de la taille de vos verrines. Vos crèmes doivent être légèrement tremblotantes à cœur. Laissez refroidir à température ambiante, puis disposez vos verrines filmées au réfrigérateur, au minimum 2 heures environ.

Crème à la mangue

Préparation : 5 minutes • Difficulté : ★ Budget : ★

Pour 4 personnes

350 g de tofu (soyeux) ✤ 200 g de mangues ✤ 6 cuil. à soupe d'édulcorant

Épluchez la mangue. Coupez-la grossièrement.

Dans le mixeur, mettez la mangue, le tofu et l'édulcorant.

Mixez jusqu'à ce que ce soit bien homogène.

Versez dans des verrines. Mettez au frais.

Crème catalane

Préparation : 30 minutes • Cuisson : 10 minutes
Difficulté : ★★ Budget : ★

Pour 6 personnes

80 cl de lait ✤ ½ cuil. à café de cannelle en poudre ✤ Le zeste de 1 citron non traité ✤ 5 jaunes d'œufs ✤ 130 g de sucre ✤ 30 g de Maïzena
Pour le caramel : 120 g de sucre

Versez le lait dans une casserole, ajoutez la cannelle et le zeste de citron et faites bouillir. Battez les jaunes d'œufs avec le sucre jusqu'à ce que le mélange blanchisse puis ajoutez la Maïzena. Versez le lait bouillant sur le mélange mousseux, mélangez puis remettez la préparation dans la casserole et faites épaissir la crème sur feu doux. Versez la crème dans 6 ramequins et laissez refroidir. Placez au frais. Au moment de servir, versez le sucre et 10 cl d'eau dans une petite casserole et laissez bouillir jusqu'à l'obtention d'un caramel doré. Nappez les crèmes afin de former une fine couche croquante. Laissez refroidir et servez.

Crème caramel

Préparation : 10 minutes • Cuisson : 30 minutes
Difficulté : ★ Budget : ★

Pour 6 à 8 verrines

Pour la crème : 1 gousse de vanille ✤ 50 cl de lait ✤ 100 g de sucre ✤ 3 œufs
Pour le caramel : 80 g de sucre

Préparez le caramel : dans une poêle antiadhésive, faites fondre le sucre avec 3 cl d'eau. Dès que le caramel atteint une jolie couleur dorée, versez 1 cuil. à café d'eau bien chaude. Mélangez en faisant tourner la poêle et répartissez sans attendre le caramel dans les verrines. Fendez la gousse de vanille en deux et récupérez les graines à l'aide d'un couteau. Portez le lait et la vanille à ébullition.

Dans un saladier, blanchissez le sucre avec les œufs. Versez le lait chaud sans cesser de remuer. Passez le mélange au tamis et répartissez la crème dans les verrines. Déposez le tout dans un plat et faites cuire, au bain-marie, au four à 180 °C (th. 6), 20 minutes environ.

Crème chocolatée

Préparation : 15 minutes • Cuisson : 30 minutes
Difficulté : ★ Budget : ★

Pour 6 personnes

30 cl de lait ✤ 20 cl de crème liquide ✤ 150 g de chocolat noir ✤ 5 jaunes d'œufs ✤ 50 g de sucre

Chauffez le lait et la crème dans une casserole jusqu'à l'ébullition, puis versez les liquides bouillants sur le chocolat coupé en petits morceaux. Mélangez jusqu'à ce qu'il soit totalement fondu.

Fouettez les jaunes d'œufs avec le sucre puis versez le mélange au chocolat et mélangez. Versez dans 6 ramequins que vous placerez dans un bain-marie de manière à ce que l'eau arrive à mi-hauteur des pots.

Mettez au four pour 30 minutes à 160 °C (th. 5-6).

Laissez refroidir et placez au frais.

Crème de riz amandes, raisins et caramel

Préparation : 10 minutes • Cuisson : 5 minutes
Difficulté : ★ Budget : ★

Pour 4 à 6 personnes

75 cl de lait de riz aux amandes ✤ 50 g de sucre rapadura ✤ Vanille en poudre ✤ 100 g de crème de riz ✤ 50 g de raisins secs ✤ 8 g de beurre ✤ Caramel liquide

Portez le lait de riz, le sucre et une pincée de vanille en poudre à ébullition.

Ajoutez la crème de riz et mélangez bien. Ajoutez les raisins et faites cuire 5 minutes environ sur feu doux, jusqu'à épaississement. Incorporez le beurre.

Répartissez la crème de riz dans les coupes et versez dessus un peu de caramel liquide. Dégustez chaud ou tiède.

Crèmes fouettées au café

Préparation : 20 minutes • Repos : 2 heures
Difficulté : ★ Budget : ★

Pour 4 personnes

2 œufs ✤ 30 g de sucre ✤ 20 g de café soluble ✤ 25 cl de crème fraîche épaisse ✤ 8 biscuits à la cuiller ✤ 3 cl de cognac

Dans un saladier, battez les œufs et le sucre jusqu'à ce que le mélange blanchisse.

Dans un bol, délayez le café soluble dans 3 cl d'eau chaude. Ajoutez ce mélange dans le saladier. Ajoutez-y la crème fraîche épaisse et battez fermement pendant 5 minutes pour obtenir une texture mousseuse.

Écrasez les biscuits pour obtenir de fines miettes et mélangez-les au cognac. Versez le tout dans la préparation et mélangez bien.

Répartissez la crème dans des ramequins individuels et placez au frais pendant 2 heures.

Dessert de tapioca à la crème de coco

Préparation : 15 minutes • Cuisson : 7 minutes
Difficulté : ★ Budget : ★

Pour 4 à 6 verrines

40 cl de lait ✤ 100 g de tapioca ✤ 20 cl de crème de coco ✤ 1 cuil. à soupe de sucre rapadura ✤ 1 cuil. à café de gingembre en poudre ✤ 6 pêches au sirop (oreillons) ✤ 1 cuil. à soupe de sucre glace (grosse) ✤ Vanille en poudre

Dans une casserole, portez le lait à ébullition avec la vanille en poudre. Versez-y alors le tapioca et mélangez. Faites cuire à feu modéré 5 à 7 minutes environ, en remuant régulièrement. Ajoutez à mi-cuisson la moitié de la crème de coco.

Dès que la préparation est cuite, ajoutez hors du feu le sucre et la crème restante. Mélangez bien puis répartissez le tapioca dans les verrines. Mixez 4 oreillons de pêches avec le sucre glace et parfumez d'un peu de gingembre en poudre.

Détaillez en fines lamelles les oreillons de pêches restants. Répartissez le coulis de pêche sur le tapioca et ajoutez quelques lamelles de pêches dessus. Disposez vos verrines filmées au réfrigérateur 1 heure minimum.

Duo chocolat-coco

Préparation : 20 minutes • Cuisson : 10 minutes
Difficulté : ★ Budget : ★★

Pour 4 verrines

Pour la crème au chocolat : 2 carrés de chocolat pâtissier ✤ 25 cl de lait ✤ 15 g de Maïzena ✤ 40 g de sucre ✤ 25 g de cacao en poudre non sucré ✤ 5 cl de crème liquide
Pour la mousse coco : 10 cl de lait ✤ 15 g de Maïzena ✤ 50 g de sucre ✤ 20 cl de lait de coco ✤ 1 cuil. à soupe de noix de coco en poudre ✤ 20 cl de crème liquide entière ✤ Copeaux de chocolat

Faites fondre au four à micro-ondes les 2 carrés de chocolat dans une tasse et, à l'aide d'un pinceau de cuisine, décorez l'intérieur de vos verrines. Mettez le lait dans une casserole ainsi que la Maïzena, le sucre et le cacao puis faites chauffer et épaissir en mélangeant constamment. Hors du feu, ajoutez la crème liquide. Versez la crème au chocolat dans les verrines.

Préparez la crème coco de la même façon que la crème au chocolat. Laissez-la tiédir et ajoutez la crème liquide montée en chantilly. Versez la mousse sur la crème au chocolat refroidie et placez au frais. Décorez de copeaux de chocolat.

Douceur de poires

Préparation : 30 minutes • Repos : 2 heures • Cuisson : 5 minutes • Difficulté : ★★ Budget : ★

Pour 6 personnes

9 palets bretons ✣ 60 g de billes chocolatées ✣ 450 g de poires au sirop ✣ 15 cl de crème liquide ✣ 200 g de chocolat pâtissier

Pour la mousse de poire : 200 g de purée de poires ✣ 1 cuil. à café d'agar-agar ✣ 1 cuil. à soupe d'eau-de-vie de poire ✣ 70 g de sucre ✣ 1 blanc d'œuf ✣ 20 cl de crème liquide entière

Réduisez les sablés en miettes et répartissez-les dans les verrines. Faites chauffer la purée de poires, ajoutez-y l'agar-agar chauffé dans 3 cuil. à soupe d'eau. Ajoutez l'alcool de poire et mélangez bien. Faites cuire 60 g de sucre et 1,5 cl d'eau dans une casserole à 120 °C.

Montez le blanc en neige au batteur électrique et ajoutez les 10 g de sucre restants quand il commence à mousser. Lorsque le sucre atteint 120 °C, versez-le à petite vitesse sur le blanc d'œuf en neige.

Battez à grande vitesse jusqu'à complet refroidissement. Incorporez cette meringue italienne aux poires puis la crème montée en chantilly.

Répartissez cette mousse dans les verrines et laissez reposer 2 heures au frais.

Faites fondre le chocolat avec la crème au four à micro-ondes 3 fois 30 secondes, laissez tiédir et versez sur la mousse. Une fois le chocolat refroidi, placez les poires coupées en dés et décorez de billes chocolatées.

Duo de chicorée

Préparation : 40 minutes • Repos : 2 heures • Cuisson : 10 minutes • Difficulté : ★ Budget : ★

Pour 6 verrines

Pour la crème à la chicorée : 1 cuil. à soupe de Maïzena ✤ 40 cl de lait entier ✤ 3 jaunes d'œufs ✤ 100 g de sucre ✤ 3 cuil. à soupe de chicorée liquide

Pour la ganache au chocolat : 8 cl de crème liquide ✤ 100 g de chocolat noir

Pour la mousse à la chicorée : 20 cl de crème liquide entière ✤ 2 sachets de sucre vanillé ✤ 1,5 feuille de gélatine

Préparez la crème : diluez la Maïzena avec 1 cuil. à soupe de lait. Fouettez les jaunes d'œufs avec le sucre, ajoutez la chicorée, la Maïzena diluée et le lait. Mélangez bien puis mettez à épaissir sur feu doux en mélangeant constamment jusqu'à ce que la crème devienne onctueuse. Versez la crème dans un saladier, couvrez au contact avec du film alimentaire et laissez refroidir. Une fois refroidie, versez la moitié de la crème dans les verrines.

Préparez la ganache : portez la crème à ébullition et versez-la sur le chocolat coupé en petits morceaux. Mélangez jusqu'à l'obtention d'une ganache onctueuse et homogène. Nappez les verrines de ganache et laissez figer. Préparez la mousse : montez la crème liquide bien froide en chantilly bien ferme avec le sucre vanillé. Diluez la gélatine 5 secondes au micro-ondes après l'avoir ramollie dans l'eau froide et essorée.

Incorporez la gélatine à la crème à la chicorée restante et ajoutez la chantilly. Versez la mousse ainsi obtenue dans les verrines et laissez reposer au frais 2 heures avant de déguster. Servez décoré de copeaux de chocolat noir ou de billes chocolatées.

Duo de mousses

Préparation : 45 minutes • Repos : 2 heures • Cuisson : 10 minutes • Difficulté : ★ Budget : ★★

Pour 6 verrines

100 g de chocolat pâtissier ✤ 20 g de beurre ✤ 32 cl de crème fleurette ✤ 50 g de pistaches fraîches ✤ 45 g de sucre ✤ Extrait d'amande amère ✤ 1 cuil. à café d'huile d'arachide ✤ 12,5 cl de lait ✤ 1 œuf ✤ 20 g de Maïzena ✤ Cœurs en chocolat

Faites fondre le chocolat avec le beurre au four à micro-ondes. Fouettez 20 cl de crème en chantilly pas trop ferme et incorporez-la au chocolat encore tiède. Répartissez cette mousse dans les verrines.

Mixez finement les pistaches avec 20 g de sucre en poudre, ajoutez 2 gouttes d'extrait d'amande amère et l'huile. Continuez de mixer jusqu'à l'obtention d'une pâte.

Faites bouillir le lait avec la pâte de pistache. Battez l'œuf avec 25 g de sucre et la Maïzena. Ajoutez le lait bouillant. Remettez sur feu doux et faites épaissir. Versez la crème dans un bol, recouvrez au contact de film alimentaire et laissez refroidir.

Fouettez 12 cl de crème en chantilly et incorporez-la délicatement à la crème de pistache refroidie.

Versez cette mousse sur la mousse au chocolat. Placez au frais 2 heures et décorez de petits cœurs en chocolat avant de servir.

Crumble meringue-fruits rouges

Préparation : 10 minutes • Repos : 30 minutes
Cuisson : 30 minutes • Difficulté : ★ Budget : ★

Pour 4 verrines

Pour 10 meringues : 2 blancs d'œufs ✤ Sel ✤ 125 g de sucre ✤ 4 biscuits à la cuiller ✤ 100 g de fruits rouges

Battez les blancs en neige ferme avec une pincée de sel. Ajoutez le sucre progressivement sans cesser de battre.

À l'aide d'une poche à douille, faites des petits tas sur une plaque de four recouverte de papier sulfurisé. Enfournez à 120 °C (th. 4) pour 30 minutes. Décollez les meringues délicatement dès la sortie du four et laissez refroidir.

Émiettez les biscuits à la cuiller, et remplissez le fond des verrines. Ajoutez une couche de fruits rouges et la meringue encore chaude et coulante. Répétez l'opération jusqu'à remplir les verrines et placez au frais pour 30 minutes.

Crumble de fraises aux pistaches

Préparation : 5 minutes • Repos : 1 heure
Cuisson : 20 minutes • Difficulté : ★ Budget : ★★

Pour 4 verrines

30 g de beurre ✤ 30 g de sucre ✤ 30 g de pistaches mondées hachées ✤ 30 g de farine ✤ 400 g de fraises ✤ 100 g de chocolat pâtissier ✤ 8 cl de crème liquide ✤ 30 g de pistaches mondées

Dans un saladier, mélangez le beurre en pommade avec le sucre, les pistaches hachées et la farine. Vous devez obtenir un sable grossier. Placez au réfrigérateur 1 heure.

Allumez le four à 180 °C (th. 6), étalez le crumble sur une plaque de cuisson recouverte de papier sulfurisé. Mettez au four 15 à 20 minutes. À la sortie du four, laissez refroidir. Lavez et équeutez les fraises, répartissez-les dans les verrines.

Cassez le chocolat en morceaux et versez la crème bouillante dessus. Mélangez jusqu'à l'obtention d'une crème onctueuse. Versez 3 ou 4 cuil. à café de sauce au chocolat sur les fraises, puis émiettez en gros morceaux le crumble de pistaches. Décorez avec quelques pistaches mondées grossièrement hachées.

Duo fraise-rhubarbe

Préparation : 45 minutes • Repos : 4 heures
Cuisson : 50 minutes • Difficulté : ★ Budget : ★★

Pour 6 verrines

400 g de fraises ✤ 1 cuil. à café d'agar-agar ✤ 380 g de sucre ✤ 2 blancs d'œufs ✤ 25 cl de crème liquide entière ✤ 1 rhubarbe ✤ 6 amaretti

Mixez les fraises en purée. Faites chauffer cette purée et portez-la à ébullition avec l'agar-agar. Dans une petite casserole, portez 2,5 cl d'eau et 80 g de sucre à 120 °C et versez ce sirop sur les blancs d'œufs préalablement montés en neige. Continuez de battre jusqu'à ce que le mélange soit totalement refroidi.

Incorporez cette meringue italienne à la purée de fraises. Montez la crème liquide très froide en chantilly et ajoutez-la au mélange précédent. Versez la mousse dans les verrines et réservez au frais 4 heures. Pelez la rhubarbe et coupez-la en tronçons de 3 cm de long. Mettez le tout dans une casserole avec 300 g de sucre. Portez à ébullition et laissez cuire 40 minutes, en remuant régulièrement jusqu'à obtention d'une compote. Laissez refroidir. Déposez la rhubarbe sur la mousse aux fraises. Au moment de présenter, posez un amaretti sur chaque verrine et servez.

Duo mangue-chocolat

Préparation : 20 minutes • Repos : 2 heures
Cuisson : 2 minutes • Difficulté : ★ Budget : ★

Pour 6 verrines

2 mangues bien mûres ✤ ½ cuil. à café d'agar-agar ✤ 100 g de chocolat à 40 % de cacao ✤ 25 cl de crème liquide entière ✤ 30 g de sucre ✤ 50 g de fraises ✤ 25 cl de crème fleurette

Mixez la chair des mangues. Faites dissoudre l'agar-agar dans 15 cl d'eau sur feu vif. Maintenez à ébullition pendant 1 minute et retirez du feu. Mélangez à la purée de mangues. Remplissez le fond des verrines et réservez au frais pendant 1 heure.

Faites fondre le chocolat à feu doux et incorporez la crème liquide et le sucre. Laissez tiédir et faites une couche sur l'aspic à la mangue. Placez au réfrigérateur pour 1 heure.

Lavez et émincez les fraises. Disposez une couche sur le chocolat. Fouettez la crème fleurette en chantilly et coiffez-en chaque verrine. Décorez avec des éclats de chocolat.

Douceur de faisselle

Préparation : 10 minutes • Repos : 30 minutes
Difficulté : ★ Budget : ★★

Pour 6 personnes

1 kg de faisselle ✤ 12 fraises séchées ✤ 3 figues séchées ✤ 6 abricots secs ✤ 1 cuil. à soupe de pistaches fraîches ✤ 100 g de miel

Égouttez la faisselle minimum 30 minutes, répartissez-la dans les verrines.

Coupez les fruits en petits morceaux et déposez-les avec les pistaches fraîches sur la faisselle.

Finissez en arrosant de miel et servez aussitôt.

Duo de smoothies

Préparation : 15 minutes • Difficulté : ★ Budget : ★★

Pour 2 personnes

Pour le smoothie rose : 100 g de fruits des bois surgelés ✤ 1 de yaourt nature ✤ 1 cuil. à café de miel
Pour le smoothie jaune : 1 banane ✤ ½ citron ✤ 15 cl de lait de soja

Réalisez le smoothie rose en plaçant tous les ingrédients dans le blender et mixez le tout jusqu'à l'obtention d'un mélange homogène et assez épais. Versez la préparation dans 2 verres, placez au frais.

Réalisez le smoothie jaune en plaçant les ingrédients dans le blender nettoyé et mixez le tout jusqu'à l'obtention d'un mélange homogène et plus liquide que le premier. Versez-le délicatement sur le premier smoothie et servez aussitôt.

Duo poires et kiwis

Préparation : 15 minutes • Repos : 2 heures
Cuisson : 2 minutes • Difficulté : ★ Budget : ★

Pour 4 verrines

4 kiwis ✤ 2 bananes ✤ 2 poires ✤ 1 cuil. à soupe de miel ✤ ½ cuil. à café d'agar-agar ✤ 25 cl de sirop de poire

Épluchez et coupez les fruits en dés. Mixez d'abord les poires et les bananes. Ajoutez le miel et mélangez.

Délayez l'agar-agar dans le sirop de poire, faites chauffer, maintenez l'ébullition 1 minute, retirez du feu, laissez tiédir 2 minutes, puis incorporez à la compote en mélangeant bien. Déposez une couche dans chaque verrine et réservez au frais 2 heures.

Mixez les kiwis jusqu'à obtenir un coulis et couvrez-en les verrines juste avant de servir.

Faux tiramisu light

Préparation : la veille + 20 minutes
Repos : 1 nuit + 3 heures • Difficulté : ★ Budget : ★

Pour 6 verrines

350 g de fromage blanc ✤ 3 œufs ✤ 60 g de sucre ✤ 12 biscuits à la cuiller ✤ 500 g de fruits au sirop

La veille, égouttez le fromage blanc dans un chinois habillé de compresses de gaz. Laissez égoutter une nuit au frais. Le lendemain, séparez les jaunes d'œufs des blancs. Battez les jaunes avec le sucre jusqu'à ce que le mélange blanchisse puis ajoutez le fromage blanc et fouettez.

Battez les blancs d'œufs en neige ferme et ajoutez-les délicatement au mélange précédent.

Placez deux biscuits au fond des verrines, répartissez les fruits coupés en morceaux avec un peu de sirop et recouvrez de mousse au fromage blanc. Laissez reposer 3 heures au réfrigérateur avant de servir.

Figues à la crème d'amandes

Préparation : 20 minutes • Cuisson : 40 minutes
Difficulté : ★ Budget : ★★

Pour 6 personnes

600 g de figues ✣ 4 cuil. à soupe de sucre
Pour la crème d'amandes : 2 œufs ✣ 60 g de sucre ✣ 12 cl de crème liquide entière ✣ 80 g de poudre d'amandes ✣ Extrait d'amande amère ✣ 2 cuil. à soupe d'amandes effilées

Mettez de côté 6 belles figues. Coupez le restant des figues en quatre. Déposez-les dans une casserole avec le sucre et 2 cuil. à soupe d'eau. Laissez-les cuire à feu doux 30 minutes environ en mélangeant de temps en temps.

Préparez la crème d'amandes : fouettez les œufs avec le sucre, ajoutez la crème, la poudre d'amandes et 2-3 gouttes d'extrait d'amande amère.

Préchauffez le four à 180 °C (th. 6). Placez 1 cuil. à soupe de confit de figues dans chaque verrine. Coupez les figues restantes en quatre et déposez-les sur le confit. Versez la crème d'amandes et mettez dans un bain-marie au four pendant 2 minutes à 180 °C (th. 6). Faites griller à sec les amandes effilées et décorez les verrines.

Figues rôties sur pain d'épices

Préparation : 15 minutes • Cuisson : 10 minutes
Difficulté : ★ Budget : ★★

Pour 4 verrines

4 tranches de pain d'épices ✣ Beurre ✣ 6 figues ✣ 4 cuil. à café de miel

Coupez le pain d'épices en cubes. Faites fondre le beurre dans une poêle et faites-y dorer le pain d'épices sur toutes les faces. Répartissez-le dans les verrines.

Dans la même poêle, faites rôtir les figues coupées en quatre. Elles doivent prendre une belle couleur, mais surtout ne pas trop cuire, afin de ne pas perdre leur tenue.

Placez-les sur le pain d'épices et arrosez-les de miel. Servez aussitôt.

Fromage blanc aux fruits rouges

Préparation : 15 minutes • Difficulté : ★ Budget : ★

Pour 6 personnes

250 g de groseilles ✣ 150 g de fraises ✣ 150 g de myrtilles ✣ 20 cl de crème fraîche épaisse ✣ 50 g de sucre glace ✣ 250 g de fromage blanc ✣ Feuilles de menthe séchées

Lavez et égrainez les groseilles. Lavez et équeutez les fraises, coupez-les en morceaux. Lavez et séchez délicatement les myrtilles.

Montez la crème liquide en chantilly. Quand elle est bien ferme, saupoudrez de sucre glace tout en continuant à fouetter.

Incorporez la chantilly au fromage blanc en mélangeant délicatement.

Répartissez le fromage blanc dans des verrines. Ajoutez les fruits, décorez de feuilles de menthe et servez frais.

Fromage blanc sur confit de figues

Préparation : 40 minutes • Cuisson : 30 minutes
Difficulté : ★★ Budget : ★

Pour 6 personnes

500 g de figues (fraîches) ✣ 70 g de sucre ✣ 500 g de fromage blanc ✣ 20 cl de crème fleurette ✣ 1 sachet de sucre vanillé ✣ 2 blancs d'œufs

Coupez les figues en quatre. Déposez-les dans une casserole avec 20 g de sucre et 2 cuil. à soupe d'eau. Laissez-les cuire à feu doux 30 minutes environ en mélangeant de temps en temps.

Dans un saladier, mélangez le fromage blanc avec le reste de sucre. Montez la crème en chantilly très ferme, ajoutez le sucre vanillé à la fin puis incorporez-la au fromage blanc.

Montez les blancs en neige bien ferme et ajoutez-les au mélange fromage blanc-chantilly.

Dans des verrines, alternez les couches de confit de figues et de fromage blanc mousseux. Placez au frais 2 heures avant de servir.

Gelée au thé parfumé, crème chocolat

Préparation : 25 minutes • Repos : 1 h 30
Cuisson : 5 minutes • Difficulté : ★ Budget : ★

Pour 4 à 6 verrines

Pour la crème au chocolat : 80 g de chocolat noir à 70 % de cacao ✤ 10 cl de crème liquide ✤ 30 cl de lait ✤ 2 jaunes d'œufs ✤ 60 g de sucre ✤ 2 cuil. à soupe de farine ✤ Fruits rouges frais
Pour la gelée au thé : 4 cuil. à café de sucre ✤ 4 cuil. à café de thé au jasmin ✤ 1 g d'agar-agar

Portez 50 cl d'eau à ébullition. Hors du feu, ajoutez le sucre puis versez sur le thé. Laissez infuser 3-4 minutes. Filtrez et incorporez l'agar-agar. Fouettez le mélange et portez à nouveau à ébullition. Disposez dans le fond de chaque verrine un peu de gelée et laissez prendre au frais. Réservez le reste de la préparation au réfrigérateur. Cassez le chocolat en petits morceaux. Portez la crème et le lait à ébullition. Fouettez les jaunes avec le sucre. Incorporez la farine. Versez le lait sur ce mélange en fouettant vivement. Portez la préparation à ébullition sans cesser de remuer. Hors du feu, incorporez les morceaux de chocolat et fouettez. Réservez. Dès que la gelée est prise, versez la crème au chocolat dessus. Disposez à nouveau de la gelée et terminez par de la crème. Filmez les verrines et réservez au frais 30 minutes minimum. Ajoutez quelques fruits rouges sur vos verrines. Dégustez.

Gelée aux amandes et crème matcha

Préparation : 35 minutes • Repos : 1 heure
Cuisson : 20 minutes • Difficulté : ★ Budget : ★

Pour 8-10 verrines

Pour la gelée aux amandes : 20 cl de lait ✤ 25 cl de crème liquide ✤ 50 g d'amandes mondées ✤ 100 g de sucre ✤ Extrait d'amande amère ✤ 2 g d'agar-agar
Pour la crème matcha : 40 cl de lait ✤ 3 jaunes d'œufs ✤ 30 g de sucre ✤ 1 cuil. à soupe de thé matcha ✤ Amandes effilées

Portez le lait et la crème à ébullition. Concassez les amandes. Hors du feu, ajoutez les amandes, le sucre, 6 gouttes d'extrait d'amande amère et l'agar-agar. Fouettez et laissez infuser 10 minutes. Portez à ébullition et laissez cuire 2-3 minutes en fouettant. Répartissez la gelée dans des verrines. Laissez l'agar-agar prendre au réfrigérateur. Préparez la crème matcha : portez à ébullition le lait. Fouettez les jaunes avec le sucre et versez sur le lait chaud. Mélangez puis remettez sur le feu. Sans cesser de remuer, faites cuire jusqu'à ce que le mélange nappe la cuillère. Hors du feu, ajoutez le thé matcha à la crème. Mélangez et réservez au réfrigérateur. Au moment de servir, versez la crème matcha sur la gelée et décorez d'amandes effilées.

Griottes sous mousse de pistaches

Préparation : 30 minutes • Repos : 3 heures
Cuisson : 2 minutes • Difficulté : ★ Budget : ★★

Pour 4 verrines

180 g de griottes en bocal ✣ 45 g de sucre ✣ ¼ cuil. à café d'agar-agar ✣ 12,5 cl de lait ✣ 2 cuil. à soupe de pâte de pistaches ✣ 1 œuf ✣ 20 g de Maïzena ✣ 12 cl de crème liquide ✣ Pistaches

Prélevez 20 cl de jus de griotte (ajoutez du jus de fruits rouges pour compléter si besoin), faites bouillir avec 20 g de sucre et l'agar-agar.

Répartissez les griottes dans les verrines et versez le sirop chaud dessus. Laissez refroidir.

Faites bouillir le lait avec la pâte de pistaches. Battez l'œuf avec 25 g de sucre et la Maïzena. Ajoutez le lait pistaché bouillant. Remettez sur feu doux et faites épaissir.

Versez la crème dans un bol, recouvrez au contact de film alimentaire et laissez refroidir. Fouettez la crème liquide en chantilly et incorporez-la délicatement à la crème de pistaches refroidie. Versez cette mousse sur les griottes. Laissez prendre 3 heures au frais.

Fromage frais et gaspacho de fraises

Préparation : 15 minutes • Cuisson : 2 minutes
Difficulté : ★ Budget : ★

Pour 6 verrines

125 g de fraises ✣ 4 cuil. à soupe de vinaigre balsamique ✣ 1 cuil. à soupe de sucre ✣ 100 g de fromage frais ✣ Poivre

Lavez et équeutez les fraises, puis passez-les au mixeur.

Ajoutez une pincée de poivre et réservez.

Versez le vinaigre balsamique dans une casserole ainsi que le sucre et portez à ébullition pendant 2 minutes. Laissez refroidir.

Mélangez le fromage frais, afin de le rendre onctueux.

À l'aide de 2 cuillères à café, formez un petit mont de fromage au milieu des verrines.

Versez un peu de gaspacho de fraises poivrées autour du fromage. Versez enfin quelques gouttes de concentré de vinaigre balsamique sur le fromage.

Fruits rouges en gelée de champagne

Préparation : 15 minutes • Repos : 2 heures
Cuisson : 5 minutes • Difficulté : ★ Budget : ★★★

Pour 6 verrines

3 feuilles de gélatine ✤ 30 g de sucre ✤ 50 cl de champagne ✤ 450 g de fruits rouges

Faites ramollir les feuilles de gélatine dans de l'eau froide.

Mélangez le sucre avec 6 cl d'eau, portez à ébullition puis ajoutez les feuilles de gélatine bien essorées. Laissez tiédir et ajoutez ce mélange au champagne.

Nettoyez les fruits rouges. Coupez les fraises en deux. Répartissez-les dans les verrines et versez le champagne.

Placez au frais 2 heures minimum. Servez très frais.

Gaspacho de fraises à la rose

Préparation : 20 minutes • Repos : 1 heure
Difficulté : ★ Budget : ★★

Pour 6 verrines

800 g de fraises ✤ 200 g de framboises ✤ Guimauves (de petite taille) ✤ 60 g de sucre glace ✤ 2 cuil. à soupe d'eau de rose ✤ 6 macarons à la fraise

Lavez les fruits et séchez-les. Équeutez les fraises.

Formez 6 petites brochettes en alternant quelques fruits et des guimauves, puis réservez.

Mixez les fraises et les framboises restantes.

Ajoutez le sucre glace et l'eau de rose, puis placez au frais 1 heure minimum.

Au moment de servir, versez le gaspacho dans les verrines. Décorez d'une brochette et accompagnez d'un macaron à la fraise.

Gelée au lait de soja

Préparation : 5 minutes • Repos : 4 heures
Cuisson : 5 minutes • Difficulté : ★ Budget : ★

Pour 6 verrines

50 cl de lait de soja ✤ ½ g d'agar-agar ✤ ½ cuil. à soupe de vanille en poudre ✤ 2 cuil. à soupe de sucre rapadura ✤ Fruit frais ✤ Coulis de fruits rouges

Portez le lait, le sucre et la vanille à ébullition.

Ajoutez l'agar-agar et fouettez le mélange. Faites cuire 3-4 minutes.

Répartissez la préparation dans les verrines et laissez refroidir à température ambiante.

Dès que la gelée est figée, placez vos verrines filmées au réfrigérateur pendant 4 heures.

Au moment de servir, recouvrez de quelques fruits frais ou de coulis et dégustez.

Granité cacao vodka

Préparation : 5 minutes • Repos : 2 heures
Cuisson : 5 minutes • Difficulté : ★ Budget : ★★

Pour 8 verrines

50 g de sucre ✤ 100 g de cacao en poudre ✤ 12 cl de vodka

Dans une casserole, portez à ébullition 50 cl d'eau et le sucre.

Versez le sirop obtenu sur le chocolat et fouettez vivement jusqu'à ce qu'il soit entièrement fondu. Ajoutez la vodka et mélangez.

Laissez refroidir le mélange à température ambiante puis disposez-le au congélateur dans un récipient adapté.

Au bout de 2 heures, raclez la surface pour obtenir des paillettes. Replacez au congélateur.

Au moment de servir, récupérez des morceaux de granité avec une fourchette et disposez-les dans des verrines.

Granité de fraises

Préparation : 15 minutes • Congélation : 5 heures • Difficulté : ★ Budget : ★

Pour 4 personnes
500 g de fraises (mara des bois ou cléry) ✤ 50 g de sucre ✤ 2 g de vanille en poudre

Lavez et équeutez les fraises.

Mixez-les avec le sucre. Ajoutez la vanille en poudre et mélangez.

Placez au congélateur pour 5 heures minimum. Remuez toutes les heures.

Pilez le granité juste avant de servir.

Groseilles meringuées

Préparation : 30 minutes • Cuisson : 5 minutes • Difficulté : ★ Budget : ★★

Pour 6 verrines

12 biscuits roses de Reims ✤ 30 cl de jus d'orange ✤ 200 g de groseilles ✤ 120 g de sucre ✤ 2 blancs d'œufs

Coupez les biscuits roses en morceaux et placez-les dans les verrines. Arrosez-les de jus d'orange.

Conservez 6 belles grappes de groseilles, puis égrainez le reste. Déposez-les dans les verrines.

Versez le sucre et 4 cl d'eau dans une casserole et mettez à chauffer en laissant la température s'élever jusqu'à 120 °C.

Pendant ce temps, battez les blancs en neige, puis versez en filet le sirop de sucre chaud, tout en continuant de battre au ralenti. Battez ensuite au maximum jusqu'à ce que la meringue soit totalement refroidie.

Déposez la meringue sur les groseilles à l'aide d'une poche à douille et dorez-la au chalumeau.

Décorez d'une grappe de groseilles et réservez au frais jusqu'au moment de servir.

Ile flottante

Préparation : 45 minutes • Cuisson : 10 minutes • Difficulté : ★ Budget : ★

Pour 6 personnes

20 g de Maïzena ✤ 160 g de sucre ✤ 60 g de cacao en poudre ✤ 50 cl de lait entier ✤ 4 blancs d'œufs

Mélangez la Maïzena, 60 g de sucre et le cacao. Diluez le tout avec un peu de lait froid.

Portez le restant de lait à ébullition, puis ajoutez l'appareil précédent. Mélangez au fouet jusqu'à obtenir une consistance crémeuse. Versez dans six coupelles et laissez refroidir.

Montez les blancs en neige. Lorsqu'ils commencent à mousser, ajoutez 100 g de sucre puis fouettez jusqu'à ce qu'ils soient bien fermes. À l'aide d'une cuillère à soupe, formez de grosses quenelles et placez-les sur une assiette.

Placez l'assiette 20 secondes au four à micro-ondes. Contrôlez la cuisson (le blanc ne doit pas coller) et, si besoin, replacez l'assiette 15 secondes au four à micro-ondes.

Laissez refroidir, puis placez les quenelles sur les crèmes et décorez.

Les boutons

Préparation : 45 minutes • Repos : 1 heure • Cuisson : 15 minutes • Difficulté : ★★ Budget : ★

Pour 20 sablés

125 g de farine ✤ 30 g de poudre d'amandes ✤ 50 g de sucre ✤ 1 sachet de sucre vanillé ✤ 100 g de beurre tempéré

Mélangez la farine, la poudre d'amandes, le sucre et le sucre vanillé. Faites un puits et placez au centre le beurre coupé en dés. Travaillez la pâte entre les mains jusqu'à l'obtention d'un gros sable, puis formez une boule et laissez-la reposer 1 heure au frais enveloppée dans du film alimentaire.

Abaissez la pâte à 5 mm d'épaisseur et découpez les sablés ronds à l'aide d'un emporte-pièce. Placez-les sur une plaque recouverte d'une feuille de papier sulfurisé. Donnez l'apparence d'un bouton avec un emporte-pièce d'un diamètre inférieur et créez 4 petits trous avec une petite pique en bois.

Faites-les cuire à 180 °C (th. 6) pendant 15 minutes. Les biscuits doivent à peine dorer. Laissez refroidir sur la plaque. Dessinez les fils avec un peu de glaçage ou de chocolat.

Lunes aux noisettes

Préparation : 40 minutes • Cuisson : 20 minutes • Difficulté : ★ Budget : ★

Pour 30 sablés

170 g de farine ✣ 80 g de poudre de noisettes ✣ 80 g de sucre ✣ 1 sachet de sucre vanillé ✣ 140 g de beurre ✣ 1 cuil. à soupe de lait

Pour la finition : 70 noisettes ✣ 150 g de chocolat noir

Mélangez la farine, la poudre de noisettes, le sucre et le sucre vanillé. Ajoutez le beurre tempéré et le lait, commencez à mélanger avec une fourchette, puis réunissez tous les ingrédients en boule en ajoutant le lait si besoin. Prélevez des petites quantités de pâte et formez des petites lunes. Déposez-les sur une plaque recouverte de papier sulfurisé. Placez au frais pendant que le four préchauffe, puis mettez au four pour 15 minutes à 180 °C (th. 6). À la sortie du four, laissez refroidir sur la plaque.

Torréfiez les noisettes sous le gril 1 minute (attention, ça va très vite). Laissez refroidir, frottez-les entre les deux mains pour retirer la peau, puis mixez-les grossièrement.

Faites fondre le chocolat au bain-marie, puis enrobez chaque lune de chocolat puis de noisettes concassées. Placez-les sur une feuille de papier sulfurisé et réservez au frais pour faire durcir le chocolat.

Conservez dans une boîte métallique.

Chaussons aux amandes

Préparation : 30 minutes • Repos : 1 heure • Cuisson : 20 minutes • Difficulté : ★ Budget : ★★

Pour 20 chaussons
180 g de farine ✤ 70 g de poudre d'amandes ✤ 70 g de sucre ✤ 2 sachets de sucre vanillé ✤ 130 g de beurre ✤ 2 jaunes d'œufs ✤ 100 g de pâte d'amandes ✤ Sel
Pour la finition : 1 jaune d'œuf

Mélangez la farine, la poudre d'amandes, le sucre, le sucre vanillé et ajoutez une pincée de sel. Ajoutez le beurre tempéré, commencez à mélanger avec une fourchette, puis ajoutez les 2 jaunes d'œufs et réunissez tous les ingrédients en boule. Placez la pâte au frais 1 heure.

Préchauffez le four à 180 °C (th. 6).

Étalez la pâte, coupez à l'aide d'un emporte-pièce cannelé des disques de pâte. Placez au centre une petite boule de pâte d'amandes. Refermez les chaussons, pressez légèrement les bords, puis badigeonnez-les de jaune d'œuf dilué avec 1 cuil. à café d'eau.

Déposez-les sur une plaque recouverte de papier de cuisson. Mettez au four 20 minutes. À la sortie du four, laissez refroidir sur une grille.

Flocons au citron

Préparation : 1 heure • Repos : 30 minutes • Cuisson : 12 minutes • Difficulté : ★★ Budget : ★

Pour 30 sablés

300 g de farine ✣ 125 g de sucre ✣ 50 g de poudre d'amandes ✣ 1 citron ✣ 125 g de beurre mou ✣ 3 jaunes d'œufs

Pour le glaçage : 250 g de sucre glace ✣ 1 blanc d'œuf ✣ Le jus de 1 citron

Mélangez la farine, le sucre, la poudre d'amandes et le zeste du citron. Faites un puits et placez au centre le beurre coupé en dés. Travaillez la pâte entre les mains jusqu'à l'obtention d'un gros sable. Ajoutez les jaunes d'œufs et 2 cuil. à soupe de jus de citron. Pétrissez jusqu'à ce que la pâte forme une boule et laissez-la reposer 30 minutes au frais.

Préchauffez le four à 150 °C (th. 5). Abaissez la pâte sur 5 mm d'épaisseur et découpez les sablés à l'aide d'un petit emporte-pièce. Placez-les sur une plaque recouverte d'une feuille de cuisson. Faites-les cuire pendant 12 minutes, les biscuits doivent à peine dorer. Laissez refroidir sur la plaque.

Mélangez au batteur électrique muni de crochets, 150 g de sucre glace et le blanc d'œuf. Ajoutez le restant de sucre jusqu'à l'obtention d'un glaçage épais avec lequel vous dessinerez les contours des sablés à l'aide d'une poche munie d'une douille de 2 cm de diamètre.

Diluez le restant de glaçage en ajoutant du jus de citron par petites quantités jusqu'à l'obtention d'un glaçage plus liquide. Nappez les sablés et laissez durcir à l'air libre.

Florentins

Préparation : 45 minutes • Repos : 30 minutes • Cuisson : 12 minutes • Difficulté : ★★ Budget : ★

Pour 15 pièces

40 g de beurre ✤ 50 g de sucre ✤ 2 cuil. à soupe de miel ✤ 80 g d'amandes effilées ✤ 60 g de fruits confits ✤ 50 g de farine ✤ 120 g de chocolat noir

Préchauffez le four à 180 °C (th. 6).

Faites fondre le beurre, ajoutez le sucre, le miel, mélangez bien, puis incorporez délicatement les amandes effilées mélangées aux fruits confits et la farine.

Remplissez 15 empreintes souples à florentin, tassez bien à l'aide du dos d'une cuillère à café, puis mettez au four 10 minutes.

À la sortie du four, attendez le refroidissement total avant de démouler les florentins.

Faites fondre le chocolat au micro-ondes trois fois 30 secondes en mélangeant bien entre deux, puis déposez 1 cuil. à café de chocolat dans chaque empreinte. Replacez les florentins dans les empreintes et appliquez une légère pression. Laissez durcir au frais 30 minutes, puis démoulez.

Conservez les florentins dans une boîte hermétique à l'abri de l'humidité.

Goûters au chocolat

Préparation : 30 minutes • Repos : 1 h 20 • Cuisson : 15 minutes • Difficulté : ★ Budget : ★

Pour 15 sablés

200 g de farine ✤ 60 g de poudre d'amandes ✤ 2 cuil. à soupe de cacao en poudre ✤ 120 g de sucre glace ✤ 130 g de beurre ✤ 1 œuf ✤ Sel

Pour la finition : 1 pot de pâte à tartiner aux noisettes

Mélangez la farine, la poudre d'amandes, le cacao, le sucre et une pincée de sel. Ajoutez le beurre tempéré coupé en dés et travaillez la pâte à l'aide d'une fourchette pour former un gros sable.

Ajoutez l'œuf battu et pétrissez jusqu'à l'obtention d'une pâte homogène. Enveloppez-la dans du film alimentaire et réservez-la au frais pendant au minimum 1 heure.

Préchauffez le four à 180 °C (th. 6).

Étalez la pâte sur un plan de travail fariné et découpez les sablés à l'emporte-pièce et, avec un emporte-pièce plus petit, coupez le centre de la moitié des sablés. Placez les sablés sur une plaque de cuisson recouverte de papier sulfurisé. Réservez au frais 20 minutes. Faites cuire au four pendant 15 minutes. Laissez refroidir.

Étalez une grosse cuillère à café de pâte à tartiner sur les sablés pleins et déposez un sablé perforé, pressez légèrement.

Leckerli

Préparation : 45 minutes • Cuisson : 30 minutes • Difficulté : ★★ Budget : ★★

Pour 8 personnes

250 g d'amandes ✣ 250 g de noisettes ✣ 300 g de farine ✣ 200 g de sucre ✣ 1 cuil. à café de levure chimique ✣ 2 cuil. à café de cannelle en poudre ✣ 100 g d'écorces d'orange confites ✣ 250 g de miel ✣ 5 cl de lait

Pour le glaçage : 80 g de sucre glace ✣ 3 cuil. à soupe de jus d'orange

Préchauffez le four à 180 °C (th. 6).

Mixez finement la moitié des amandes et des noisettes, puis mixez grossièrement la seconde moitié. Mélangez le tout avec la farine, le sucre, la levure et la cannelle. Coupez les écorces d'orange en petits morceaux, ajoutez-les à la préparation et mélangez bien pour que les morceaux se décollent les uns des autres.

Placez le tout dans le bol d'un robot, puis versez le miel et mélangez doucement. Ajoutez le lait en filet jusqu'à l'obtention d'une pâte homogène légèrement collante. Chemisez un moule carré de 24 cm de côté de papier de cuisson, puis versez la pâte et étalez-la avec les doigts pour obtenir une surface régulière. Mettez au four pour 30 minutes.

À la sortie du four, attendez 10 minutes, puis démoulez le gâteau. Mélangez le sucre glace et le jus d'orange, badigeonnez le dessus du leckerli, laissez refroidir, puis coupez-le en morceaux.

Macarons craquelés au chocolat

Préparation : 20 minutes • Cuisson : 15 minutes • Difficulté : ★ Budget : ★

Pour 25 macarons

2 blancs d'œufs ✣ 1 cuil. à soupe de sucre ✣ 100 g de sucre glace ✣ 60 g de poudre d'amandes ✣ 50 g de chocolat noir

Montez les blancs en neige avec une pincée de sucre. Quand ils commencent à mousser, ajoutez 1 cuil. à soupe de sucre, puis continuez de battre jusqu'à l'obtention d'un mélange compact et brillant.

Mélangez le sucre glace, la poudre d'amandes et le chocolat râpé, incorporez le tout délicatement aux blancs d'œufs montés en neige.

À l'aide d'une poche munie d'une douille, dressez les macarons sur une plaque recouverte d'une feuille de cuisson. Tapotez la plaque avec le plat de la main pour aplatir les macarons. Saupoudrez de sucre glace, puis mettez au four 15 minutes à 180 °C (th. 6).

Madeleines

Préparation : 20 minutes • Repos : 2 heures • Cuisson : 18 minutes • Difficulté : ★★ Budget : ★

Pour 6 personnes

3 œufs ✣ 1 sachet de sucre vanillé ✣ 100 g de sucre ✣ 150 g de farine ✣ 1 cuil. à café de levure chimique ✣ 1 orange (non traitée) ✣ 150 g de beurre ✣ Sel

Fouettez les œufs avec les sucres jusqu'à ce que le mélange blanchisse. Incorporez la farine et la levure tamisées, une pincée de sel et le zeste de l'orange. Faites fondre le beurre et ajoutez-le au mélange. Laissez reposer 2 heures.

Déposez 1 cuil. à soupe de pâte dans les moules à madeleines largement beurrés et faites cuire 3 minutes à 230 °C (th. 7-8), puis baissez la température à 180 °C (th. 6) pour 8 à 10 minutes. Les madeleines doivent être bien dorées. Laissez-les refroidir sur une grille.

Préchauffez le four à 230 °C (th. 7-8).

Montécaos

Préparation : 15 minutes • Cuisson : 20 minutes • Difficulté : ★ Budget : ★

Pour 12 pièces

250 g de farine ✥ 125 g de sucre ✥ 2 cuil. à café de cannelle en poudre ✥ 12,5 cl d'huile végétale

Préchauffez le four à 180 °C (th. 6).

Mélangez la farine, le sucre et 1 cuil. à café de cannelle en poudre, ajoutez petit à petit l'huile tout en mélangeant avec une fourchette, puis réunissez la pâte en boule.

Formez des petits dômes de pâte sur une plaque recouverte de papier sulfurisé, puis saupoudrez d'une pincée de cannelle.

Mettez au four pour 5 minutes, puis baissez la température du four à 150 °C (th. 5) et poursuivez la cuisson 15 minutes. À la sortie du four, laissez refroidir sur la plaque avant de les ranger dans une boîte métallique.

Navettes à l'eau de fleur d'oranger

Préparation : 20 minutes • Cuisson : 20 minutes • Difficulté : ★ Budget : ★

Pour 15 pièces

230 g de farine ✣ 80 g de sucre glace ✣ 50 g de beurre mou ✣ 1 jaune d'œuf ✣ 8 cl d'eau de fleur d'oranger ✣ Sel

Préchauffez le four à 180 °C (th. 6).

Mélangez la farine, le sucre et une pincée de sel. Ajoutez le beurre, le jaune d'œuf et travaillez le tout avec une fourchette pour obtenir un gros sable. Versez l'eau de fleur d'oranger et formez une boule de pâte.

Prélevez de grosses noix de pâte, donnez-leur une forme de navette, posez-les sur une plaque recouverte de papier de cuisson, puis avec un couteau, fendez-les dans leur milieu.

Mettez au four pour 20 minutes.

Palets aux pépites de chocolat

Préparation : 20 minutes • Repos : 1 heure • Cuisson : 20 minutes • Difficulté : ★ Budget : ★

Pour 20 palets

150 g de beurre ✤ 130 g de sucre ✤ 1 sachet de sucre vanillé ✤ 2 jaunes d'œufs ✤ 250 g de farine ✤ 50 g de poudre d'amandes ✤ 1 cuil. à café de bicarbonate de soude ✤ 100 g de pépites de chocolat ✤ Sel

Travaillez le beurre en pommade avec le sucre et le sucre vanillé. Ajoutez les jaunes d'œufs puis la farine, la poudre d'amandes, le bicarbonate de soude et 1 pincée de sel.

Continuez de mélanger à l'aide d'une fourchette, puis ajoutez les pépites de chocolat et réunissez la pâte en boule. Enveloppez-la d'un film alimentaire et réservez-la 1 heure au frais.

Étalez la pâte sur un plan de travail fariné sur 0,5 cm d'épaisseur et découpez des sablés à l'aide d'un emporte-pièce. Placez-les sur une plaque recouverte de papier de cuisson, puis mettez au four 20 minutes à 150 °C (th. 5).

Laissez refroidir, puis conservez-les dans une boîte métallique.

Palmiers à la cannelle

Préparation : 20 minutes • Cuisson : 20 minutes • Difficulté : ★★ Budget : ★

Pour 30 petits palmiers

300 g de pâte feuilletée ✤ Farine ✤ 50 g de sucre cristal ✤ 1 sachet de sucre vanillé ✤ 1 cuil. à café de cannelle en poudre

Préchauffez le four à 200 °C (th. 6-7).

Étalez la pâte feuilletée bien froide, en un long rectangle de 15 x 30 cm, sur un plan de travail légèrement fariné.

Mélangez le sucre, le sucre vanillé et la cannelle et saupoudrez toute la superficie de la pâte puis roulez les côtés, dans le sens de la longueur, vers le milieu de façon symétrique. Coupez ensuite des tronçons de 0,5 cm d'épaisseur.

Placez les palmiers sur une plaque de cuisson recouverte de papier sulfurisé en les espaçant car ils vont se développer à la cuisson, saupoudrez-les d'un peu de sucre, puis replacez une seconde feuille de papier sulfurisé et une autre plaque. Mettez au four pour 15 minutes.

Retirez la plaque et la feuille de cuisson du dessus et laissez cuire encore 5 minutes jusqu'à ce que les palmiers soient bien dorés et caramélisés. À la sortie du four, laissez refroidir sur une grille.

Petits croissants aux noisettes

Préparation : 20 minutes • Cuisson : 20 minutes • Difficulté : ★ Budget : ★

Pour 40 croissants

250 g de poudre de noisettes ✤ 60 g de sucre ✤ 100 g de pralin en poudre ✤ 250 g de farine ✤ 180 g de beurre mou ✤ 2 jaunes d'œufs ✤ Sucre glace

Mélangez la poudre de noisettes avec le sucre et le pralin. Ajoutez la farine, le beurre coupé en morceaux et les jaunes d'œufs.

Mélangez afin d'obtenir une pâte souple, et formez une boule.

Préchauffez le four à 150 °C (th. 5).

Prenez un peu de pâte et roulez-la en boudin, puis façonnez-la en croissants de lune.

Posez les sablés sur une plaque recouverte de papier cuisson.

Enfournez et faites cuire 15 à 20 minutes, les bords des croissants doivent dorer légèrement.

Faites refroidir les biscuits puis roulez-les dans le sucre glace.

Rochers stracciatella

Préparation : 20 minutes • Cuisson : 30 minutes • Difficulté : ★★ Budget : ★

Pour 25 rochers
2 blancs d'œufs ✣ 70 g de sucre ✣ 70 g de sucre glace ✣ 30 g de poudre d'amandes ✣ 50 g de chocolat noir

Montez les blancs d'œufs en neige avec une pincée de sucre. Quand ils commencent à mousser, ajoutez 1 cuil. à soupe de sucre, puis continuez de battre jusqu'à l'obtention d'un mélange compact et brillant.

Mélangez les sucres, la poudre d'amandes et le chocolat râpé, incorporez le tout délicatement aux blancs d'œufs montés en neige.

Préchauffez le four à 150 °C (th. 5).

À l'aide d'une poche munie d'une douille, dressez des rochers sur une plaque recouverte d'une feuille de cuisson.

Mettez au four 30 minutes.

Conservez les rochers dans une boîte hermétique à l'abri de l'humidité.

Sablés à l'orange

Préparation : 30 minutes • Repos : 2 heures • Cuisson : 20 minutes • Difficulté : ★ Budget : ★★

Pour 20 sablés

250 g de farine ✤ 100 g de sucre ✤ 2 sachets de sucre vanillé ✤ 1 cuil. à café de levure chimique ✤ 1 orange (non traitée) ✤ 120 g de beurre ✤ 150 g d'écorces d'orange confites

Mélangez la farine, le sucre, le sucre vanillé, la levure et le zeste d'orange. Ajoutez le beurre tempéré coupé en dés, mélangez grossièrement, puis ajoutez petit à petit 3 cuil. à soupe de jus d'orange pour réunir tous les ingrédients.

Incorporez à la pâte les écorces d'orange confites coupées en petits morceaux, puis formez 2 boudins. Enroulez-les de film alimentaire et laissez-les reposer 2 heures au frais.

Coupez des tronçons de 1 cm d'épaisseur et disposez-les sur une plaque de cuisson recouverte d'une feuille de papier sulfurisé, en les espaçant bien.

Mettez au four 20 minutes à 180 °C (th. 6). Laissez refroidir sur la plaque, puis conservez-les dans une boîte métallique.

Spéculoos

Préparation : 20 minutes • Cuisson : 10 minutes • Congélation : 4 heures • Difficulté : ★ Budget : ★

Pour 6 personnes

220 g de farine ✣ 140 g de vergeoise ✣ ½ cuil. à café de bicarbonate de soude ✣ 2 cuil. à café de quatre-épices ✣ 80 g de beurre ✣ 2 jaunes d'œufs

Dans un saladier, mélangez la farine, la vergeoise, le bicarbonate, les épices, faites un puits et placez-y le beurre tempéré. Mélangez jusqu'à l'obtention d'un sable grossier. Ajoutez les jaunes d'œufs et pétrissez jusqu'à l'obtention d'une pâte homogène.

Façonnez un boudin et placez-le dans du film alimentaire. Placez la pâte au congélateur 4 heures.

Préchauffez le four à 180 °C (th. 6).

Coupez la pâte congelée en fines tranches et placez-les sur une plaque de cuisson recouverte de papier sulfurisé en les espaçant bien.

Mettez au four pour 10 minutes. Laissez les biscuits refroidir totalement avant de les décoller et de les conserver dans une boîte métallique.

Vitraux

Préparation : 45 minutes • Repos : 1 heure • Cuisson : 15 minutes • Difficulté : ★★ Budget : ★

Pour 20 sablés

125 g de farine ✣ 25 g de Maïzena ✣ 50 g de sucre ✣ 1 sachet de sucre vanillé ✣ 80 g de beurre tempéré ✣ 1 jaune d'œuf ✣ 10 bonbons durs colorés

Mélangez la farine, la Maïzena, le sucre et le sucre vanillé. Faites un puits et placez au centre le beurre coupé en dés. Travaillez la pâte entre les mains jusqu'à l'obtention d'un gros sable. Ajoutez le jaune d'œuf et pétrissez jusqu'à ce que la pâte forme une boule. Laissez-la reposer 1 heure au frais.

Préchauffez le four à 180 °C (th. 6).

Abaissez la pâte sur 0,5 cm d'épaisseur et découpez les sablés à l'aide d'un emporte-pièce. Placez-les sur une plaque recouverte d'une feuille de cuisson. Avec un petit emporte-pièce, retirez le centre des sablés.

Réduisez les bonbons en poudre en les écrasant avec un rouleau à pâtisserie ou un robot muni d'un couteau hachoir. Remplissez le centre des sablés de miettes de bonbons.

Faites-les cuire au four pendant 15 minutes. Les biscuits doivent à peine dorer et les bonbons doivent avoir fondu. Laissez refroidir complètement sur la plaque avant de les décoller.

Recettes et photos

p. 12, p. 14, p. 18, p. 20, p. 21(2), p. 24, p. 25, p. 31, p. 32, p. 33, p. 34, p. 36(2), p. 38(3-4), p. 39(2), p. 40(2), p. 41, p. 42, p. 43, p. 44, p. 45(2), p. 46(2-3-4), p. 47(2), p. 48, p. 49, p. 50, p. 52(2), p. 53(2), p. 54(2-3-4), p. 55(2), p. 56(2), p. 59, p. 60(2), p. 61(2), p. 62(2-3-4), p. 63(2), p. 64(2), p. 65, p. 66, p. 67, p. 68(2), p. 70, p. 72, p. 73, p. 74, p. 75, p. 78, p. 79(2), p. 80(2), p. 82, p. 83, p. 84, p. 85, p. 86(4), p. 89, p. 90, p. 92(2), p. 93, p. 94(2), p. 95(2), p. 98, p. 99, p. 101, p. 102(2-3), p. 103, p. 105, p. 106, p. 107, p. 109(2), p. 110(3), p. 111(2), p. 112, p. 113, p. 114, p. 115, p. 116(2), p. 117, p. 118(2-3), p. 119, p. 120, p. 121, p. 122, p. 124(2), p. 125, p. 126(3-4), p. 128, p. 129, p. 131, p. 132(2), p. 133(2), p. 134(2-3-4), p. 135(2), p. 136(2), p. 137, p. 138, p. 140, p. 141(2), p. 142, p. 143(2), p. 144(2), p. 148, p. 149, p. 151(2), p. 152(2), p. 153, p. 154, p. 155, p. 156(2), p. 157(2), p. 158(2), p. 159, p. 160, p. 161, p. 162, p. 163, p. 164(2), p. 165, p. 166(3-4),-p. 167, p. 168, p. 172(2), p. 173(2), p. 174(4), p. 176(2), p. 177, p. 179, p. 180(2), p. 181(2), p. 182(3-4), p. 183, p. 188, p. 189(2), p. 190(4), p. 192, p. 193, p. 194, p. 196(2), p. 198, p. 199, p. 200(2), p. 202, p. 205, p. 207(2), p. 215(2), p. 216(2), p. 217, p. 218, p. 219, p. 220(2), p. 221(2), p. 222(2), p. 223(2), p. 224, p. 225, p. 226, p. 227, p. 228(2), p. 229(2), p. 230, p. 232, p. 233, p. 234, p. 235, p. 236, p. 237(2), p. 239(2), p. 240, p. 241, p. 243, p. 244(2), p. 245(2), p. 246(2-3-4), p. 247(2), p. 249, p. 250, p. 251, p. 253, p. 254, p. 256, p. 257, p. 258, p. 259, p. 260, p. 261, p. 262(2), p. 263(2), p. 266(2), p. 267(2), p. 270, p. 271, p. 272, p. 273, p. 274, p. 275, p. 276, p. 277, p. 278, p. 279, p. 280, p. 281, p. 282, p. 283, p. 284, p. 286, p. 287, p. 288, p. 289 : Sylvie Aït-Ali

p. 13, p. 19, p. 29, p. 35, p. 37(2), p. 48, p. 69(2), p. 71(2), p. 76, p. 84, p. 85, p. 88, p. 96, p. 97, p. 100(2), p. 108, p. 192, p. 195, p. 197(2), p. 201, p. 204(2), p. 212, p. 213, p. 231, p. 248, p. 252, p. 255, p. 260, p. 261, p. 264(2) : MMP © Lenivitz production / Irina Sarnavska

p. 16(2), p. 159, p. 269 : Coralie Salmeron © Pierre Marilly

p. 17, p. 26, p. 76, p. 96, p. 101, p. 103, p. 104(2), p. 108, p. 120, p. 125, p. 146, p. 147, p. 167, p. 170, p. 171, p. 224, p. 236, p. 248, p. 252, p. 253, p. 254, p. 255, p. 256, p. 265(2), p. 268(2) : Stéphanie Ellin

p. 20(2) : Sandrine Coucke-Haddad © Annabel Orphelin

p. 23(1), p. 24, p. 27, p. 28, p. 32, p. 77, p. 78, p. 86, p. 88, p. 93, p. 118, p. 119, p. 127, p. 140, p. 142, p. 165, p. 175, p. 183, p. 184, p. 187, p. 188, p. 232 : Annabel Padilla

p. 23(2), p. 184 : Johanna Kaufmann

p. 28(2), p. 44, p. 77, p. 81, p. 87, p. 128, p. 160, p. 205, p. 285 : Sophie Rohaut © Sylvie Aït-Ali

p. 31(2), p. 110, p. 123, p. 126, p. 142, p. 230, p. 238, p. 240 : Cécile Lalanza

p. 51 : Anne Inquimbert © Ludovic Le guyader

p. 57, p. 58, p. 139, p. 178, p. 185, p. 186, p. 203, p. 209, p. 210, p. 211, p. 231, p. 238 : Sophie Rohaut

p. 72(2), p. 112, p. 168, p. 169, p. 208(2), p. 212, p. 213, p. 214(2-3-4), p. 230 : Olivia Lancaster

p. 87(1), p. 130, p. 191 : Chantal Descazeaux

p. 117(1) : Sylvie Aït-Ali © Stéphanie Ellin

p. 145, p. 148, p. 175, p. 191 : Emmanuelle Evrard

p. 149(1) : Sylvie Aït-Ali © Lenivitz production / Irina Sarnavska

p. 150(1-2-3-4), p. 158(4), p. 242 : Edda Onorato

p. 166(1), p. 206, p. 222 : Coralie Salmeron

p. 190(2), p. 254 : Sandrine Coucke-Haddad

p. 199(2) : Sandrine Coucke-Haddad © Lenivitz production/Irina Sarnavska